智慧图书馆建设背景下
高校图书馆知识服务研究

韦美良　著

经济日报出版社

北　京

图书在版编目（CIP）数据

智慧图书馆建设背景下高校图书馆知识服务研究 /
韦美良著. -- 北京：经济日报出版社, 2024. 10.
ISBN 978-7-5196-1522-2

Ⅰ. G258.6

中国国家版本馆CIP数据核字第202478CU86号

智慧图书馆建设背景下高校图书馆知识服务研究
ZHIHUI TUSHUGUAN JIANSHE BEIJINGXIA GAOXIAO TUSHUGUAN ZHISHI FUWU YANJIU

韦美良　著

出　　版：经济日报出版社

地　　址：北京市西城区白纸坊东街 2 号院 6 号楼 710（邮编 100054）

经　　销：全国新华书店

印　　刷：廊坊市海涛印刷有限公司

开　　本：710mm×1000mm　　1/16

印　　张：15.25

字　　数：225 千字

版　　次：2024 年 10 月第 1 版

印　　次：2024 年 10 月第 1 次印刷

定　　价：68.00 元

前　言
PREFACE

　　在信息化、数字化的时代背景下，智慧图书馆建设正日益成为高校图书馆发展的新趋势。智慧图书馆，以其先进的技术支持和智能化的服务管理，极大地提升了图书馆的运营效率和用户体验。它借助大数据、云计算、物联网等技术，实现了资源的优化配置和高效利用，为读者提供了更加便捷、个性化的服务。与此同时，知识服务作为图书馆的核心功能之一，也在不断地创新与演进。知识服务不再局限于传统的图书借阅和资料查询，而是扩展到信息导航、知识挖掘、科研支持等多个层面，旨在为用户提供更为深入、专业的知识资源。

　　在智慧图书馆建设的时代背景下，高校图书馆如何创新知识服务，以满足不同用户群体的多样化需求，成为图书馆界亟待探讨的重要课题。本书首先阐释智慧图书馆的发展与建设原理，接着从理论层面对高校图书馆知识服务进行详细分析，揭示其内涵、必要性与可行性。本书还针对不同用户群体的知识服务需求进行了深入研究，以满足学生、教师、科研人员等多样化需求。在技术支撑方面，探讨大数据、区块链、云计算及物联网等前沿技术在高校图书馆知识服务中的应用。此外，本书着重探讨智慧图书馆背景下的知识服务模式创新，包括个性化、一站式及多源数据融合等服务模式。最后，对高校智慧图书馆知识服务的延伸及其评价体系进行了全面阐述。本书旨在为高校图书馆在智慧图书馆建设背景下提供有效的知识服务策略与方向。

　　本书的编写得到了许多专家学者的帮助和指导，在此表示诚挚的谢意。由于笔者水平有限，加之时间仓促，书中所涉及的内容难免有疏漏与不够严谨之处，希望各位读者多提宝贵意见，以待进一步修改，使之更加完善。

目 录 CONTENTS

第一章　智慧图书馆发展与建设原理阐释

随着信息技术的飞速发展，智慧图书馆已成为图书馆发展的新趋势。本章深入探讨智慧图书馆的发展与建设原理，剖析图书馆的基本功能，并阐述智慧时代对图书馆提出的新要求以明确智慧图书馆建设的目标、意义，以及原则和标准，为现代图书馆的发展指明方向。

第一节　对图书馆的基本认识

一、图书馆的起源与发展

图书馆，这一汇集人类智慧与知识的宝库，其产生与发展历经漫长的岁月，见证了人类文明的进步与演变。

（一）图书馆的起源

在深入探讨图书馆的起源时，我们不可避免地需要回溯到人类文明的源头——文字的诞生与文献的初次出现。文字与文献，这两者不仅是人类社会由蒙昧走向文明的里程碑，更是智慧与知识传承的基石。它们的出现，使得人类能够将日常的经验、深刻的思考和宝贵的知识以文字的形式记录下来，从而跨越时间和空间的限制，供后世子孙学习与借鉴。

随着历史的推移，这些文献逐渐积累，形成了庞大的知识体系。人们很快意识到，这些珍贵的文献资料如果不进行有序的整理、归类与保存，很可能会在历史的长河中遗失或损坏。为了确保这些知识的永续传承与利用，人们开始有意识地对其进行收集、整理和保护，最早的图书馆概念便在这样的历史背景下悄然诞生。

当追溯图书馆的早期形态时，古埃及的寺庙图书馆与王室图书馆尤为引人注目。这些古老的图书馆不仅是文献的聚集地，更是当时社会文化活动的中心。它们收藏了大量的纸草书卷，内容涵盖历史、宗教、文学等众多领域，为我们揭示了古埃及文明的丰富内涵。

特别值得一提的是，亚历山大图书馆在古代图书馆中具有举足轻重的地位。它的藏书量之大、种类之丰富、影响力之广泛，都使其成为古代图书馆中的佼佼者。更重要的是，它为后世的图书馆建设与发展提供了宝贵的经验和启示，成为图书馆发展史上的一个重要里程碑。

（二）古代图书馆的形成及特点呈现

古代图书馆的形成与发展是一个漫长且复杂的历史过程，它深受当时社会背景、文化氛围以及技术条件等多重因素的影响。在深入探讨这一主题时，我们不可避免地要回溯到奴隶社会与封建社会时期，这一时期对于图书馆的形成与发展具有决定性的影响。

随着造纸术的发明以及印刷术的广泛传播与应用，文献的生产技术获得了前所未有的提升。这种技术的革新不仅大大提高了书籍的生产效率，还使得图书的数量与种类迅速增加，进而促进了图书馆的形成与发展。在这一时代背景下，古代图书馆开始逐渐展现出其独特的特点。

首先，藏书的规模逐渐扩大，不再局限于王室、寺庙等权威机构。这些机构拥有的图书馆藏书丰富，成为当时知识与文化的重要聚集地。然而，随着时间的推移，民间书院与私家藏书也逐渐兴起，为更多的人提供了接触与学习知识的机会。这种变化不仅推动了文化的传播，还促进了社会整体知识水平的提升。

其次，图书的分类与编目开始受到越来越多的重视。为了便于读者检索与利用，图书馆开始对丰富的藏书进行系统的分类与编目。这一举措极大地提高了图书的利用效率和管理的便捷性，为读者提供了更好的服务体验。

最后，图书馆的建筑与设计也日益完善，既体现了实用性，又融入了当时的艺术与审美观念。这种融合了实用与美观的设计理念，使得古代图书馆不仅成为知识的殿堂，更是文化的象征。

在中国，古代图书馆的发展历程同样辉煌灿烂。从西周的守藏室到春秋战国时期的王室藏书楼，再到汉唐以降的宫廷藏书、民间书院以及私家藏书楼，这些图书馆在传承和弘扬中华民族悠久历史文化方面发挥了举足轻重的作用。它们不仅保存了大量珍贵的文献典籍，还为后世学者提供了宝贵的研究资料，推动了中华文化的繁荣与发展。

（三）近现代图书馆的转变与发展

近现代图书馆的发展紧密跟随着社会经济与科技的快速进步，呈现出前所未有的变革态势。这一时期，图书馆经历了从传统藏书楼到现代服务型机构的深刻转型，其转变的显著特点和趋势，值得我们深入探讨。

近现代图书馆的开放性显著增强，这是与传统图书馆最鲜明的区别之一。过去，图书馆往往只对特定阶层或学术群体开放，资源和知识被相对封闭地保存和传播。然而，近现代图书馆打破了这一限制，它们向公众广泛开放，不再设立过高的门槛。这一转变使图书馆成为普及知识与文化的前沿阵地，为广大民众提供了平等获取知识的机会，有力地推动了社会的整体文化素养提升。

近现代图书馆的服务功能也得到了极大的拓展。传统图书馆主要侧重于藏书的保存与管理，而近现代图书馆则在保留这一基础功能的同时，增加了多样化的服务。例如，图书馆提供了借阅服务，使读者能够将书籍带回家中仔细阅读；咨询服务则帮助读者解决在学术研究或日常阅读中遇到的问题；导读服务则是引导读者发现新的阅读兴趣和领域。这些服务的增加，极大地丰富了图书馆的功能，满足了不同读者的个性化需求。

近现代图书馆在技术应用与创新方面也取得了显著成就。随着信息技术的飞速发展，图书馆积极拥抱变革，引入了计算机技术、网络技术等先进手段。这些技术的运用，使得图书馆能够实现自动化管理，提高工作效率；数字化存储则有效保护了珍贵文献，并方便了读者的远程访问；网络化服务更是打破了时间和空间的限制，让读者能够随时随地获取图书馆的资源和服务。这些技术创新为近现代图书馆的发展注入了新的活力，也预示着图书馆未来更加广阔的发展前景。

二、图书馆的社会属性及职能

（一）图书馆的社会属性

图书馆作为社会科学文化及教育系统的一个重要组成部分，不仅承载着知识的储存与传播功能，更体现了其所属系统的一系列共性特征。这些特征被视作图书馆的一般属性，或可称为"社会属性"。深入剖析这些属性，有助于更全面地理解图书馆的角色与价值。以下将对图书馆的社会性、学术性、服务性、教育性这四个主要属性进行详细阐述。

1. 社会性

图书馆的社会性是指其作为社会机构，在知识的保存、传播与创新过程中与社会的紧密联系。图书馆不仅是知识的宝库，更是社会文化交流的重要平台。它通过收藏和整理各类文献资料，记录并传承人类社会的历史与文化。同时，图书馆也为社会各阶层人士提供了一个公平获取信息与知识的场所，促进了社会整体文化水平的提升。

此外，图书馆的社会性还体现在其对于社区建设的贡献上。通过举办各类文化活动、讲座和展览，图书馆不仅丰富了社区居民的精神文化生活，也成为社区凝聚力和文化认同感的重要源泉。因此，图书馆的社会性是其作为社会文化机构的基本属性之一，对于推动社会文化的繁荣和发展具有重要意义。

2. 学术性

图书馆的学术性是其作为知识殿堂的核心特征。图书馆汇聚了众多学科的文献资料，为学者和研究人员提供了丰富的研究素材和学术资源。这些资源不仅包括了经典的学术著作，还有最新的研究成果和前沿动态，为学术研究和创新提供了坚实的支撑。

同时，图书馆的学术性还表现在其对学术规范的维护和推动上。图书馆通过专业的文献分类、编目和索引工作，使得学术资源的检索和利用更加便捷高效。此外，图书馆还经常举办学术会议、研讨会等活动，为学术界提供了交流思想、分享成果的平台，推动了学术研究的深入和发展。

3. 服务性

服务性是图书馆存在的基础和目的。图书馆的本质是为读者提供信息和知识服务，满足他们的学习、研究和娱乐需求。为了实现这一目的，图书馆需要不断优化服务流程、提升服务质量，确保每一位读者都能获得满意的服务体验。

图书馆的服务性体现在多个方面：一是提供丰富的馆藏资源和便捷的检索工具，帮助读者快速找到所需信息；二是营造良好的阅读环境和学习氛围，让读者能够在舒适的环境中专注学习和研究；三是提供专业的参考咨询和导览服务，解答读者的疑问并引导他们更好地利用图书馆资源。这些服务措施共同构成了图书馆服务性的重要内容，也是图书馆吸引和留住读者的关键所在。

4. 教育性

图书馆作为"没有围墙的大学"，其教育性不言而喻。图书馆不仅为读者提供了自学的场所和资源，还通过各种形式的教育活动和培训课程，帮助读者提升信息素养和学习能力。这些教育活动包括但不限于阅读推广、信息素养讲座、专业技能培训等，旨在培养读者的终身学习习惯和自主创新能力。

同时，图书馆的教育性还体现在其对青少年教育的重视上。许多图书馆都设有专门的儿童阅读区和青少年活动室，提供丰富多彩的童书和互动游戏，旨在激发孩子们的阅读兴趣和学习动力。通过这些举措，图书馆成为孩子们校外学习的重要场所，对于培养他们的综合素质、促进他们的全面发展具有重要意义。

（二）图书馆的社会职能

图书馆的社会职能是指图书馆在人类社会中所承担的职责和功能，这些职能是各级各类图书馆所共同具备的，且在其发展历程中始终如一、稳定不变。它们不随技术革新、服务手段的变化而转移，亦不随社会环境的变迁而更改。

图书馆作为社会文化的重要组成部分，其社会职能广泛而深远。具体表现在以下方面。

1. 社会文献信息流整序

在信息化的社会中，信息的流通与整序尤为重要。图书馆作为一个信息的集散地，通过对各类文献信息的广泛搜集、精细加工和有序整理，为社会提供了一个清晰、系统的信息框架。这一职能确保了信息的系统性、完整性和有序性，使得社会各界能够从中获得可靠、权威的信息资源。图书馆在这一过程中，不仅作为文献的聚集地，更扮演着信息秩序的构建者和坚定维护者的角色。

2. 保存人类文化遗产

人类的文化遗产，是历史的见证，是民族的瑰宝。图书馆深知其肩负的重任，始终致力于保存这些珍贵的文化遗产。从古代的经典著作，如《诗经》《易经》，到近现代的学术巨著，每一本都蕴含着深厚的文化底蕴，是人类的智慧结晶。图书馆通过专业的保存技术，如恒温恒湿、防虫防鼠等措施，确保这些文化遗产的完整性和可持续性。这为后世学者研究历史、传承文化提供了宝贵的原始资料。

3. 开展社会教育

图书馆不仅仅是书的海洋，更是知识的殿堂。它为广大读者，尤其是青少年，提供了丰富的学习资源和优雅的学习环境。在这里，人们可以自由地探索、学习，不受时间和空间的限制。图书馆还经常性地举办各类讲座、展览和培训活动，旨在传播知识，激发人们的学习兴趣和学习能力。这种无形的教育，对于推动社会的进步和发展起到了至关重要的作用。

4. 传递科学情报

在当今这个科技日新月异的时代，图书馆作为信息传递的枢纽，其重要性不言而喻。图书馆通过订阅各种学术期刊、收集科技报告等方式，实时跟踪科技前沿，汇集了大量的科学情报资源。这些资源在经过图书馆员的专业加工和整理后，能够迅速、准确地传递给有需要的读者或研究机构，从而助力科技创新，推动科技成果的转化和应用。

5. 开发智力资源

图书馆是知识的宝库，更是智力资源的开发地。它不仅为读者提供了丰富的书籍和资料，还通过提供参考咨询、导览等服务，帮助读者深入挖掘这些资源的价值。与此同时，图书馆还积极与学校、研究机构等进行合作，共同推动智力资源的深度开发和广泛应用，为社会的创新发展注入了源源不断的动力。

6. 文化娱乐休闲

在现代快节奏的生活中，图书馆也成为人们放松心情、享受文化的精神家园。除了传统的阅读功能外，图书馆还提供了音乐、电影、艺术品等多种文化产品，满足了人们日益增长的精神文化需求。在这里，人们可以暂时放下生活的压力，沉浸在文化的海洋中，享受那份宁静与和谐。

三、图书馆的构成要素

图书馆作为知识与信息的集散地，其构成并非单一元素所能涵盖，而是由多个关键要素共同组合而成。这些要素包括藏书、读者、馆员、技术方法、建筑与设备以及图书馆管理。它们之间相互联系、相互作用，共同构成了图书馆的有机整体，确保了图书馆功能的全面与高效。

（一）藏书

藏书是图书馆最核心的构成要素，它涵盖了各个学科、各个领域的书籍与文献资料。这些藏书不仅要求数量丰富，更要求质量上乘，以确保能够满足不同读者的多元化需求。藏书的更新与补充也是图书馆持续发展的重要环节，它要求图书馆能够紧跟时代步伐，及时引入新的学术成果和热门图书，从而保持其知识的前沿性和时效性。

（二）读者

读者是图书馆服务的对象，也是图书馆存在的基础。不同类型的读者，如学生、教师、研究人员等，对图书馆的需求各不相同。因此，图书馆需要深入了解读者的需求，提供个性化的服务，如定期举办读书活动、提供电子资源下载等，以满足读者的多样化需求。同时，读者的反馈也是图书馆不断改进和提升服务质量的重要依据。

（三）馆员

馆员是图书馆运营的关键力量，他们负责图书馆的日常工作，包括图书的采编、分类、借阅管理以及读者服务等。馆员的专业素养和服务态度直接影响着图书馆的服务质量和读者满意度。因此，图书馆应重视馆员的培训与发展，提升他们的专业素养和服务能力，从而为读者提供更加专业、高效的服务。

（四）技术方法

随着科技的不断发展，现代图书馆已经离不开先进的技术支持。技术方法在图书馆中的应用主要体现在图书管理系统、数字化技术、自动化技术等方面。这些技术的应用不仅提高了图书馆的工作效率，还为读者提供了更加便捷的服务。例如，通过图书管理系统，读者可以快速检索到所需图书的信息；通过数字化技术，读者可以随时随地访问图书馆的电子资源；通过自动化技术，如自助借还书机，读者可以更加高效地借阅和归还图书。

（五）建筑与设备

图书馆的建筑与设备是其物质基础的体现。功能齐全、布局合理的图书馆建筑能够为读者提供舒适、安静的学习环境。同时，先进的设备如电脑、打印机、复印机等也是图书馆不可或缺的部分，它们为读者提供了更加便捷的服务。此外，图书馆的装修风格和氛围也是吸引读者的重要因素之一。温馨、雅致的阅读环境能够激发读者的阅读兴趣，提升他们的学习体验。

（六）图书馆管理

图书馆管理是确保图书馆高效运营的关键环节。它涉及图书馆的各个方面，如藏书管理、读者服务管理、馆员管理以及技术管理等。科学的管理制度和规范的工作流程是图书馆管理的基础。同时，图书馆还需要建立一套有效的激励机制和考核机制，以激发馆员的工作热情和创新能力。通过不断优化管理流程和提升管理水平，图书馆可以更好地为读者服务，实现其社会价值。

上述六个构成要素并非孤立存在，而是相互联系、相互作用的。藏书作为图书馆的核心资源，是吸引读者的基础；读者则是图书馆服务的对象和目的；馆员通过专业的服务和技术支持满足读者的需求；技术方法为图书馆的高效运营提供了有力保障；建筑与设备为读者提供了舒适的学习环境；而图书馆管理则确保了各个要素的协调发展。为了确保图书馆的持续发展和服务质量的提升，需要不断优化这些构成要素，并加强它们之间的协调与配合。

第二节　智慧时代与智慧图书馆

一、智慧时代的到来

随着信息技术的迅猛发展和持续革新，人类社会正站在一个崭新的历史节点上，迎接一个以高度信息化、智能化为鲜明特征的智慧时代。这一时代的来临，不仅仅是技术进步的象征，更是社会文明发展的一个重要里程碑。数据的海量化、信息的即时化、知识的网络化和智能的普及化，成为这个时代的四大显著特点，它们共同描绘出了一幅智慧时代的壮丽画卷。

在智慧时代，数据的海量化是一个不可忽视的现象。随着各种智能设备的普及和互联网技术的不断发展，人们每天都产生海量的数据。这些数据不仅记录了人们的行为习惯、消费偏好，还反映了社会的经济、文化等各个方面的动态。通过对这些数据的挖掘和分析，人们可以更深入地了解世界，预测未来趋势，从而作出更明智的决策。

信息的即时化也是智慧时代的一个重要特征。过去，信息的传递往往需要经过长时间的等待，而现在，随着网络技术的进步，信息可以在瞬间传遍全球。这种即时性的信息传递方式不仅大大提高了人们的工作效率，还使得人们能够更快速地获取和分享知识。

知识的网络化则是智慧时代的又一个显著特点。在互联网的助力下，知识不再局限于书本和课堂，而是通过网络连接起全球的智慧资源。人们可以通过在线课程、开源项目、社交媒体等途径，轻松地获取和学习新知识，实现自我提升和成长。

智能的普及化也是智慧时代不可或缺的一部分。随着人工智能技术的不断发展，越来越多的智能设备和服务开始融入人们的日常生活。这些智能设备不仅能够为人们提供便捷的服务，还能够通过自主学习和不断优化，更好地满足人们的需求。

在这个智慧时代，传统的行业格局和服务模式正面临着深刻的变革。各行各业都在积极探索如何借助先进的信息技术，实现自身的转型升级。无论是制造业、服务业还是文化产业，都在努力融入这个智慧时代的大潮中，以更高效、更便捷的方式服务于广大用户。可以说，智慧时代的到来，不仅改变了人们的生活方式，也在推动着整个社会的进步与发展。

二、智慧图书馆的产生及界定

（一）智慧图书馆产生的驱动因素

随着数字网络技术的快速发展，"智慧地球"（Smart Planet）在2009年初由 IBM公司提出。"智慧地球"可以使社会和人类变得更加智慧从而适应全球的高速发展。与此同时，有了"智慧地球"必然衍生出"智慧城市"。"智慧图书馆"作为"智慧城市"的重要组成部分近年来受到广大读者的关注。

智慧图书馆的产生并非偶然，而是多种因素交织、共同推动的结果。这一创新形态的图书馆，其诞生背景深厚且多元，既反映了科技进步的推动，也体现了社会文化需求的变迁。

首先，信息技术的迅猛发展。近年来，随着大数据、云计算、物联网等技术的不断进步，图书馆在资源数字化、服务网络化方面取得了前所未有的进展。传统的纸质书籍逐渐被电子资源所替代，而借阅、检索等服务也逐渐实现了网络化。这种技术变革为智慧图书馆的建设提供了坚实的技术支撑，使得图书馆能够更高效地管理资源，提供更便捷的服务[①]。

---

① 苏瑞竹，张云开.智慧图书馆的产生背景、发展趋势及建设策略研究 [J].图书馆界，2017(04):32-36.

其次，读者需求的变化。随着社会的快速发展，读者的阅读需求日益多样化和个性化。他们不再满足于简单的借阅服务，而是期待图书馆能够提供更加智能化、个性化的服务。例如，根据读者的阅读历史和偏好，智能推荐相应的书籍；或者通过大数据分析，为读者提供更加精准的信息服务等。这种需求的变化促使图书馆必须不断创新，向更加智能化、便捷化的方向发展。

最后，图书馆作为社会文化服务的重要组成部分，其创新发展也是响应国家文化强国战略、提升公共文化服务水平的必然要求。在当前的文化背景下，图书馆不仅承载着保存和传播知识的使命，更肩负着推动社会文化进步的重任。因此，图书馆必须与时俱进，通过引入新技术、新理念，不断提升自身的服务水平和创新能力，以满足人民群众日益增长的文化需求。

在上述多重因素的共同推动下，智慧图书馆应运而生。它不仅仅是一种新型的图书馆形态，更是图书馆创新发展的重要成果。通过将现代信息技术与传统图书馆服务深度融合，智慧图书馆实现了资源、服务、管理的全面升级。这种升级不仅提高了图书馆的工作效率和服务质量，更为读者带来了更加高效、便捷、个性化的阅读体验。可以说，智慧图书馆的产生是时代发展的必然，也是图书馆事业进步的体现。

（二）智慧图书馆的概念界定

智慧图书馆，从其字面意义便可理解，这是一种借助先进的智慧技术来显著提升图书馆服务效率和质量的全新形态。它并非传统图书馆的简单升级，而是与现代信息技术深度融合后的产物，代表了图书馆未来发展的主流方向。

详细来说，智慧图书馆充分运用了大数据、云计算、物联网等尖端技术，将图书馆的资源、服务与管理推向一个新的高度。这些技术的引入，使得图书馆的资源得以全面数字化，服务更加智能化，管理更为自动化。想象一下，一个互联互通、信息共享、服务协同的智慧化平台，它将图书馆的每一个角落、每一本书、每一位读者都紧密地联系在一起，为读者提供随时随地、无所不在的信息服务。

置身智慧图书馆，读者能够体验到前所未有的个性化服务。比如，借助精密的智能推荐系统，读者无须在浩如烟海的书籍中寻觅，系统会根据其历史借阅记录和阅读习惯，轻松为其筛选出最符合兴趣和需求的图书资源。再如，通过智能导航系统，那些曾经让读者头疼的找书难题将不复存在，系统会迅速指引读者找到心仪的书籍。此外，智能借阅系统更是让借还书流程变得简单快捷，读者只需轻轻一扫，便可完成操作。

这些智能化服务的出现，无疑大大提高了图书馆的工作效率，同时也为读者带来了更为流畅、便捷的阅读体验。可以说，智慧图书馆不仅仅是一个提供书籍的场所，更是一个充满科技与智慧，能够不断学习、自我优化的信息服务系统。

三、智慧图书馆的内涵及特征

智慧图书馆作为新时代的知识殿堂，融合了科技与文化的精髓。它不仅实现了资源的数字化与服务的智能化，更为读者提供了前所未有的便捷与高效体验。

（一）智慧图书馆的内涵

1. 馆馆相联

智慧图书馆实现了图书馆之间的互联互通。这种连接不仅仅是物理网络层面的连接，更是信息资源和服务的共享与整合。通过现代信息技术，各个图书馆之间能够形成一个庞大的信息网络，实现馆藏资源的互通有无，从而使得读者能够在一个更广阔的范围内查找到所需的信息资源。馆馆相联还意味着不同图书馆之间的服务流程和标准的统一，这有助于提高图书馆服务的整体效率和读者的使用体验。

2. 馆内相联

在智慧图书馆内部，各种资源、设备和服务也是高度互联的。通过物联网技术，图书馆内的书籍、电子资源、自助设备、照明和温控系统等都能实现智能化管理。这种馆内相联不仅提升了图书馆的管理效率，也使得读者能够更加便捷地获取所需资源和服务。例如，读者可以通过智能检索系统快速找到所需书籍的位置，或者通过自助设备完成借还书等操作。

3. 书人相联

智慧图书馆通过技术手段实现了书籍与读者之间的深度连接。每一本书籍都能够被精确地定位和管理，而读者则可以通过个性化推荐系统发现符合自己兴趣的书籍。此外，通过RFID等技术，图书馆还能够实时追踪书籍的流通情况，为读者提供更加精准的服务。这种书人相联的特性使得图书馆的资源能够更好地服务于读者，提高资源的利用率和读者的满意度。

4. 人人相联

除了书籍与人的连接，智慧图书馆还促进了读者与读者之间的联系。通过社交媒体、在线论坛等平台，读者可以分享阅读心得、交流学术观点，形成一个充满活力的社区。这种人人相联的特性不仅丰富了读者的阅读体验，还有助于构建一个积极向上的阅读氛围，促进知识的传播和创新。

5. 摆脱时间限制

智慧图书馆通过数字化和自动化技术，实现了24小时不间断的服务。无论是借阅、归还书籍，还是查询、下载电子资源，读者都可以在任意时间进行操作。这种摆脱时间限制的服务模式极大地提高了图书馆的便利性和可用性，满足了读者在不同时间段的需求。

6. 摆脱空间限制

传统图书馆的服务往往受限于物理空间，而智慧图书馆则通过数字化技术打破了这一限制。读者可以通过互联网访问图书馆的电子资源和服务，无论身处何地都能享受到图书馆的资源。此外，通过远程服务和移动应用，读者还可以随时随地与图书馆进行互动，获取所需的信息和服务。这种摆脱空间限制的特性使得智慧图书馆的服务范围更加广泛，能够更好地服务于社会大众。

（二）智慧图书馆的特征

1. 人性化

智慧图书馆的首要特征是人性化，即以用户为中心，充分考虑用户的使用习惯和需求。在智慧图书馆中，人性化体现在多个方面：首先，服务方式的人性化，图书馆提供的服务能够根据用户的个性化需求进行调整，如智能推荐系统可以根据用户的借阅历史和偏好推荐相关书籍；其次，物理环境的人性化，图书馆内的设施布局、灯光照明、温度湿度等都以提供最舒适的阅读环境为目标；最后，人性化还体现在图书馆与用户之间的互动上，通过用户反馈系统，图书馆能够及时了解用户的需求和意见，从而不断优化服务。

2. 知识化

知识化是智慧图书馆的又一重要特征。它不仅仅是指图书馆拥有丰富的知识资源，更是指图书馆能够将这些知识资源进行有效的组织、整合和呈现，便于用户获取和利用。智慧图书馆通过先进的信息技术手段，如数据挖掘、知识发现等，对馆藏资源进行深度加工和标引，形成知识网络，使用户能够更高效地找到所需信息，甚至发现新的知识关联。

3. 网络化

网络化是智慧图书馆实现资源共享和服务延伸的关键。通过网络化技术，智慧图书馆能够连接起各个分散的资源和服务节点，形成一个庞大的信息网络。这个网络不仅覆盖了图书馆内部的资源，还延伸到了图书馆外部，与其他图书馆、学术机构，甚至个人用户进行连接。网络化使得智慧图书馆能够突破物理空间的限制，为用户提供更为广泛和便捷的服务。

4. 集群化

集群化是智慧图书馆在信息化时代的重要特征，它指的是将知识和信息有机整合，实现随时方便获取、无障碍转换以及跨越时空的传递。集群化不仅提升了图书馆的管理效率，还为用户提供了更为丰富和多元的信息资源。具体来说，图书馆的集群化表现为以下三个方面。

（1）整合。智慧图书馆通过高效的信息技术手段，对馆内外的各种信息资源进行整合。这种整合不仅仅是简单的物理集中，更是通过元数据标引、数据挖掘等技术手段实现信息资源的深度融合。整合后的信息资源能够以更加统一、规范的形式呈现给用户，提高了信息资源的利用效率和价值。

（2）集群。集群化还体现在智慧图书馆与其他图书馆、信息机构之间的紧密合作和资源共享上。通过构建图书馆联盟或信息资源共享平台，智慧图书馆能够与其他机构形成集群效应，共同为用户提供更加全面、专业的信息服务。这种集群化的服务模式不仅能够扩大信息资源的覆盖范围，还能够提高信息服务的专业性和针对性。

（3）协同。协同是集群化的重要体现之一，它指的是智慧图书馆在提供服务时能够与其他相关机构进行高效的协作和配合。通过协同工作机制和信息共享平台，智慧图书馆能够实时了解用户需求和其他机构的服务动态，从而及时调整自身的服务策略和资源配置。这种协同化的服务模式不仅能够提高图书馆的服务效率和响应速度，还能够为用户提供更加个性化、精准的信息服务体验。

四、智慧图书馆要素及功能

（一）智慧图书馆的要素

智慧图书馆作为信息化时代的产物，其核心要素在于数字惠民与智慧服务。通过数字技术让知识触手可及，实现惠民目标；同时，借助智能化服务提升读者体验，展现图书馆的新时代魅力。

1. 数字惠民

智慧图书馆的数字惠民，就是运用数字技术为用户提供方便优质的图书馆服务。这种服务，是面向全人类的服务，是高效快捷的服务，是仔细精确的服务，是跟踪所有解决问题过程的一站式服务，同时也是具备多种选择的服务。图书馆利用互联网技术，让用户真正摆脱时空的限制，在家里就可以检索文献，通过全新的知识导航平台和一体化服务平台，用户可以在任意的图书馆服务中心进行自助借还书、网上知识查询。智慧图书馆的出现为用户带来了便利，同时也为图书馆带来了益然的生机。

2. 智慧服务

智慧图书馆的本质追求是为用户提供智慧化的服务，通过改变传统的服务方式，即变被动为主动，改变馆员的思想：自己不是单纯的图书管理员，而是知识和智慧的传播者，是智慧和用户之间的桥梁。在智慧图书馆中，无论是图书馆本身还是馆员都应该本着以人为本的服务理念，积极与用户交互，共同合作与学习，在交互的过程中彼此了解，最后达成共同心智，实现智慧服务。

（二）智慧图书馆的功能

与传统图书馆相比较，智慧图书馆不再是单一文献信息资源的提供者，它的服务范围已经扩展到整个社会。智慧图书馆作为未来图书馆发展的高级模式，其主要功能聚集在以下三个方面。

1. 全方位、立体化资源管理

对于用户来说，图书馆所收集的资源是零散存在的，因此图书馆员需要利用各种信息处理系统、信息管理系统对存在的信息资源进行整合、描述、关联、维护，让这些信息更容易被用户发现，使用户能更好地使用，然后通过交互式、一站式的服务平台，用户可以很轻松地在庞大的数据中找到自己所需要的信息资源，并且可以利用智能技术对已找到的资源进行保存。

2. 智能定位及侦测防护功能

智能图书馆利用RFID无线射频识别技术、红外线感应技术、GPS全球定位技术，不仅可以使用户很容易地知道自己所需要文献资料的具体位置，而且还可以使图书馆员对在馆的用户、馆内的各种物理设施进行实时定位、实时监控，从而实现对图书馆馆藏文献信息资源、图书馆各种设备设施、图书馆用户以及馆员精确的智能定位，在此基础之上降低因为文献、设备等物品的失窃而导致图书馆不能正常运转的概率。同样，智慧图书馆的行为侦测也是利用RFID技术，对馆藏文献进行个性化导读、借阅率统计等功能操作。个性化导读是指用户通过移动导读设备去接收由馆藏文献上RFID标签发射出的信号，根据用户的需求，向用户提供信息服务。借阅率的统计可以将用户对馆藏文献的喜好直观反映出来，通过收集用户的个性化信息，掌握用户需求的特点，为图书馆更好地服务用户奠定了基础。

3. 个性化与人性化的智慧服务

传统图书馆的资源利用，不论是在信息资源上还是在服务手段上都有很多局限和不便。而智慧图书馆能给用户提供极其丰富的资源，智能化程度更高，它针对用户喜好的个性化服务，让用户有机会参与自主互动的服务，以实现全方位、立体化的信息服务，便于更好地满足用户的信息需求。在物联网环境下，智慧图书馆运用智能化技术，更多关注用户的感受，把以人为本的理念作为其发展的根本。在以人为本理念的支撑下，用户可以从智慧图书馆中获得更多、更广泛的选择，更加方便、高效的服务，更加灵活多样、人性化的服务方式和手段等。

个性化服务如信息定制服务、信息定向推送服务。信息定向推送服务最突出的特点就是当用户首次输入请求命令后，就能定期收到之前已经选定的专题信息。信息定制服务是在普通定题服务的基础上，针对图书馆用户在内容、服务方式上的各种需求，通过提供个性化服务的系统，灵活地制定相关的信息资源、应用方式、信息利用过程，采用信息定制技术满足特定用户对不同信息的多种需求，将"人找信息"的形式转变为"信息找人"，以此从根本上转变图书馆的信息服务方式，提升图书馆的信息服务能力。

人性化服务包括自助、人工两种服务方式的选择，E-mail、手机服务两种方式的选择，RFID为基础的电子标签及其使用模式的选择等。如RFID图书自助24小时无人借还系统，使用户不受时间限制地享受自助借还服务；如RSS智能订阅、3G个性定制、PDA/PPC定制、E-mail定向定制等，可以为用户提供更加灵活多样的服务方式和手段。

第三节　智慧图书馆建设的目标与意义

在信息化和智能化时代背景下，图书馆作为信息传播的关键载体，面临着前所未有的机遇与挑战。为满足读者不断增长的信息需求，提升图书馆的服务品质与效率，构建智慧图书馆已是我国图书馆事业发展的趋势[1]。

---

[1]　赵霞. 智慧图书馆建设模式及路径研究 [J]. 造纸装备及材料,2024,53(04):158-160+224.

一、智慧图书馆建设的目标

智慧图书馆作为图书馆发展的新兴形态，其建设目标是通过现代信息技术和智能化设备的深度融合，提升图书馆服务效能，满足用户日益增长的信息需求，推动图书馆事业的持续创新与发展。具体而言，智慧图书馆的建设目标可以分为以下三个方面。

（一）总体建设标准化目标

智慧图书馆的标准化建设是其发展的基础。标准化旨在确保智慧图书馆在建设过程中遵循统一的标准和规范，实现系统间的互联互通和资源共享。制定和实施一系列标准，包括数据格式标准、接口标准、服务标准等，可以确保智慧图书馆的各个组成部分能够无缝对接，提高系统的整体效能和稳定性。

在标准化建设过程中，应注重以下几个方面：首先，要明确各项标准的制定原则和实施要求，确保标准的科学性和可操作性；其次，要加强标准的宣传和推广，提高各方对标准的认知度和接受度；最后，要建立完善的标准实施监督机制，确保各项标准得到有效执行。

通过标准化建设，智慧图书馆可以实现资源的优化配置和高效利用，提高服务质量和用户满意度，推动图书馆的数字化转型和智能化升级。

（二）区域探索特色化目标

在智慧图书馆的建设过程中，除了追求标准化和统一性之外，还应结合不同地区的实际情况和需求，探索具有区域特色的智慧图书馆建设路径。特色化旨在打造具有地方特色和文化底蕴的智慧图书馆，为用户提供更加贴近实际、丰富多样的信息服务。

实现特色化目标需要从多个方面入手：首先，要深入挖掘地方文化资源和特色，将地方元素融入智慧图书馆的建设中，打造独具特色的信息服务品牌；其次，要与地方政府、文化机构等合作，共同推动智慧图书馆的特色化发展，形成合力；最后，要注重用户需求调研和反馈收集，根据用户需求不断调整和优化特色化服务内容。

通过特色化建设，智慧图书馆可以更好地融入地方文化生态，提升用户的信息素养和文化素养，促进地方文化的传承和发展。

（三）用户服务赋能化目标

用户服务是智慧图书馆建设的核心。赋能化旨在通过智慧图书馆的建设，提升用户的信息素养和能力，使用户能够更好地利用图书馆资源和服务，实现自我发展和创新。

为实现赋能化目标，需要采取以下措施：首先，要构建完善的用户服务体系，提供多样化、个性化的信息服务，满足用户不同层次、不同类型的信息需求；其次，要加强对用户的培训，提高用户的信息检索、分析和利用能力；最后，要建立良好的用户反馈机制，及时了解用户需求和建议，不断优化服务内容和方式。

通过赋能化建设，智慧图书馆可以成为用户学习、研究和创新的重要平台，推动用户知识更新和能力提升，为社会的进步和发展贡献力量。同时，这也有助于提高用户对图书馆的认同感和归属感，增强图书馆的社会影响力和服务效能。

综上所述，这三个目标相互关联、相互促进，共同构成了智慧图书馆建设的完整体系。通过实现这些目标，可以推动智慧图书馆的持续创新和发展，为用户提供更加优质、高效的信息服务。

二、智慧图书馆建设的意义

智慧图书馆作为现代信息技术与图书馆服务的有机结合，其建设不仅代表着图书馆发展的必然趋势，更承载着深远的社会意义和文化价值。智慧图书馆建设的意义体现在以下方面。

第一，智慧图书馆建设对于适应现代社会信息获取及管理利用的新需求具有至关重要的作用。随着信息技术的飞速发展，传统的图书馆服务模式已难以满足用户对信息获取的高效性、便捷性和个性化需求。智慧图书馆通过引入大数据、云计算、物联网等先进技术，能够实现对海量信息资源的快速处理、精准分析和智能推荐，从而为用户提供更加个性化、多样化的信息服务。这种服务模式的升级，不仅有助于图书馆在信息化时代保持其知识服务的中心地位，还能够推动社会整体信息素养的提升，满足公众日益增长的文化需求。

第二，智慧图书馆建设对于提升馆藏资源利用率具有显著效果。在传统的图书馆运营模式中，由于缺乏对用户需求的精准把握和资源的有效整合，馆藏资源的利用率不高，造成资源浪费。而智慧图书馆通过智能化的管理系统，能够实时监控资源的借阅情况、用户的使用习惯以及信息的反馈，进而对馆藏资源进行科学合理的配置和优化。这种动态的资源管理方式，不仅能够提高资源的利用效率，还能够更好地满足用户的专业化、深层次需求，实现图书馆资源的最大化利用。

第三，智慧图书馆建设在提升图书馆总体服务效率方面发挥着不可替代的作用。在传统的图书馆服务中，用户往往需要花费大量时间在查找、借阅、归还等环节上，这不仅影响了用户的使用体验，也限制了图书馆服务效率的提升。而智慧图书馆通过引入自助借还系统、智能导航系统等先进技术，能够大大简化服务流程，提高服务效率。同时，智慧图书馆还能够根据用户的历史借阅数据和偏好，为用户提供更加精准、个性化的服务推荐，进一步提升用户满意度和图书馆的整体服务质量。

第四，智慧图书馆建设对教育和学术研究具有显著的推动作用。教育和学术研究是图书馆存在的基石和目的，而智慧图书馆的建设则进一步强化了这一功能。通过数字化的资源整合和智能化的服务，智慧图书馆为学者和教育工作者提供了更为便捷和高效的研究工具。例如，学者可以通过智慧图书馆快速检索到国内外的研究资料，进行跨学科的对比分析，从而提升研究的深度和广度。对学生而言，智慧图书馆则提供了一个自主学习的平台，他们可以根据自身的学习进度和兴趣，定制个性化的学习计划，通过智能化的推荐系统获取到相关的学习资源。

第五，智慧图书馆还通过提供远程教育和在线研讨等功能，打破了地域和时间的限制，使得学术交流和知识分享变得更加灵活和高效。这种全新的学术交流模式，不仅有助于推动学术思想的碰撞和创新，还能够促进全球范围内的知识共享和传播。

第四节 智慧图书馆建设的原则及标准

一、智慧图书馆建设的基本原则

在智慧图书馆的建设过程中，为确保项目的成功实施及后续的高效运营，必须遵循一系列基本原则。

（一）用户中心原则

智慧图书馆建设的首要原则是用户中心原则。这一原则强调，所有服务设计和系统构建都应以满足用户需求为出发点和落脚点。具体而言，这意味着在规划阶段就需深入调研用户的信息需求、使用习惯以及期望的服务模式，从而确保所提供的服务能够精准对接用户的实际需求。此外，用户体验的优化也是这一原则的重要体现，包括但不限于界面设计的友好性、操作流程的简洁性、响应速度的高效性等，旨在确保用户在使用智慧图书馆服务时能够感受到人性化的关怀和便捷的交互体验。

为体现用户中心原则，智慧图书馆须不断收集和分析用户反馈，通过迭代更新来持续改进服务质量，真正做到以用户为中心，为用户提供高质量的信息服务。

（二）技术先进性原则

技术先进性原则是智慧图书馆建设的核心驱动力。这一原则要求在建设过程中必须采用最新的信息技术和智能化设备，以确保智慧图书馆在技术上保持领先地位。通过引入云计算、大数据、人工智能等前沿技术，智慧图书馆能够实现对海量信息的高效处理、精准分析和智能推荐，从而提升服务质量和效率。

同时，技术先进性原则还强调系统的可扩展性和兼容性。随着技术的不断进步和图书馆业务的日益复杂，智慧图书馆必须能够适应未来技术的发展趋势，无缝对接新兴技术和设备。这就要求在建设初期充分考虑到系统的可扩展性，以便在未来能够轻松地对系统进行升级和扩展。此外，兼容性也是不可忽视的一环，它能够确保智慧图书馆与其他系统进行顺畅的集成和数据交换，从而实现资源的共享和优化配置。

（三）标准化与开放性原则

标准化与开放性原则是智慧图书馆建设的重要基石。标准化意味着在建设过程中必须遵循国际和国内的相关标准与规范，以确保系统的互联互通和数据的互操作性。通过制定和实施统一的标准，智慧图书馆能够消除信息孤岛，实现资源的整合和共享，进而提升服务的整体效能。

开放性原则要求智慧图书馆保持系统的开放性，便于与其他系统的集成与数据交换。这不仅有助于拓展智慧图书馆的服务范围和功能，还能促进图书馆行业与其他行业的跨界合作与创新。通过开放API接口、支持多种数据格式和协议等方式，智慧图书馆可以吸引更多的开发者和合作伙伴共同参与到图书馆服务的创新与发展中来。

（四）安全性与可靠性原则

安全性与可靠性原则是智慧图书馆建设的根本保障。在数字化、网络化的环境下，数据和系统的安全性显得尤为重要。智慧图书馆必须采取严格的安全措施，如数据加密、访问控制、安全审计等，以确保用户数据和馆藏资源的安全不被泄露或被非法访问。同时，防范网络攻击和恶意行为也是必不可少的环节，通过部署防火墙、入侵检测系统等技术手段来降低安全风险。

另外，可靠性原则要求智慧图书馆保障系统的稳定运行和提供可靠的服务。这包括但不限于硬件设备的冗余设计、软件系统的容错机制以及定期的系统维护和更新等。通过构建高可用性的系统架构和完善的运维体系，智慧图书馆能够确保用户在任何时候都能享受到稳定、高效的服务体验。同时，建立快速响应机制以应对突发情况也是提升可靠性的关键措施之一。

（五）可持续发展原则

在智慧图书馆的建设中，可持续发展原则占据着举足轻重的地位。这一原则主要强调在考虑当前建设需求的同时，也要着眼于未来的长远发展，从而避免短期行为和盲目投资。具体而言，它要求建设者在规划和设计过程中应具备前瞻性的视野，预测并适应未来图书馆业务的发展和变化。

首先，可持续发展原则要求智慧图书馆的建设不能仅仅满足于现状，而应积极探索和创新，以适应信息技术的飞速发展和读者需求的不断变化。这意味着，在建设过程中需要充分考虑技术的更新换代，以及新兴技术对传统图书馆服务模式的挑战和机遇。通过采用模块化、可扩展的系统架构，以及开放、兼容的技术标准，确保智慧图书馆在未来能够顺利地进行技术升级和服务创新。

其次，可持续发展原则还强调资源的合理利用和环境的保护。在智慧图书馆的建设中，应优先选择节能环保的技术和设备，减少能源消耗和环境污染。同时，通过优化服务流程和管理模式，提高资源的利用效率，降低运营成本，从而实现经济效益和社会效益的双重提升。

（六）经济性原则

经济性原则是智慧图书馆建设中必须遵循的关键原则之一。在满足功能需求的前提下，追求成本效益最大化是这一原则的核心要义。换言之，智慧图书馆的建设不仅要实现技术上的先进性和功能上的完善性，还要在投入与产出之间找到最佳的平衡点。

为了实现经济性原则，首先需要对智慧图书馆的建设进行精细化的成本预算和控制。这包括但不限于硬件设备的采购、软件系统的开发、后期维护与升级的费用等。通过合理的预算分配和成本控制，可以确保每一分投入都能产生最大的效益。

其次，经济性原则还要求避免浪费，合理利用资源。在智慧图书馆的建设过程中，应优先选择性价比高的技术和设备，避免盲目追求高端和奢华。同时，通过优化资源配置和利用效率，减少闲置和浪费现象的发生。例如，可以利用云计算等技术实现资源的动态分配和按需使用，从而提高资源的利用率和降低运营成本。

（七）灵活性与可配置性原则

在智慧图书馆的建设中，灵活性与可配置性原则是确保系统能够适应不同图书馆实际需求和满足个性化服务要求的关键。这一原则强调系统应具备一定的灵活性，以便根据各个图书馆的独特情况和读者群体的特定需求进行定制和调整。

灵活性原则要求智慧图书馆的系统架构和功能模块设计应具有足够的弹性。系统应能够支持多种业务场景和服务模式，以便图书馆能够根据自身特点进行灵活配置。例如，一些图书馆可能侧重于电子资源的提供，而另一些图书馆则可能更注重实体书籍的借阅服务，因此，系统需要能够灵活地调整资源展示方式和服务流程，以满足不同图书馆的需求。

可配置性原则进一步强调了系统应提供丰富的配置选项。这意味着图书馆可以根据自身的业务流程、服务规范以及用户偏好来定制系统的各项参数和功能。例如，系统应允许图书馆自定义界面风格、调整检索算法、设置用户权限等，以实现个性化的服务体验。

（八）易用性原则

易用性原则是智慧图书馆建设中不可忽视的重要方面。一个易于操作的系统能够降低用户的学习成本，提高用户满意度，进而促进智慧图书馆的更广泛应用和深入发展。

首先，易用性原则要求智慧图书馆系统的界面设计应友好且直观。这意味着界面的布局应清晰明了，功能按钮和菜单选项应易于理解和操作。通过采用符合用户直觉和习惯的设计方式，可以减少用户在使用过程中的困惑和误操作，从而提升用户体验。

其次，提供必要的帮助文档和培训支持也是易用性原则的重要体现。帮助文档应详细解释系统的各项功能和操作方法，以便用户在遇到问题时能够快速找到解决方案。同时，针对新用户或特定功能，提供简洁明了的培训材料和指导也是至关重要的。这可以帮助用户更快地熟悉系统并掌握相关操作技巧。

二、智慧图书馆建设的主要标准

"智慧图书馆"理念于2003年被首次提出，代表一种不受空间限制、可感知的移动图书馆服务，旨在帮助用户快速便捷地找到所需要的文献信息资源[①]。目前，智慧图书馆的建设尚处于探索阶段，构建科学、合理、完备的标准体系对智慧图书馆的健康发展至关重要。

（一）基础标准

在智慧图书馆的建设过程中，确立明确的基础标准至关重要，这些标准不仅关系到图书馆运营的稳定性与效率，还直接影响用户体验和服务质量。以下将从网络通信标准、硬件设备标准及软件系统标准三个方面进行详细阐述。

1. 网络通信标准

网络通信是智慧图书馆运行的基础，其标准的确立对于保障数据的高效、稳定传输具有重要意义。

（1）网络架构与拓扑要求。智慧图书馆的网络架构需采用分层次、模块化的设计思路，以确保网络的可扩展性和易管理性。核心层负责高速数据传输，汇聚层实现数据的汇聚与转发，接入层则为用户提供接入服务。拓扑结构应简洁明了，减少单点故障的可能性，同时便于未来的升级和维护。

（2）数据传输速率与稳定性标准。为满足大量用户同时访问和数据交换的需求，智慧图书馆的网络应具备高速且稳定的数据传输速率。具体来说，网络主干道的带宽应达到千兆或更高，以支持高清视频、大型数据文件等多媒体内容的快速传输。稳定性方面，要求网络具备高可用性和容错能力，确保在部分设备故障时，网络服务仍能正常运行。

（3）通信协议与接口标准。智慧图书馆应采用通用的通信协议，如TCP/IP、HTTP、HTTPS等，以实现与各种设备和系统的互联互通。接口标准方面，应遵循开放、标准化的原则，便于未来与其他服务或平台的整合。例如，可采用RESTful API或SOAP等接口规范，提供统一的数据交换格式和调用方式。

[①]　卢小宾，宋姬芳，蒋玲，等．智慧图书馆建设标准探析[J].中国图书馆学报,2021,47(01):15-33.

2. 硬件设备标准

硬件设备是智慧图书馆服务的直接载体，其性能和质量直接影响用户的使用体验。

（1）自助借还设备的技术参数与性能要求。自助借还设备应具备高效的处理器和稳定的操作系统，以支持快速响应用户操作。屏幕显示应清晰，触摸反应也应灵敏，便于用户进行交互。设备还应具备多种支付方式接口，以满足用户不同的支付需求。此外，为保证数据安全，设备应具备一定的加密和防盗功能。

（2）智能书架与定位系统的技术规格。智能书架应具备精准的图书定位功能，能够实时更新图书位置信息，方便用户快速找到所需书籍。定位系统应采用先进的RFID技术或物联网技术，确保定位的准确性和实时性。同时，智能书架还应具备防盗和报警功能，以保障图书资产的安全。

（3）其他辅助设备的选型与配置标准。辅助设备如打印机、扫描仪等，应选用性能稳定、品牌可靠的产品。配置时应考虑设备的易用性和兼容性，确保能够与智慧图书馆系统无缝对接。此外，为方便用户操作，辅助设备还应提供简洁明了的操作界面和必要的帮助文档。

3. 软件系统标准

软件系统是智慧图书馆的核心，其设计的合理性和功能的完善性直接关系到图书馆的整体运营效率和服务质量。

（1）系统架构与模块设计要求。软件系统应采用模块化、微服务的设计理念，以便实现高内聚、低耦合的系统结构。各个模块之间应通过标准化的接口进行通信，确保系统的可扩展性和可维护性。同时，系统架构应支持分布式部署和负载均衡，以应对大量用户并发访问的场景。

（2）数据处理与存储标准。数据处理方面，软件系统应具备高效的数据检索、分析和挖掘能力，以支持用户行为分析、个性化推荐等高级功能。数据存储方面，应采用可靠的数据库管理系统和存储解决方案，确保数据的完整性和安全性。同时，为满足大数据处理的需求，系统还应支持分布式存储和计算技术。

（3）系统安全性与可靠性要求。软件系统应具备多层次的安全防护措施，包括但不限于用户身份验证、数据加密、访问控制等。同时，系统还应具备容灾备份和故障恢复能力，以确保在极端情况下数据的完整性和业务的连续性。此外，为提高系统的可靠性，还应定期进行安全漏洞扫描和性能压力测试，及时发现并解决潜在的安全隐患和性能瓶颈。

（二）服务与管理标准

在智慧图书馆的建设与运营过程中，服务与管理标准的制定至关重要。这不仅关乎图书馆的服务质量，还直接影响读者的使用体验和管理效率。以下将从读者服务标准、馆藏资源管理标准以及管理人员操作标准三个方面进行详细阐述。

1. 读者服务标准

读者服务是智慧图书馆的核心功能之一，其标准应围绕个性化推荐与检索服务、远程服务与移动应用支持以及读者隐私保护与数据安全等方面展开。

（1）个性化推荐与检索服务规范。个性化推荐服务应根据读者的历史借阅记录、搜索行为和偏好等信息，通过算法分析，为读者提供精准的图书推荐。检索服务则需提供高效、准确的搜索功能，支持多种搜索方式，如关键词搜索、作者搜索、ISBN搜索等，并确保搜索结果的排序合理，便于读者快速找到所需资源。同时，服务应定期优化算法，以适应读者需求的变化。

（2）远程服务与移动应用支持标准。远程服务应支持读者通过互联网访问图书馆资源，进行在线借阅、预约、续借等操作。移动应用则需提供便捷的用户界面，整合图书馆的各项服务，包括但不限于图书查询、借阅管理、个人中心等功能。此外，移动应用还应支持多平台（如iOS、Android等），确保服务的广泛可达性。

（3）读者隐私保护与数据安全标准。智慧图书馆应严格遵守相关法律法规，保护读者的个人隐私和数据安全。具体措施包括但不限于：对读者信息进行加密存储，确保数据传输的安全性；定期备份数据，以防数据丢失；对管理人员进行权限管理，防止数据泄露。同时，图书馆应明确告知读者其信息的收集、使用和保护方式，增强读者的信任感。

2. 馆藏资源管理标准

馆藏资源管理是智慧图书馆运营的基础，涉及数字资源的采集、加工、存储以及资源的分类、编目和资源的更新、维护等方面。

（1）数字资源采集、加工与存储规范。数字资源的采集应遵循合法、合规的原则，确保资源的版权清晰。加工过程中应保持资源的原始性和完整性，同时优化格式和元数据，以提高资源的可访问性和可用性。存储方面，应采用可靠的存储设备和备份机制，确保资源的安全性和可持久性。

（2）资源分类与编目标准。资源分类应依据国际或国内通用的分类法，结合图书馆的实际情况进行。编目则应遵循标准化的编目规则，确保资源的准确描述和易于检索。此外，分类和编目信息应定期更新，以适应资源的变化和读者需求的发展。

（3）资源更新与维护策略。智慧图书馆应定期更新其数字资源，以保持馆藏的时效性和丰富性。同时，应建立有效的资源维护机制，包括资源的修复、替换和淘汰等，以确保馆藏的整体质量。在更新和维护过程中，还应充分考虑读者的使用习惯和反馈意见，不断优化资源结构和服务质量。

3. 管理人员操作标准

管理人员是智慧图书馆运营的关键角色，其操作标准直接影响图书馆的服务效率和管理水平。

（1）管理人员培训与考核要求。管理人员应接受系统的培训，包括图书馆学知识、信息技术应用、服务礼仪等方面。培训形式可多样化，如在线课程、实地操作等。同时，应建立科学的考核机制，对管理人员的业务能力和服务态度进行评价，以激励其不断提升自身素质。

（2）系统操作规范与应急处理流程。管理人员应熟练掌握智慧图书馆系统的各项操作，包括但不限于图书借阅、归还、预约等流程。在遇到系统故障或突发情况时，应能迅速启动应急处理流程，确保服务的连续性和稳定性。此外，管理人员还应定期参与系统更新和升级的培训，以适应技术的不断发展。

（3）服务质量监控与评估机制。智慧图书馆应建立全面的服务质量监控体系，通过定期调查、读者反馈等方式收集服务质量数据。同时，应制定科学的评估指标和方法，对服务质量进行客观评价，以便及时发现问题并进行改进。在评估过程中，还应注重与读者的沟通和互动，不断提升服务满意度和忠诚度。

（三）绩效评估标准

智慧图书馆的绩效评估是衡量其运营效果、服务质量以及创新能力的关键环节。通过构建科学、合理的评估标准体系，可以有效地对智慧图书馆进行全面而客观的评价，进而指导其持续改进和提升。以下将从服务效果、运营效率和创新与发展能力三个方面，详细阐述智慧图书馆的绩效评估标准。

1. 服务效果评估标准

服务效果是评价智慧图书馆绩效的首要方面，它直接关系到读者的使用体验和对图书馆的满意度。

（1）读者满意度调查与分析。读者满意度是衡量图书馆服务质量的重要标准。通过定期开展读者满意度调查，收集并分析读者对图书馆环境、资源、服务等方面的反馈，可以深入了解读者的需求和期望，进而有针对性地优化服务流程，提升服务质量。调查应采用匿名方式，确保数据的真实性和客观性。

（2）服务响应时间与准确性评估。智慧图书馆应能够快速、准确地响应读者的服务请求。评估时，应记录并分析服务响应时间、服务准确性等数据，以衡量图书馆在提供服务时的效率和准确性。这包括但不限于图书借阅、归还、查询等服务的响应时间，以及服务过程中出现差错的频率。

（3）资源利用率与借阅量统计。资源利用率和借阅量是反映图书馆资源受欢迎程度和使用效率的重要指标。通过统计各类资源的借阅量、利用率等数据，可以评估图书馆资源的采购是否合理，以及读者的阅读需求和偏好。这有助于图书馆更好地调整资源结构，满足读者的多样化需求。

2. 运营效率评估标准

运营效率是评价智慧图书馆绩效的另一个重要方面，它关系到图书馆的日常运营成本和效益。

（1）管理人员工作效率评估。管理人员的工作效率直接影响图书馆的整体运营效率。通过评估管理人员完成工作任务的速度和质量，可以衡量其工作效率和管理能力。这包括但不限于图书上架、整理、读者咨询等服务的工作效率。

（2）系统故障率与维护成本分析。智慧图书馆的稳定运行离不开高效的信息系统支持。系统故障率和维护成本是评价系统稳定性和可靠性的重要指标。通过记录并分析系统的故障频率、故障恢复时间以及维护成本等数据，可以评估系统的性能和维护效率，进而指导系统的优化和升级。

（3）资源采购与更新成本效益评估。资源的采购和更新是图书馆运营中的重要环节。通过评估资源的采购成本、更新频率以及资源的使用效益等数据，可以衡量图书馆在资源采购和更新方面的经济效益和合理性。这有助于图书馆制定更加科学的资源采购策略，提高资源的利用效率和满足读者的需求。

3. 创新与发展能力评估标准

创新与发展能力是评价智慧图书馆长期竞争力的关键指标，它反映了图书馆在应对行业变革和满足读者新需求方面的能力。

（1）新技术应用与融合能力评价。随着信息技术的不断发展，智慧图书馆需要不断引入新技术来提升服务质量和运营效率。通过评估图书馆在新技术应用方面的投入、实施效果以及技术融合能力等数据，可以衡量图书馆在技术创新方面的实力和潜力。

（2）服务模式创新与实践成果展示。服务模式的创新是提升智慧图书馆竞争力的关键途径。通过评估图书馆在服务模式创新方面的实践成果、创新效果以及读者反馈等数据，可以衡量图书馆在服务创新方面的能力和成效。这有助于图书馆不断探索新的服务模式，满足读者的个性化需求。

（3）行业影响力与合作交流情况考察。行业影响力是评价智慧图书馆在行业内地位和声誉的重要指标。通过考察图书馆在行业内的影响力、合作交流情况以及参与行业活动等数据，可以衡量图书馆在行业内的认可度和合作能力。这有助于图书馆拓展合作渠道，提升行业地位。

第二章 高校图书馆知识服务的理论分析

高校图书馆作为学术资源的重要聚集地，其知识服务功能的强化至关重要。本章对高校图书馆知识服务的相关概念进行解析，深入探讨其内涵，并分析开展知识服务的必要性与可行性。此外，还详细阐述高校图书馆知识服务的机制及流程，以期为提升服务质量提供理论支撑。

第一节 高校图书馆知识服务的相关概念

一、高校图书馆简述

高校图书馆是一种具有中介性的组织机构，是社会记忆的外存与选择传递机制。高校图书馆在人类精神文化财富的创造过程中处于流通领域的地位，在精神财富的传播交流过程中处于中介地位。各种社会知识信息借助记录符号得以在各类介质上记录存储，并被图书馆选取进而提供给用户。图书馆在选取优质文献资料进而守护历史文化遗留产品方面具有重要作用，在为服务对象传达效用知识方面具有强大功能，服务对象在整个知识活动中作为接收效用知识的对象，图书馆机构具有中介性，例如文献资源的采集与购买、新书的分门别类与编写目录、文献在图书馆与用户之间的流动传递等都体现了图书馆作为服务组织机构具有的中介作用。服务对象在知识性服务活动中接收一定的效用知识，获取其原本所期望与需要的知识，这些效用知识将为服务对象解决实际难题产生帮助。

高校图书馆作为开展知识性服务活动的重要组织机构，服务者如果期望有效帮助对象采集传达效用知识并令服务对象满意，开展服务活动的人员就必须弄清楚自身能够向服务对象提供什么类型的服务、应当向服务对象实行什么类型的服务以及如何向服务对象落实服务并且保证服务的成效。对优秀知识文献资源进行选择采集、分类编目、保存以及向用户提供都是图书馆的基本职能。除了基本职能外，图书馆还具备传承优秀文化遗留产品、对服务对象进行教育熏陶、激励知识情报在占有者与需求者之间的流动、完善服务对象的智力程度等四大职能。图书馆对社会文献信息资源进行采集、整理、存储、传播，是一个持续不断的过程，这一动态过程使图书馆服务得以与外部环境保持平衡。科学知识文献是有效存储人类社会发展遗留文化的重要记录载体，在各种各样的社会组织机构中，图书馆具有保存传播人类优秀文化的重大责任与使命；图书馆作为知识与学习的空间，为用户提供阅读、交流学习的环境，能够较好地提升服务对象的综合修养；服务人员在开展知识性服务活动的过程中，依托丰富多样的馆藏资料，为服务对象进行技能训练，对于培养服务对象在创新利用知识、提高其智力程度方面具有良好益处。

二、知识与信息的基本释义

知识是人类对社会、自然界、科学规律等的认识，是人类在社会实践和科学研究方面获得的经验总结。早在亚里士多德时代，人类已经开始进行与知识有关的科学研究和实践生产，因此知识与人类息息相关，并且已成为促进人类社会进步、经济发展的重要因素。特别是21世纪的到来，知识经济对人类的影响更加巨大，社会学科、自然学科正在通过各种技术、理论与方法为人类所利用。

尽管人类一直在发现知识、利用知识，但知识究竟是什么，如何更好地挖掘知识、利用知识仍是一个值得研究的问题。由于知识与信息息息相关，因此在明晰知识内涵之前需明确信息的含义。

（一）信息

信息英文译为 Information，它广泛存在于自然界、生物界和人类社会中，无处不在，无时不被使用。学术界对信息的定义目前尚不统一，普遍被人们认可的信息概念是英国科学哲学家波普尔（K.Popper）提出的"三个世界"理论，其中对信息的阐述，即信息的含义可分为三大类：第一类是有关客观物理世界的信息，即本体论意义上的信息，它反映事物运动的状态及其变化的方式；第二类是有关人类主观精神世界的信息，即主体论或认识论意义上的隐性信息，它反映人类所感受的事物运动状态及其变化方式，处于意识、思维状态；第三类是有关客观意义上概念世界的信息，即主体论或认识论意义上的显性信息，它反映人类所表述的事物运动状态及其变化方式，用语言、文字、图像、影视、数据等各种载体来表示，汇成一个实在的自主的"信息世界"。

从认识论的角度看，一方面，信息是主体认识客体的媒介，只有直接或间接地获得有关认知对象的信息，主体才能从观念上来认识和把握客体；另一方面，由于受各种因素的制约，主体获得的信息，其内容不一定能全面、准确地反映客体属性。

结合文献信息服务机构的用户需求与服务，笔者认为：信息是人和生物与客观世界联系的媒介，它是一种普遍的存在，存在于自然，存在于人类社会，也存在于人的思维领域。对人类来说，信息是我们认识世界的基础和桥梁，又是我们改造世界的指南和向导，是能够通过各种方式（文献、电视、广播、口头等）被传送，能够被人感受的声音、图形或文字，并与某一特定事实、主题，或事件相联系的消息和情报，它经过加工能够形成各种各样有用的知识，对人类的社会实践和生产实践产生影响。

知识对于人类和社会的发展非常重要。人类之所以比动物更高级，能创造出这么多精彩、多样的文明，是因为人类一直在努力学习知识。

（二）知识的生成及概念界定

知识是与信息紧密关联的概念。一般认为，信息经系统化、条理化和理论化便转化为知识。信息与人脑原有的知识、经验相结合，便形成新知识；而知识一旦被记录下来，并传播给他人时，便会成为物化的信息。

根据信息加工理论，人们的认知活动是主体与客体的相互作用或双向投人的过程，也是主体以本身的认知图式、观念体系和意会能力掌握客体的属性、结构、关系、本质规定的过程。这一过程积淀的成果，就是知识。

知识的生成，必须具备以下两个条件。

一是主体性条件：生成知识的主体是人的大脑，它是整个信息传输、加工、贮存、转换及输出自我控制的系统，是人的认知运作的中枢。认知主体的认知图式、观念体系以及信息加工、编码和意会能力就构成了知识生成的主体性条件。

二是客体性条件：客观世界中的事物、现象、过程，作为客体有其外在表现和实质内容，对主体来说，这是一种实在的或假定的先在性和外在性。在认知过程中，客体的状态、属性、结构、关系和本质规定等信息，被主体适应、同化进而转化为主体所能理解的观念内容。这种被主体认知图式所适应、所同化的客体状态、属性、结构、关系和本质规定的信息内容就构成了知识生成的客体性条件。

知识生成是一个高度复杂且动态的过程，它涵盖了主体与客体之间的多维度相互作用。这一过程中，主体通过一系列认知操作来处理和转化来自客体的信息，这些操作包括但不限于适应、同化、意会、编码、转译以及重构。这些步骤不仅反映了主体对客体信息的深度加工，也揭示了知识构建的动态性和创造性。主体与客体的相互作用，在本质上是一种信息的传输与反馈机制。客体提供原始信息，主体通过其认知系统对这些信息进行加工和处理。这一过程中，客体信息被逐步观念化，即转化为主体可以理解和运用的概念或观念；同时，这些信息也被结构化，纳入主体的知识体系之中，形成有机的知识网络。值得注意的是，观念化与结构化在这一过程中是相互交织、密不可分的，它们共同推动了知识的生成和发展。

总而言之，知识可以定义为：认知主体以其认知图式适应、同化被认知客体的信息内容，经整合重构而形成的观念化、结构化的有序信息组合。

（三）信息和知识的关系

信息与知识虽常为人们所提及，但二者实质上是两个不同的概念。它们之间的关系，可以类比为产品与原材料：信息是原材料，而知识则是经过加工、提炼后的产品。从信息到知识的转化，并非一蹴而就，而是要经历多个中间层次的处理和整合。在这个过程中，信息本身也有不同的层次。原始信息是未经处理的、直接来源于实际的数据或信号，而经过初步加工后的高层次信息，则更具结构性和意义，为知识的形成奠定了基础。知识在形态上可分为稳定形态和运动形态。稳定形态的知识是系统化的、经过验证和公认的，如同经典著作中的智慧；而运动形态的知识则尚在形成或发展中，可能还不够成熟，有待进一步完善。信息是知识的源泉，为知识的构建提供了基础资料；而知识，尤其是稳定形态的知识，是信息经过深度加工、整合后的高层次集合。简而言之，信息更多地帮助我们了解客体的表象，而知识则能指导我们的实践行动。

在上述提到的不同等级的知识构成框架中，知识被定义为用于指导行动的信息，显然是包含在信息的范围之内的；但同时，知识构成框架中又包含事实、数据、信息、知识、智慧、创新这六个等级，这样看来似乎知识又包含了信息。对此可以这样理解：前者是狭义的知识，后者是指整个知识构成框架，是广义的知识。在整个知识构成框架中，从事实到创新层层递进，是知识由低级向高级形成的过程，是其主观性、抽象性不断增加的过程。从事实到数据再到信息的递进过程是知识的产生过程，从知识到智慧再到创新的递进过程是知识的发展过程，知识的产生和发展过程相结合就形成了一个完整的知识交流和应用过程。知识是在实践中形成，在交流中传播，在不断应用与创新的基础上得到发展的。可以说，信息是知识的基础，知识产生智慧。

三、知识服务与信息服务

（一）知识服务与信息服务的概念

在明确了信息与知识的概念后，让我们进一步讨论信息服务与知识服务这两个概念。

1. 信息服务的概念

如同知识与信息密切相连一样，知识服务的研究也离不开信息服务。信息服务的实质内涵应主要包括两方面：一是信息服务的基本要素，包括信息产品、信息用户、信息服务者；二是信息服务的方式和手段。这两方面内容是信息服务必不可少的，是衡量信息服务质量的主要因素。因此，笔者认为信息服务是文献信息服务机构或部门根据信息用户的需求，利用多种手段收集信息，加工整理信息，形成满足信息用户需要的信息产品，从而为信息用户提供服务。

信息服务由传统的文献服务发展而来。文献服务是以直接向读者提供文献为主的服务模式，它通过提供现有的馆藏文献来满足读者的信息需求；文献服务的对象是大量借书、还书的一般性读者；服务手段是传统手工操作的借借还还；服务范围局限于图书馆这个特定场所内；服务内容包括文献外借服务、卡片目录的文献检索服务、到馆阅览服务以及阅读辅导、图书馆宣传等。

进入信息社会后，计算机技术的推广使图书馆各项业务流程都实现了自动化，也为从根本上改变传统的文献服务提供了技术支持，因此，比文献服务更加深入的服务形式——信息服务应运而生。与文献服务相比，信息服务的服务对象范围扩大了，除了到馆的读者，还包括通过网络联机的用户；服务手段实现了自动化，馆际互借、联合编目、联机检索等服务拓展了图书馆的服务范围；二、三次文献的编制，参考咨询的加强，用户培训的开展深化了图书馆的服务内容。总之，信息技术的广泛应用大大促进了信息的搜集、加工、传播和利用，提高了图书馆的服务效率，深化了服务能力，促进了由文献服务向信息服务的发展。

2. 知识服务的概念

知识服务是近年来图书情报学界在数字化、网络化形势下研究的一个新热点，它是社会信息化知识化的产物，是为适应知识管理的需要而实施的一种服务形式，是一种全新的服务理念。

知识服务要求以文献信息机构为主的各类服务机构借助先进的技术手段、拥有的资源和设备，根据用户提出的问题和所处的环境，进行信息知识的搜集、分析、组织，为用户提供知识含量更高，更具针对性，更加专业化、个性化，更具增值性、创新性的高智能服务，帮助用户找到答案并帮助用户提高对知识的处理和应用效率。

知识服务把服务的重心从传统方式的文献信息资源转移到信息需求者——用户的身上，时时处处体现出为用户着想的"人本思想"，把人性化融入服务之中，是一种人性化的服务工作。它不仅适应用户对知识信息的需要，满足用户对知识的需求，还适应用户在知识创新过程的心理需求。知识服务的根本目的就是帮助用户解决问题，支持用户实现知识应用和知识创新。因此，知识服务是在知识、信息共享与交流的基础上提供的知识增值服务，它通过提炼和集成，并按某一知识概念和学科门类建立起某种关联，形成"知识的网络"，从而在更具专业化和个性化的水准上满足用户的知识需求。

知识经济离不开知识创新，知识创新离不开知识服务，由信息服务发展为知识服务是图书馆服务的发展趋势。在知识应用和知识创新环境的影响下，获取有用的知识，充分利用和共享知识，已成为一个人、一个机构乃至一个国家增强创新能力、提高竞争力的关键。

（二）知识服务与信息服务的关系

1. 知识服务与信息服务的区别

知识服务和信息服务在多个维度上存在显著差异，这些差异主要体现在它们的产生背景、服务目标、涉及的知识类型、知识组织方法、服务方式、服务内容以及管理机制上。

（1）产生背景不同。信息服务主要是在信息技术快速发展的背景下应运而生，其核心在于利用信息技术提供高效、便捷的信息获取方式。而知识服务则是在知识经济时代背景下兴起，它侧重于对知识的深度加工和创新应用，以满足用户对知识的高层次需求。

（2）服务目标不同。信息服务的主要目标是提供准确、及时的信息，帮助用户解决信息需求。相对而言，知识服务的目标更为深远，它致力于为用户提供创新性的知识产品和解决方案，从而推动知识的应用和价值创造。

（3）涉及的知识类型不同。信息服务主要处理的是显性知识，即那些可以编码和表述的知识。而知识服务则更加关注隐性知识，即那些难以言传的技能和经验，通过专业人员的分析和挖掘，将其转化为有价值的显性知识。

（4）知识组织方法不同。信息服务通常采用分类、索引等方法对信息进行组织和检索。知识服务则采用更复杂的知识表示和推理技术，如语义网、本体论等，以实现知识的有效组织和智能应用。

（5）服务方式不同。信息服务往往是基于用户请求被动服务，如图书馆的信息检索服务。而知识服务则更倾向于主动服务，通过分析用户需求和行业趋势，主动提供定制化的知识解决方案。

（6）服务内容不同。信息服务的内容主要是原始信息或经过简单加工的信息产品。知识服务的内容则更加丰富和深入，包括知识挖掘、知识创新、知识咨询等高层次服务。

（7）管理机制不同。信息服务的管理主要侧重于信息资源的采集、整理和传递过程，强调信息的准确性和时效性。知识服务的管理则更加注重知识创新和人才培养，通过建立激励机制和合作网络，促进知识的共享和增值。

2. 知识服务与信息服务的联系

尽管知识服务和信息服务在多个方面存在显著差异，但二者并非相互对立，而是相辅相成、密切相关的。它们之间的联系主要体现在以下几个方面。

（1）具有相同的价值取向。无论是信息服务还是知识服务，其根本目的都是为了满足用户的需求，提升用户的信息素养和知识能力。在这一点上，二者具有共同的价值追求。

（2）对信息技术都予以高度重视。信息技术是信息服务和知识服务得以实现的基础和支撑。无论是信息的检索、传递还是知识的挖掘、创新，都离不开信息技术的支持。因此，二者在技术应用和发展上有着共同的需求和关注点。

（3）两者相互促进。信息服务为知识服务提供了丰富的信息资源和用户基础，为知识创新和应用提供了广阔的舞台。而知识服务则通过深度加工和创新应用信息资源，提升了信息服务的层次和价值。这种相互促进的关系使得信息服务和知识服务在发展中相得益彰，共同推动了信息服务行业的进步和繁荣。

四、知识服务与知识管理

（一）知识管理的内涵阐释

知识管理问题的探讨与研究可以打破图书馆机构的限制，促使图书馆增加更多的实践基础，加快图书馆学发展的进程。知识管理的发展将图书馆的专业人员和知识专家严格地进行区分，使图书馆工作人员的分工和职责更加明确，以便应对不同的问题。图书馆知识管理是对图书馆显性知识和隐性知识的管理，即图书馆应用知识管理理论、技术和方法，及时了解用户的不同需求和标准，面对各种情况要有随机性和应变性，要合理地配置和利用知识，将现代图书馆发展中的各项职能充分地提升，更好地为读者服务，发挥其应有的作用。高校图书馆作为社会化的组织，不仅要对书籍这种传统的知识进行管理，还要对数据库、网络等新兴的知识资源进行管理，以提供知识的增值服务，实现高校图书馆实施知识管理的最终目标。

高校图书馆的知识管理主要有以下三个方面。一是序化显性知识，建立知识库和资源库，以便用户更好地选择和利用。二是促进隐性知识的传递和发展，鼓励知识型、学习型馆员的培养，建立一个对知识资源创新和应用的稳定环境。三是运用知识管理理论指导图书馆知识服务，满足广大用户的需求。

（二）知识管理与知识服务的联系

在高校图书馆的运作体系中，知识管理与知识服务构成了两个紧密相连、互为支撑的要素。知识管理不仅关注显性知识的系统化整理和存储，同时也深入挖掘并传递隐性知识，其核心理念在于以知识资源为基础，以服务为中心，推动知识的创新与应用，最终凝结为高效的知识服务。高校图书馆的知识服务则通过一系列专业化的信息收集、整理、保存及提供使用来实现其价值。在这一过程中，图书馆将科学知识广泛传播给师生，体现了服务的深层价值。

1. 二者的活动都是以知识和信息为主体

知识管理和知识服务的核心都是围绕知识和信息展开的。在知识管理方面，无论是显性知识还是隐性知识，都需要经过系统的分类、编码、存储和检索，以便更有效地利用这些知识和信息。这一过程涉及对知识的深入挖掘、整合与创新，旨在构建一个全面、有序且易于访问的知识库。而在知识服务方面，图书馆通过精准地提供用户所需的知识和信息，满足其学习、研究或决策支持的需求。这种服务是建立在对知识和信息的深入理解、精准把握和高效传递基础之上的。因此，知识管理和知识服务的活动都紧密围绕知识和信息展开，共同构成了图书馆工作的两大支柱。

2. 二者都是以人为中心的管理

知识管理和知识服务都强调"人"的核心地位。在知识管理过程中，人的因素至关重要。馆员需要不断学习和提升自身的专业素养，以便更好地发掘、整理和传播知识。同时，用户的需求和反馈也是知识管理优化的重要参考。在知识服务方面，以人为本的服务理念更是贯穿始终。图书馆需要深入了解用户的需求，提供个性化、专业化的服务，确保用户能够便捷、高效地获取知识。因此，无论是知识管理还是知识服务，都充分体现了以人为中心的管理理念。

3. 二者成功的实施都受益于现代信息技术

现代信息技术在知识管理和知识服务中发挥着举足轻重的作用。对知识管理而言，现代信息技术提供了强大的工具来支持知识的分类、存储、检索和共享，极大地提高了知识管理的效率和准确性。在知识服务方面，现代信息技术使得图书馆能够为用户提供更加便捷、个性化的服务，如智能检索、在线咨询、远程访问等。这些技术的应用不仅提升了图书馆的服务水平，也增强了用户的满意度。因此，可以说现代信息技术是知识管理和知识服务成功实施的关键因素之一。

4．二者都对馆员提出了较高的素质要求

无论是知识管理还是知识服务，都对图书馆员的素质提出了较高的要求。在知识管理方面，图书馆员需要具备扎实的专业知识、敏锐的信息意识和熟练的现代信息技术应用能力，以便有效地进行知识的挖掘、整理和创新。而在知识服务方面，图书馆员则需要具备良好的沟通技巧、服务意识和创新能力，以提供高质量、个性化的服务。这些素质要求是确保知识管理和知识服务高效运行的重要保障。

5．知识服务的实施依赖于知识管理的发展

知识服务的质量和效率在很大程度上依赖于知识管理的水平。一个完善的知识管理体系能够为知识服务提供丰富、准确且及时的知识资源，确保服务的专业性和可靠性。同时，知识管理的不断创新和优化也能够推动知识服务的升级和完善，满足用户日益增长和多样化的需求。因此，知识服务的成功实施离不开知识管理的有力支撑。

第二节　高校图书馆知识服务的内涵阐释

一、高校图书馆知识服务的基本含义

以网络化、数字化为代表的现代信息环境取代了传统的手工操作与信息时代的自动化环境，既为高校图书馆开展工作提供了技术保障，又冲击着高校图书馆所长期依赖的信息交流和服务环境。多媒体技术和网络技术在高校图书馆的普遍应用，首先使高校图书馆的馆藏结构发生了变化，由纸质馆藏扩展到以计算机、网络为依托的电子、数字化文献资源，如各种期刊数据库或电子图书数据库、网络文献信息等。高校图书馆能够利用这些新技术整合大量的数字文献信息和知识资源，创造出内容丰富的文献、信息与知识资源。其次，新技术的应用正在改变高校图书馆各个环节的工作方式，需要营造适应新形势要求的现代高校图书馆服务工作模式。再次，随着教育体制的改革，各高校之间的竞争越来越激烈，竞争的焦点和关键是高校的人才，人才重在科研实力，衡量一个学校的标准除了办学规模、办公设备、资源配置、教学水平及师生比例外，更重要的一个方面就是看该校的科研水平怎么样，科研水平的提高离不开高校图书馆提供的高水平服务。为此，各高校都不惜一切力量加大科研投资的力度，高校图书馆工作必须由文献信息服务向知识服务转变，为学校的科研提供高质量的服务。在这种情况下，我们有必要探讨高校图书馆工作之一的知识服务，探讨知识服务的内涵及相关问题。

知识服务的概念是对整个知识服务业而言的。高校图书馆作为信息服务业一员的同时，也是知识服务业的一员，所以知识服务对高校图书馆同样适用。

提供知识为用户服务，是高校图书馆一个永恒的主题。知识服务是建立在图书情报机构的服务功能和专门知识基础上的，以服务来体现知识，以服务来开拓市场，最终实现服务的价值。知识服务不是一般的信息服务，而是带有前导性的一种研究活动，是对信息资源的深层次开发和利用，它以信息的搜索、组织、分析、重组的知识和能力为基础，根据用户的问题和环境，融入用户解决问题的过程，提供能够有效支持知识应用和知识创新的服务。

在服务理念上，知识服务成为高校图书馆的一种资源、一种品牌。知识服务的标准不是"我是否给用户提供了需要的信息"，而是"我是否通过服务解决了用户的问题"；在服务内容上，知识服务注重文献深层次的开发及服务内容的个性化、专业化；在服务手段上更加追求多元化、自动化、网络化。知识服务采用智能化的手段可以挖掘蕴藏于大量显性信息中的隐性知识，通过对文献数据库的智能化聚类，以得到专业细化、项目课题的知识，通过其他引文数据库得到学科相关的知识。知识服务可以将提炼出的知识元组成相互关联、相互印证的"网络化知识元数据库"，并与各种数据库的全文进行链接，构成内容广泛的知识网络，为用户提供最方便的知识获取途径。

高校图书馆知识服务内涵的界定需明确高校图书馆服务的主体与客体，这是高校图书馆区别于其他领域知识服务的关键。从这个角度界定高校图书馆知识服务，可以使高校图书馆知识服务的内涵更加清晰。

高校图书馆知识服务的主体是能够提供深层次知识服务的学科馆员和馆员，其外延很大，泛指在高校图书馆从事一切工作的人，具有很强的兼容性，即使演变成数字图书馆也仍然适用。与信息服务人员相比，馆员专职性较强，更能体现高校图书馆的特点；高校图书馆知识服务的客体是读者用户。读者是指利用图书馆服务的个人和社会团体。随着知识经济时代的到来，图书馆尤其是高校图书馆和大型公共图书馆已经承担了一些只有信息和知识服务部门才能做的信息知识服务工作，因此，图书馆的服务对象扩大为读者用户。在高校，图书馆知识服务的客体主要是学者、博士、教授、硕士、教师和学生，图书馆主要是服务于专家学者教师教学和科研项目，以及满足学生撰写论文及学习、研究的需求，以最大限度地满足其个性化信息与知识需求为高校图书馆服务的终极目标。在高校，相同学科研究领域聚集着一批高素质的科研与教学人员，他们之中的许多人有着相近的科研环境、知识结构、心理特征、研究习惯、行为方式等，有着相对集中的、对学科知识与服务的共同需求。因此，学科与专业成为划分读者用户群最自然、最基本的依据，"学科性"成为高校读者用户需求最显著也是最容易区别的特征。另外，高校图书馆存在着培养学科领域文献专家的有利环境与条件，学科馆员及馆员具备不断提升自己学科专业水平的良好环境。由于学科用户群的相对集中，高校图书馆可以针对学科服务对象制定全方位的服务策略，实现对读者用户需求的全程化动态服务，提升提供深层次知识服务能力的水平，最大限度地实现用户满意度的同时，使高校图书馆的知识信息资源得到最大限度地利用。因此，高校图书馆具备实现知识服务的优越性，知识服务能够发挥高校图书馆的服务优势，能够提供有效支持知识应用和知识创新的服务，知识服务是高校图书馆工作新的突破口和生长点。

二、高校图书馆知识服务的主要内容

（一）面向学科的知识服务

面向学科的知识服务，顾名思义，是针对特定学科领域所提供的一系列信息服务。这种服务旨在满足学科内的研究者和学习者对于专业信息的需求，以促进学科的发展和进步。高校图书馆在这一服务中扮演着至关重要的角色，其丰富的馆藏资源和专业的信息服务能力为学科知识服务提供了坚实的基础。

高校图书馆学科知识服务可以划分为两个层次，分别是基本服务层次和重点服务层次。

1. 基本服务层次

基本服务层次是高校图书馆最基础、最普遍的服务，主要涵盖了文献传递、借阅服务以及馆藏信息提供服务等。这些服务是高校图书馆日常运营的重要组成部分，为广大学者和学习者提供了便捷的信息获取途径。

文献传递服务确保了学者能够及时获取到所需的文献资料，无论是纸质文献还是电子文献，高校图书馆都致力于提供高效的传递方式。借阅服务则是高校图书馆最为传统的服务之一，它允许学者和学习者借阅纸质或电子书籍、期刊等，以满足其学习和研究的需求。此外，馆藏信息提供服务也是基本服务层次中的重要一环，高校图书馆通过编制目录、索引等工具，帮助用户快速定位并获取所需的信息资源。

这些基本服务虽然看似简单，但却是高校图书馆信息服务体系的基础，为学者和学习者提供了稳定、可靠的信息支持。

2. 重点服务层次

相较于基本服务层次，重点服务层次更加深入和专业化，旨在满足学者在学术研究过程中的特定需求。这一层次的服务主要包括定题检索、科技查新、学科导航、学科信息门户以及专题情报调研服务等。

定题检索服务是根据学者的特定研究主题，为其提供精准的文献检索服务。高校图书馆员利用专业的检索工具和技巧，帮助学者从海量的文献资源中筛选出与其研究主题高度相关的文献资料，从而大大提高研究效率。

科技查新服务是针对科研项目的创新性进行评估，以确保学者的研究项目具有新颖性和独创性。高校图书馆通过与专业的科技查新机构合作，为学者提供全面的科研项目查新报告，帮助其了解国内外相关研究的最新动态，避免重复研究。

学科导航服务致力于为学者提供特定学科领域的资源导航，包括该领域的核心期刊、重要数据库、研究机构以及专家学者等。通过学科导航，学者可以更加便捷地获取学科内的优质资源，推动其研究工作的深入开展。

学科信息门户是一个综合性的信息服务平台，它整合了特定学科领域内的各种信息资源和服务，为学者提供一站式的信息获取和服务体验。通过学科信息门户，学者可以轻松地浏览最新的学术动态、研究成果以及相关的数据资源等。

专题情报调研服务是针对某一特定主题或领域进行深入的信息收集和分析工作。高校图书馆员利用专业的情报分析工具和方法，为学者提供全面的情报调研报告，帮助其更好地了解该领域的现状和发展趋势。

（二）面向教育的知识服务

高校图书馆作为高等教育机构的重要组成部分，不仅承载着保存和传播知识的使命，更在培养新时代人才方面发挥着不可或缺的作用。面向教育的知识服务，旨在通过高校图书馆丰富的资源和专业的服务，为高校教育提供有力的支撑和补充。

1. 构建自主学习环境

在信息时代，自主学习能力的培养显得尤为重要。高校图书馆通过构建自主学习环境，为学生提供自由、开放、多元的学习空间。这主要包括以下几个方面。

（1）构建动态学习环境。高校图书馆打破传统的学习空间限制，提供灵活多变的学习区域，如讨论区、研习室、多媒体制作区等，以满足学生不同形式的学习需求。同时，高校图书馆还定期举办学术讲座、研讨会等活动，营造浓厚的学术氛围，激发学生的学习兴趣和创新精神。

（2）构建学习资源库。高校图书馆整合各类学习资源，包括纸质图书、电子书籍、期刊论文、多媒体资源等，形成一个丰富多样的学习资源库。通过数字化技术和信息检索系统，使学生能够便捷地获取所需的学习资料，提高学习效率。

（3）构建自主学习平台。借助现代信息技术，高校图书馆可以开发在线学习平台，提供在线课程、学习工具、互动交流等功能。学生可以根据自己的兴趣和需求，自主选择学习内容，制订个性化的学习计划，实现真正的自主学习。

2. 建立知识专题库服务

知识专题库是高校图书馆提供知识服务的重要基础。它主要包括两方面的内容：信息资源库和知识库。

（1）信息资源库。信息资源库主要收集、整理和存储各类信息资源，包括电子书籍、学术论文、科技报告、专利文献等。这些资源按照学科领域进行分类和组织，方便用户根据研究或学习兴趣进行检索和利用。信息资源库的建立不仅丰富了高校图书馆的知识储备，还为用户提供了便捷的信息获取途径。

（2）知识库。知识库是对信息资源进行深度加工和提炼后形成的结构化知识体系。它通过对海量信息的挖掘和分析，提取出有价值的知识点和关联关系，形成具有逻辑性和系统性的知识网络。知识库不仅能够帮助用户更深入地了解某一领域的知识结构和内在联系，还能为用户提供智能化的知识推荐和发现服务。

3. 用户教育

用户教育是高校图书馆面向教育知识服务的重要组成部分。高校图书馆定期开展信息素养培训课程，教授学生如何有效利用高校图书馆资源，提高信息检索和分析能力。同时，高校图书馆还可以开展学术诚信教育，引导学生树立正确的学术道德观念，防范学术不端行为。这些教育活动旨在提升学生的综合素质和学术能力，为其未来的学术研究和职业发展奠定坚实基础。

4. 图书导读

图书导读是高校图书馆为帮助学生更好地理解和利用图书资源而提供的一项服务。高校图书馆可以组织专业馆员或邀请相关领域专家，定期为学生推荐优秀图书、撰写导读文章或举办图书分享会等活动。通过这些导读服务，学生可以更快地了解图书的主要内容和特点，提高其阅读兴趣和阅读效率。同时，图书导读还有助于培养学生的批判性思维和独立思考能力，促进其全面发展。

三、高校图书馆知识服务的特征表现

高校图书馆作为高校学术与文化交流的重要枢纽，其知识服务具有显著的特征，这些特征主要体现在以下几个方面。

（一）以读者用户为中心，以读者用户满意为目标

高校图书馆知识服务的首要特征就是以读者用户为中心，这体现在高校图书馆服务的各个方面。从服务内容的策划到服务方式的选择，再到服务质量的评价，都以满足读者用户的需求和期望为出发点和落脚点。高校图书馆通过深入了解读者用户的信息需求、学术兴趣和使用习惯，不断优化服务流程，提升服务质量，力求达到读者用户满意。这种以读者用户为中心的服务理念，是高校图书馆知识服务的核心价值取向。

（二）面向知识内容，实现知识价值

高校图书馆知识服务的另一个显著特征是面向知识内容，致力于实现知识的价值。高校图书馆不仅提供文献资源的借阅和检索服务，更重视对知识内容的深度挖掘和整合，以满足读者用户在学术研究、学习提升等方面的深层次需求。通过建设特色数据库、开发知识导航系统、提供知识咨询服务等方式，高校图书馆帮助读者用户更加高效地获取和利用知识，从而实现知识的价值最大化。

（三）知识服务是以增值和创新为目标的高质化服务

高校图书馆的知识服务不仅停留在提供基础信息资源的层面，更追求服务的增值和创新。高校图书馆通过对知识内容的加工、整合和创新，为读者用户提供更加个性化、专业化的服务。例如，高校图书馆可以利用数据挖掘和文本分析技术，为读者用户提供科研动态、前沿趋势等增值服务；同时，高校图书馆还可以与学者合作，共同开发新的知识产品，推动学术研究的创新和发展。这种以增值和创新为目标的高质化服务，是高校图书馆知识服务的重要特征之一。

（四）面向解决方案，贯穿读者信息活动的始终

高校图书馆的知识服务不仅关注读者用户当前的信息需求，更致力于为其提供全面的解决方案。高校图书馆通过深入了解读者用户的研究领域和学术目标，为其量身定制个性化的信息服务方案。这些方案不仅涵盖文献资源的获取和利用，还包括数据分析、科研方法指导等多个方面。同时，高校图书馆的知识服务贯穿读者信息活动的始终，从项目立项到研究实施再到成果发布，高校图书馆都提供持续的支持和服务。这种面向解决方案的服务模式，体现了高校图书馆知识服务的全面性和深入性。

（五）服务内容个性化

每位读者用户都有不同的信息需求和学术兴趣，高校图书馆通过读者用户画像、大数据分析等技术手段，深入了解每位读者用户的个性化需求，并为其提供量身定制的服务内容。例如，根据读者用户的学术背景和研究方向，高校图书馆可以推送相关的学术资源、研究动态等信息；同时，高校图书馆还可以为读者用户提供个性化的科研支持服务，如定制化的数据分析、文献综述等。这种个性化的服务模式不仅提高了服务的针对性和有效性，还提升了读者用户的满意度和忠诚度。

（六）服务具有集成性

高校图书馆不仅提供单一的文献资源服务，更致力于将各种服务要素进行有机整合，形成一个高效、便捷的服务体系。这包括文献资源的集成、信息服务技术的集成以及服务团队的集成等多个方面。通过集成化的服务模式，高校图书馆能够为读者用户提供更加全面、高效的知识服务体验。同时，这种集成性的服务模式也有助于提升高校图书馆的整体服务水平和竞争力。

四、高校图书馆知识服务的原则及要求

高校图书馆有效地开展知识服务，必须按照一定的规律，遵循一定的原则"办事"。

（一）高校图书馆知识服务遵循的原则

高校图书馆作为学术信息资源的集散地，其知识服务在支持教学科研、促进学生全面发展等方面扮演着至关重要的角色。为了确保知识服务的高效与精准，高校图书馆在开展知识服务时必须遵循一系列原则。以下是对这些原则的详细阐述。

1. 针对性原则

针对性原则要求高校图书馆在提供知识服务时，必须紧密结合用户的具体需求和情境。高校图书馆应通过深入的用户调研，精确把握不同用户群体的信息需求和偏好，如教师、学生、研究人员等，并根据这些需求提供定制化的知识服务。例如，针对某一学科领域的研究人员，高校图书馆可以提供该领域的专业文献资源、研究动态以及定制化的信息推送服务。

2. 主动性原则

主动性原则强调高校图书馆在知识服务中应采取积极主动的态度。这意味着高校图书馆不仅要等待用户主动提出需求，更要通过大数据分析、用户行为研究等手段预见和挖掘用户的潜在需求，并主动提供相应的知识资源和服务。例如，高校图书馆可以定期发布学科前沿动态、热门研究领域的文献综述等，帮助用户及时了解最新的学术发展。

3. 持续性原则

持续性原则要求高校图书馆的知识服务必须保持连续性和稳定性。这涉及服务的长期规划、资源的持续更新以及服务质量的不断改进。高校图书馆应建立长效的服务机制，确保用户能够持续获得高质量的知识服务。此外，高校图书馆还应定期对服务效果进行评估，根据用户反馈及时调整服务策略，以满足用户不断变化的需求。

4. 动态化原则

动态化原则指出高校图书馆的知识服务应随着外部环境的变化而灵活调整。在信息技术快速发展的背景下，高校图书馆必须保持敏锐的市场触觉，及时跟踪新技术、新方法的发展动态，并将其应用于知识服务中。例如，利用人工智能技术优化信息检索系统，提高用户获取信息的效率和准确性。同时，高校图书馆还应根据用户需求的变化，动态调整服务内容和方式，以保持服务的时效性和有效性。

5. 创新原则

创新原则是高校图书馆知识服务的核心驱动力。在当今信息化、数字化的时代背景下，高校图书馆必须秉持创新精神，积极鼓励并培育创新思维，不断探索与实践全新的服务模式与方法。这涵盖了利用最前沿的技术手段优化并改进服务流程，以提高服务效率与准确性；研发新型的知识服务产品，以满足用户日益增长的多样化需求；同时，积极拓展服务领域，打破传统界限，将知识服务延伸到更广阔的学术空间。通过这一系列创新举措，高校图书馆不仅能够显著提升知识服务的层次与水平，更能够为广大用户带来更加丰富多彩、深层次的学术体验，从而推动整个学术生态系统的繁荣与发展。

6. 系统性原则

系统性原则强调高校图书馆在提供知识服务时，应从整体和全局的角度出发，构建一个完整、协调的服务体系。这要求高校图书馆在资源配置、服务流程、人员管理等方面形成有机的整体，确保各项服务能够高效协同地运作。同时，高校图书馆还应注重与外部环境的互动与协调，如与其他高校图书馆、学术机构等建立合作关系，共同构建一个开放、共享的知识服务网络。

（二）高校图书馆知识服务的基本要求

高校图书馆作为高等教育机构的重要组成部分，其知识服务承载着为师生提供学术资源、促进学术交流与知识创新的重要使命。为确保知识服务的高效与优质，高校图书馆需遵循一系列基本要求，以下是对这些要求的详细阐述。

1. 以满足用户对知识的需求为前提

高校图书馆的首要任务是满足用户对知识的需求。这要求高校图书馆不仅要拥有丰富的馆藏资源，还需根据学科发展动态和用户需求变化，不断更新和优化资源结构。高校图书馆应通过定期的用户调研和需求分析，精准把握师生的信息需求，从而提供针对性强、时效性高的知识资源。同时，高校图书馆还应积极开展信息素养教育，帮助用户提升信息检索与利用的能力，更好地满足其个性化的知识需求。

2. 以为用户提供便利为原则

便利性是衡量高校图书馆知识服务质量的重要指标。高校图书馆应致力于为用户提供便捷、高效的服务，包括简化借阅流程、优化检索系统、提供远程访问服务等。此外，高校图书馆还应通过技术手段，如移动高校图书馆、自助借还系统等，进一步提升服务的便捷性。通过不断改进服务方式，高校图书馆能够降低用户获取知识的门槛，提高知识服务的可及性和可用性。

3. 以让用户满意为目标

用户满意度是评价高校图书馆知识服务效果的关键标准。高校图书馆应始终以用户为中心，关注用户的需求和期望，不断优化服务流程和质量。通过设立用户反馈机制，高校图书馆可以及时了解用户对服务的评价和建议，进而调整服务策略，提升用户满意度。同时，高校图书馆还应注重培养员工的服务意识和专业素养，确保为用户提供专业、热情、周到的服务。

4. 让知识服务成为用户生活的一部分

高校图书馆应努力使知识服务融入用户的日常生活和学习中。这要求高校图书馆不仅提供丰富的学术资源，还需营造舒适的阅读环境和文化氛围，吸引用户主动利用高校图书馆资源。通过举办讲座、展览、读书会等文化活动，高校图书馆可以提高用户对知识的兴趣和热爱程度，使知识服务成为用户生活中不可或缺的一部分。

5. 让知识服务成为易被感知的服务

为了让用户更好地感知到高校图书馆的知识服务，高校图书馆需要加强自身的宣传和推广工作。通过校园网站、社交媒体、宣传海报等多种渠道，高校图书馆可以及时向用户传递最新的资源信息和服务动态。同时，高校图书馆还应注重与用户的互动沟通，及时回应用户的咨询和反馈，增强用户对知识服务的感知和认同。

6. 使服务内容与普通用户的平常需求相衔接

高校图书馆在提供知识服务时，应充分考虑普通用户的日常需求。除了满足学术研究的需求外，高校图书馆还应关注用户在生活、学习、就业等方面的信息需求，提供多元化的服务内容。例如，高校图书馆可以设立就业指导专区，提供职业规划、求职技巧等方面的资源和服务；开设通识教育课程，帮助用户拓宽知识面、提升综合素质。通过使服务内容与普通用户的平常需求相衔接，高校图书馆能够更好地服务于广大师生，发挥其作为学术信息中心的价值和作用。

第三节　高校图书馆知识服务的必要性与可行性

一、高校图书馆知识服务的必要性

在知识经济蓬勃发展的时代背景下，高校图书馆作为知识和信息的集散地，其服务模式与功能也需与时俱进。下面将从知识经济对高校图书馆的要求、网络信息环境的挑战以及高校图书馆服务功能的拓展与深化三个方面，深入探讨高校图书馆实施知识服务的必要性。

（一）知识经济对高校图书馆的要求

知识经济，作为一种新型的经济形态，正以其独特的魅力影响着世界的每一个角落。它以知识为核心，将知识的生产、分配和使用置于经济发展的中心地位，从而引领着一个全新的时代[①]。在这个时代背景下，高校图书馆的角色和地位也随之发生了深刻的变化。

高校图书馆一直以来都是知识的殿堂，是学子们求知的圣地。在知识经济的大潮中，它们被赋予了更为重要的使命和崭新的要求。这不仅仅是因为高校图书馆拥有丰富的知识资源，更在于其潜在的、能够提供深层次知识服

---

① 闫绍荣. 知识经济时代高校图书馆功能的拓展 [J]. 枣庄学院学报，2014, 31(04):130–132.

务的能力。

在知识经济的推动下，高校图书馆不再仅仅是书籍和资料的存储地，它们正在逐渐转变为知识创新和传播的枢纽。这就要求高校图书馆不仅能够提供海量的知识资源供用户学习和研究，更要能够主动地为用户提供更为深入、专业的知识服务。知识挖掘，即从海量的信息中提炼出有价值的知识点和关联，帮助用户发现隐藏在数据背后的规律和趋势。知识整合，则是将分散的知识元素进行有机融合，形成一个完整、系统的知识体系，便于用户全面、深入地了解某一领域或主题。知识创新是在前两者的基础上，通过跨界融合、思维碰撞等方式，催生出新的知识和观点，从而推动学术和科技的进步。

这些深层次的知识服务对用户而言具有极高的价值。它们不仅能够帮助用户更高效地获取知识，提升学习和研究的效率，更能够引导用户将知识转化为实际的应用，从而推动知识经济的发展。例如，通过知识挖掘和整合，研究人员可以更快地找到研究的突破口和创新点；企业家可以从中发现市场的新机遇和商业模式；普通的学习者也可以借此拓宽视野，提升个人的综合素质。

为了满足这些新的要求和挑战，高校图书馆正在积极进行自我革新和升级。它们引进先进的信息技术和设备，提升知识服务的智能化和个性化程度；加强与外部机构的合作与交流，拓宽知识资源的获取渠道；同时，还加大对馆员的专业培训力度，提升他们的专业素养和服务能力。

可以说，在知识经济的时代背景下，高校图书馆正以其独特的优势和潜力，成为推动社会进步和发展的重要力量。它们通过提供深层次的知识服务，不仅满足了用户日益增长的知识需求，更为知识经济的蓬勃发展注入了源源不断的动力。

（二）网络信息环境的挑战

随着网络信息环境的不断变化，高校图书馆面临着前所未有的挑战。这些挑战既对高校图书馆的传统服务模式提出了改革的要求，也为高校图书馆的发展提供了新的机遇。

第一，网络化数字化信息环境的变化为高校图书馆实施知识服务提出了要求。在网络化和数字化的时代背景下，信息资源的获取、传播和利用方式发生了深刻变革。用户对于信息的需求更加多元化和个性化，他们不再满足于简单的文献检索和借阅服务，而是希望高校图书馆能够提供更加深入、专业的知识服务。这就要求高校图书馆必须适应这种变化，积极探索和实施知识服务新模式。此外，随着开放获取（Open Access）运动的兴起，越来越多的学术资源开始以开放、共享的方式发布在网络上。这使得用户可以更加方便地获取所需资源，但同时也对高校图书馆的传统服务模式构成了挑战。为了应对这种挑战，高校图书馆需要积极拥抱变化，加强与开放获取资源的整合与利用，为用户提供更加丰富、便捷的知识服务。

第二，信息技术的发展为高校图书馆实施知识服务提供了保障。随着信息技术的不断发展，尤其是大数据、云计算、人工智能等技术的广泛应用，为高校图书馆实施知识服务提供了有力的技术支持。这些技术不仅可以帮助高校图书馆更加高效地管理和利用馆藏资源，还可以提升高校图书馆的服务水平和用户体验。

例如，通过大数据技术，高校图书馆可以对用户的借阅记录、检索行为等进行分析和挖掘，从而更加精准地了解用户需求和偏好。这有助于高校图书馆为用户提供更加个性化、精准的知识服务。同时，云计算技术可以实现资源的共享和协同工作，提高高校图书馆的工作效率和服务质量。而人工智能技术则可以帮助高校图书馆实现自动化和智能化管理，提升用户体验和满意度。

第三，社会信息服务机构的竞争加速了高校图书馆实施知识服务的步伐。在数字化和网络化的时代背景下，社会信息服务机构如雨后春笋般涌现出来。这些机构凭借先进的技术手段和灵活的服务模式，为用户提供了便捷、高效的信息服务。这无疑对高校图书馆的传统服务模式构成了挑战。

为了应对这种竞争压力，高校图书馆必须加快实施知识服务的步伐。通过整合内外部资源、创新服务模式、提升技术水平等手段来增强自身的核心竞争力。同时，高校图书馆还需要加强与社会信息服务机构的合作与交流，实现资源共享和优势互补，共同推动知识服务的发展与进步。

（三）高校图书馆拓展和深化服务功能的需要

高校图书馆作为高校教育资源的重要组成部分，其服务功能的拓展和深化对于提升教育质量、推动学术研究以及满足用户多样化的信息需求具有重要意义。这种必要性体现在时间与空间、广度与深度两个方面。

1. 在时间与空间上

随着教育的时空延伸与扩展，高校图书馆的服务时间和服务地点已不再局限于传统的开放时间和物理空间。通过数字化和网络化的手段，高校图书馆可以提供24小时不间断的在线服务，使用户能够随时随地访问高校图书馆资源。这种时间与空间上的拓展，使得高校图书馆的服务更加便捷、高效，满足了用户随时随地获取知识的需求。

此外，随着教育的开放性和普及性的提高，高校图书馆的服务对象也从本校师生扩展到了更广泛的社会群体，包括校友、社区居民、行业研究人员等。这就要求高校图书馆在服务时间和空间上作出相应的调整，以满足不同用户群体的需求。

2. 在广度与深度上

随着教育的全民化和终身化趋势，高校图书馆的服务广度和深度也需要不断拓展和深化。广度方面，高校图书馆需要提供更加多样化的服务内容和形式，如电子资源、在线课程、学术交流平台等，以满足用户多元化的信息需求。深度方面，高校图书馆需要提供更加专业化、个性化的服务，如学科服务、知识咨询、科研支持等，以助力学术研究和知识创新。

由于教育对象与范围的扩大，高校图书馆的服务对象将由面向本校教职工和学生向全民、全社会乃至全球发展。这意味着高校图书馆不仅要服务于校内的教学和科研工作，还要积极参与到社会教育和文化传播中去。同时，高校图书馆的服务范围也将由为本校教学科研服务转变为社会全方位服务，包括提供信息咨询、文化传播、社区教育等多种服务。

在服务的广度和深度上，高校图书馆的教育职能和情报职能将进一步得到增强。教育职能方面，高校图书馆不仅要为校内师生的教学和科研工作提供支持，还要为促进素质教育和提高全体国民素质服务。情报职能方面，高校图书馆要发挥其在知识生产和传播中的重要作用，为学术研究和科技创新提供有力的信息保障。

（1）教育职能的发挥要为促进素质教育服务。高校图书馆作为高校的重要组成部分，其教育职能的发挥对于促进学生的全面发展具有重要意义。高校图书馆应通过提供丰富的馆藏资源、优雅的阅读环境以及专业的参考咨询等服务，帮助学生拓宽知识面、提升综合素质。同时，高校图书馆还应积极开展信息素养教育，培养学生的信息检索、筛选和利用的能力，以适应信息时代的需求。

（2）教育职能的发挥要为提高全体国民素质服务。随着教育的开放性和普及性的提高，高校图书馆的服务对象已不仅仅局限于校内师生。高校图书馆应通过开放日、社区讲座、在线课程等形式，将教育资源和服务延伸到社区和社会，为提高全体国民素质贡献力量。这不仅有助于提升高校图书馆的社会影响力，还能推动社会的整体进步和发展。

（3）情报职能的发挥要为知识的生产和传播服务。高校图书馆作为知识储备和传播的重要基地，其情报职能的发挥对于推动学术研究和科技创新具有重要意义。高校图书馆应建立完善的信息资源体系和服务体系，为研究人员提供及时、准确、全面的信息支持。同时，高校图书馆还应积极开展学术交流活动，促进知识的传播和共享，推动学术研究的深入发展。

（4）两个职能的发挥要为知识经济发展服务。在知识经济时代，知识和信息是推动经济发展的重要资源。高校图书馆应充分发挥其教育职能和情报职能，为知识经济的发展提供有力的支持。通过培养高素质的人才、提供高质量的信息服务、促进科技创新和成果转化等方式，高校图书馆可以为社会的经济发展作出积极的贡献。

二、高校图书馆实施知识服务的可行性

高校图书馆作为高校内部的知识信息中心，其在实施知识服务方面具有得天独厚的优势和条件。这些优势使得高校图书馆不仅能够满足校内师生的

学术需求，还能在知识服务领域发挥更大的作用。具体表现在以下方面。

（一）资源优势

高校图书馆的资源优势主要体现在其丰富的馆藏资源和学术资源上。作为高校的文献信息中心，高校图书馆拥有大量纸质图书、期刊以及各类电子资源，涵盖了各个学科领域的前沿知识和研究成果。这些资源不仅数量庞大，而且更新迅速，能够紧跟学术发展的步伐，为师生提供最新、最全面的知识信息。

此外，高校图书馆还拥有丰富的特色资源，包括本校师生的学术成果、地方文献、珍稀古籍等，这些资源具有极高的学术价值和历史意义。通过对这些资源的深度挖掘和整理，高校图书馆可以为师生提供更加专业、深入的知识服务。

除了馆藏资源外，高校图书馆还拥有庞大的用户资源。高校师生是高校图书馆的主要用户群体，他们具有较高的学术水平和研究能力，对知识服务的需求也更为强烈。通过与用户的紧密互动和合作，高校图书馆可以更加精准地了解用户需求，提供更加贴心、高效的知识服务。

（二）技术优势

高校图书馆在技术方面也拥有显著的优势，这主要体现在先进的现代化技术和熟练的文献信息加工技术上。

1. 先进的现代化技术

随着信息技术的不断发展，高校图书馆已经普遍实现了自动化、网络化、数字化等现代化管理。这些技术的应用不仅提高了高校图书馆的工作效率，还为知识服务的开展提供了强有力的技术支持。例如，通过高校图书馆自动化管理系统，可以实现对馆藏资源的快速检索、借阅和归还等操作；通过网络化技术，可以实现远程访问和资源共享；通过数字化技术，可以将纸质文献转化为电子资源，方便用户随时随地获取所需信息。

此外，高校图书馆还积极引进和应用新兴技术，如大数据分析、云计算、人工智能等，以进一步提升知识服务的水平和质量。例如，利用大数据分析技术，可以对用户行为进行深入挖掘和分析，为个性化知识服务提供依据；通过云计算技术，可以实现资源的动态分配和高效利用；借助人工智能技术，可以实现智能推荐、智能问答等高级功能，提升用户体验和满意度。

2. 熟练的文献信息加工技术

高校图书馆在文献信息加工方面也具有丰富的经验和熟练的技术。高校图书馆员通常具备专业的图书情报知识和技能，能够熟练掌握文献分类、编目、索引等加工技术。这些技术对于提高馆藏资源的组织和管理效率至关重要，也为知识服务的开展提供了有力保障。

通过熟练的文献信息加工技术，高校图书馆可以将海量的馆藏资源进行有效的分类和整理，形成系统化的知识体系。这不仅方便了用户的检索和利用，还为高校图书馆开展深层次的知识服务奠定了基础。例如，通过对特定主题或领域的文献进行深度挖掘和整理，高校图书馆可以为用户提供专题性的知识服务；通过对学术成果进行评价和分析，高校图书馆可以为学校的教学和科研工作提供有力的信息支持。

（三）人才优势

高校图书馆在人才方面拥有得天独厚的优势，这为实施知识服务提供了坚实的人力基础。

1. 拥有复合型专业人才

高校图书馆汇聚了一批既懂高校图书馆学专业知识，又具备现代信息技术能力的复合型专业人才。这些人才不仅熟悉高校图书馆的运营管理和服务流程，还能够熟练运用各种信息技术工具，为用户提供高效、便捷的信息服务。他们的存在，使得高校图书馆在知识服务方面具备了更强的专业性和技术性，能够为用户提供更加深入、专业的知识服务。

此外，这些复合型专业人才还具备较强的学习能力和创新能力，能够紧跟信息技术发展的步伐，不断更新自己的知识和技能，为高校图书馆知识服务的创新和发展提供源源不断的动力。

2. 学科馆员

高校图书馆的学科馆员制度是其人才优势的又一重要体现。学科馆员具备深厚的学科背景和专业知识，他们不仅了解本学科的发展动态和前沿趋势，还能够为用户提供针对性的学科服务和知识导航。

学科馆员的存在，使得高校图书馆能够更深入地了解用户的需求，提供更精准、个性化的知识服务。同时，他们还能够与校内外的专家学者建立紧密的合作关系，共同推动学科的发展和进步。

（四）服务优势

高校图书馆在服务方面也具备显著的优势，这为实施知识服务提供了有力的支撑。

1. 信息技术革命与自动化高校图书馆的形成

随着信息技术革命的深入推进，高校图书馆已经实现了高度的自动化和数字化。自动化高校图书馆的形成，使得高校图书馆能够更高效地管理馆藏资源、提供更便捷的信息服务。用户可以通过高校图书馆自动化系统快速检索到所需的信息资源，大大提高了信息获取的效率和准确性。

同时，数字化技术的应用也使得高校图书馆能够突破时间和空间的限制，为用户提供全天候、全方位的信息服务。这些服务优势为高校图书馆实施知识服务奠定了坚实的基础。

2. 信息环境中的信息服务

在当前的信息环境中，高校图书馆已经不再是一个简单的文献存储和借阅场所，而是一个信息交流和知识创新的平台。高校图书馆通过引入先进的信息技术和创新的服务理念，为用户提供了更加丰富多样的信息服务。

例如，高校图书馆可以利用大数据技术对用户的行为和需求进行深入分析，为用户提供更加个性化、精准的信息推荐服务。同时，高校图书馆还可以通过开展线上线下的学术交流活动、建立知识共享平台等方式，促进用户之间的知识交流和合作创新。这些服务优势使得高校图书馆在知识服务方面具备了更强的吸引力和竞争力。

（五）协作优势

高校图书馆在协作方面也具备明显的优势，这为实施知识服务提供了更广阔的空间。

1. 文献信息保障基地"中国高等教育文献保障体系（CALIS）"

中国高等教育文献保障体系（CALIS）作为高校图书馆的重要合作伙伴，为高校图书馆提供了丰富的文献信息资源和强大的技术支持。通过参与CALIS项目，高校图书馆可以与其他高校图书馆共享资源、共同合作，提高信息资源的利用效率和服务质量。

同时，CALIS还为高校图书馆提供了先进的信息技术和管理经验，帮助高校图书馆提升自动化、数字化水平，更好地满足用户的需求。这些协作优势为高校图书馆实施知识服务提供了有力的外部支持。

2. 地区之间高校合作，建立地区文献中心协调网站

除了参与全国性的协作项目外，高校图书馆还积极寻求地区间的合作与交流。通过建立地区文献中心协调网站等方式，高校图书馆可以实现资源共享、信息互通和优势互补，共同提高地区内的信息服务水平。

这种地区性的协作不仅可以降低高校图书馆的运营成本、提高资源利用效率，还可以促进地区内高校之间的学术交流与合作创新。这些协作优势为高校图书馆在地区范围内实施知识服务提供了更多的可能性和机遇。

第四节　高校图书馆知识服务的机制及流程

一、高校图书馆知识服务的机制

（一）基于知识管理的知识服务机制

假如把高校图书馆实施知识服务活动的过程看作一个有机的大系统，那么高校图书馆开展知识服务活动的机制就是指支配这一大系统良好运转的工作理念、经营文化、工作流程等各要素相互影响的机理[①]。本书以人本管理为着眼点进行研究，认为国内高等学校的高校图书馆实施知识服务活动的

---

① 马红玉，杨振冰.高校图书馆知识服务模式与机制探析[J].科技情报开发与经济，2012, 22(02):12–14.

机制主要包括四个方面：借助先进的管理方法对已经掌握的资料进行有效管理，为工作人员开展培训活动，奖励改善其为服务对象进行工作的能力，及时取得服务对象的反馈信息。影响高校图书馆知识服务质量的因素是多样的：从微观层面而言，高校图书馆知识资源建设决定着用户能否在知识服务过程中获取满意的结果，例如馆藏中有无用户需求的某一本文献；从宏观层面而言，与高校图书馆知识服务相关的一切要素都影响着知识服务的质量，例如服务人员的态度、知识水平、综合素质等。因此非常有必要对影响高校图书馆知识服务质量的一切要素进行知识化管理。

在选取能够有效对高校图书馆实施良好管理的模式上，有些组织机构注重采取结构化策略，强调对馆藏文献资源实施良好管理的模式，为用户提供服务。这一类高校图书馆相应更倾向于采取编码模式的管理机制，侧重对显性知识（馆藏资源）进行分析、整合、挖掘、存储，进行全面管理，强调对信息技术、硬件环境、有形资产等方面进行投资，以便能够使用高效收集、开发、传播知识的管理系统，改善知识服务硬件设施水平。有的高校图书馆更青睐人本管理策略，站在知识服务活动中的人员的角度，坚持人本管理机制一切以人为核心，坚持从人的角度出发，一方面充分保障服务人员的劳动有所回报，另一方面保障用户的知识信息需求能够得到合理解决。总的来说，知识经济的迅速发展，使用户需求日益个性化、多样化、专深化，对高校图书馆知识服务提出了新的要求与挑战，高校图书馆应当采用人本化的知识管理机制，对知识服务活动进行全面管理，为用户提供高效的知识服务。

（二）学习与培训机制

高校图书馆之所以需要建立学习与培训机制主要是因为在高度知识化的今天，知识变得更容易老化，并且老化速度在日渐加快，面对这一现实，无论是高校图书馆服务人员还是高校图书馆用户，都只有通过不断接受学习培训教育来吸收、内化新知识，进而提升自身工作能力，在激烈的职业竞争中脱颖而出。高校图书馆的一线岗位工作人员需要掌握扎实的情报理论常识，拥有良好的知识检索素养以及对采集到的知识进行分析、整合与创新的技能。

在知识经济时代，旧知识往往以较快的速度被新知识取代，因此高校图书馆必须建立有效的学习与培训机制。一方面，从制度上保障服务人员及时学习新知识，掌握新技能。进行必要的投入，鼓励服务人员自主学习，参加培训等交流活动，使得专业学习经常化、制度化、规范化、系统化。例如，可以通过外出培训、学者讲座、专家学术报告等方式，激励全体馆员进行学习，努力提高自身的各项专业素质，培养现代专业性知识服务人才。另一方面，应通过开设常规信息检索课程、举办讲座等有效方式培养用户的信息素养、知识意识以及知识能力。在高校图书馆知识服务的长期实践活动中，为服务人员与用户建立有效的学习与培训机制，能够激发知识服务人员与用户的学习热情以及学习动力，既有利于培养出一批适应知识化时代发展的优秀知识服务人才，也便于最大程度上满足用户的知识需求。

（三）激励机制

对大多数高校图书馆知识服务人员来说，合理的激励机制能够有效地激发其服务热情，使多数服务人员以良好的服务态度参与到为用户服务的过程中，追求较好的服务绩效，力争使用户满意。高校图书馆知识服务活动伴随着服务人员的智力劳动，高校图书馆在设立激励机制时，应当充分尊重服务人员的劳动价值，考虑其劳动价值的大小，给予相应的物质激励或精神激励。通过对服务人员进行有效的激励，坚持人本管理原则，切实维护服务人员的身心利益，全面保障知识服务活动的顺利开展。

高校图书馆知识服务的激励机制主要包括对知识服务人员从物质与精神两个层面进行激励，二者都是高校图书馆知识服务激励机制的重要构成部分。对服务人员的物质激励主要表现在提高薪酬、发放奖品等实物方面，管理层可建立"知识开发补偿""按贡献大小实施分配""学历提升奖励"等制度，以制度的形式从物质层面激发并保障全体服务人员积极参与到知识服务活动中。除了要为高校图书馆服务人员提供良好的物质激励以外，还要从精神层面对服务人员进行激励。精神激励侧重从服务人员的情绪、理想、人生价值等方面进行激励。例如，可通过改善服务人员的办公环境达到慰藉其心理情绪的效果。另外，也可推动服务人员之间建立良好的工作关系，制定适度的知识服务的绩效目标，并尽可能使工作目标接近于全体馆员个人的自我精神追求与价值认同，从而激发服务人员的使命感，形成内在驱动力。

（四）反馈机制

高校图书馆要想保证为其服务对象开展知识性工作与服务活动的效果，就离不开有效的服务对象信息反馈机制。服务对象只在实际生活或认知活动中产生难以处理的疑难问题时，才会向一线工作人员寻求应对办法。由于受到高校图书馆馆藏知识资源、服务人员个人的知识与能力以及服务人员与用户之间的交流障碍等因素的限制，对知识性工作与服务活动来说，难以一次就令服务对象满意，尤其是科研型服务对象的专深层次需求更高，一般情况下需要一线工作人员融入服务对象的真实情境。由此，高校图书馆必须建立高效的反馈机制，保障用户在接受知识服务之后将知识产品或解决方案的满意度，以及实际问题的解决效果等信息反馈给服务人员，为服务人员吸取经验改进服务质量提供参考，也便于高校图书馆对用户问题进行收集整合建立用户问题知识库，为后续具有同样或类似知识需求的用户提供帮助。因此，建立适当的用户反馈机制，使服务人员及时跟进、融入用户情境，在开展知识服务过程中才能有的放矢，才能尽可能使用户满意，高效解决用户问题。

良好的服务对象信息反馈机制关系着高校图书馆提供知识性服务的最终效果，想要设置可靠的服务对象信息反馈机制需要致力保障交流渠道的畅通，使工作人员能够便利地向服务对象传递服务产品或解决方案，以及获得来自服务对象的信息。首先，高校图书馆服务人员及时掌握用户在接受知识服务后作出的评价与建议等信息对于改进高校图书馆知识服务质量具有重要作用；其次，站在高校图书馆的角度，高校图书馆知识服务人员应当能够积极收集用户的知识行为信息，主动融入用户情境，力求解决用户的实际问题；最后，在高校图书馆服务人员与用户的互动过程中，必须坚持客观公正的原则，以友好的态度与用户进行沟通交流，尽量减少个人喜好、坏心情等不利因素对互动过程的负面影响。

二、知识服务流程

随着知识服务在高校图书馆服务活动中地位的日益提高，知识性服务流程已经成为业内专家学者的研究热点。知识性服务与活动的流程内涵主要是指一线岗位的知识工作与服务人员从服务对象的知识渴望及需要角度出发，对一切可利用的馆藏资料等知识资源中的相关知识进行深入剖析挖掘，制定具有较强可行性的策略或解决方案等知识产品，用户再根据其实际问题发展状况对服务人员制定的策略或方案进行满意判断，如果对服务结果不够满意，可以将反馈信息传递给相关服务人员，服务人员根据反馈信息改进知识产品或解决方案，直至用户满意。在知识服务活动结束后，无论是高校图书馆还是用户，其所掌握的知识存量都相应地增加了。

高校图书馆一线工作人员为其服务对象提供知识服务，是服务活动的主导者与其服务对象之间根据服务对象的实际难题，在馆内与馆外知识资源及技术条件的协助下，处理疑难的交互行为。知识服务流程框架，揭示了高校图书馆知识服务以人与人、人与支持系统、系统与系统之间的双向交互为基础，将高校图书馆知识资源与以知识服务活动统筹为核心的服务制度及服务理念联系起来。知识资源与知识服务活动统筹的衔接以知识服务制度细则的规范为前提，通过知识服务人员对服务制度与服务理念的认真贯彻执行，实现知识服务质量的控制。相关的知识服务制度包括问题分配、调用资源、职责界定和考核绑定四个方面。用户、咨询馆员、技术馆员以及支持系统在知识服务活动中都扮演着重要角色。当用户在高校图书馆内获取所需知识资源或利用检索系统的过程中，遇到相对容易解决的困难时，用户可以利用问题库或FAQ问题板获取解决办法，或者直接向咨询馆员进行咨询。当遇到的困难偏向于内容性的知识性问题时，可以向咨询馆员进行咨询。当遇到的困难属于技术性问题时，可以直接向技术馆员进行咨询。

在基于用户知识需求的服务流程中，知识服务的整个过程被清晰地表现出来。首先，用户通过高校图书馆知识服务中的有效联系方式与服务人员取得联系，并将亟待解决的实际问题或知识信息需求传递给服务人员。其次，高校图书馆服务人员根据用户表达的显性知识需求，挖掘推测其隐性知识需求，然后广泛采集、获取、整合、分析并存储与用户知识需求相关的各种知识信息资源。围绕用户的实际疑难问题，服务人员综合考虑用户情境并提出解决建议、策略或方案，并将这些建议策略或方案通过有效渠道传达到用户手中。再次，用户根据其所处情境变化情况对服务人员提出的建议策略或方案进行有效性判断。如果用户认为建议或方案有待进一步完善，就将原策略或方案传递给服务人员，并提出修改意见，等待服务人员对解决策略或方案进行改进，直至用户满意。最后，高校图书馆服务人员及时对用户疑难问题的解决状况进行了解，以验证其决策建议或方案的可行性，并通过理论与实际效果的对比吸取服务经验，以求对以后的知识服务提供借鉴作用。

高校图书馆的知识性工作与服务活动的流程具有连接持续的特点，服务对象所处情境始终处于持续的发展变化之中，因此服务活动的细节往往随着服务对象知识期望及需要的变化而变化。服务对象某个疑难问题的有效处理是一种持续性的行为过程。从用户提出其知识需求到接收服务人员提供的知识产品或解决方案，服务流程中的各个环节联系都十分密切。知识服务是对知识信息资源进行挖掘的过程，融入相关知识组织技术和网络信息技术，使得整个服务流程具有连续性。整个知识服务流程以用户满意为目标，没有明显固定的结束标志。

第三章　基于不同用户需求的高校图书馆知识服务研究

高校图书馆的用户群体多样，包括学生、教师和科研人员等，他们各自对知识服务有着不同的需求。本章分别针对学生、教师和科研人员的知识服务需求进行深入分析，以期为高校图书馆提供更为精准、个性化的服务策略。

第一节　高校图书馆用户群体的特点与需求

知识服务是基于用户对文献信息的需求，对信息流进行有目的的搜集、整理、分析、研究、存储，并将其转化为可用的知识提供给用户，满足用户个性化、专业化的知识需求，对用户的决策起导向作用的一种服务方式[①]。

在高校图书馆的服务体系中，深入理解用户群体的特点和需求是至关重要的。这不仅有助于高校图书馆提供更为精准的服务，还能促进馆内资源的优化配置，从而提升用户的满意度和高校图书馆的运营效率。

一、用户群体的基本分类

高校图书馆的用户群体主要分为学生、教师和科研人员三类。这三类用户在利用高校图书馆资源和服务时，因其角色和职责的不同而展现出各异的

---

① 陈如好, 刘颂莉. 基于用户需求的高校图书馆知识服务研究 [J]. 高校图书馆工作, 2011, 31(05):69-71.

特点和需求。

学生群体作为高校图书馆最大的用户基础，主要以学习为目的，他们的需求多集中在课本知识的补充、课外阅读的拓展以及论文写作的资料收集等方面。

教师群体更多地关注教学资料的准备和学科前沿动态的追踪，以便不断更新教学内容，提升教学质量。

科研人员专注于特定领域的研究，他们对高校图书馆的需求主要体现在专业文献的获取、科研数据的分析和学术成果的检索上。

二、各类用户群体的学习与研究特点

学生群体的学习特点表现为阶段性和多样性。他们根据课程进度和学业要求，分阶段地利用高校图书馆资源，同时因个人兴趣和研究方向的差异，对高校图书馆资源的需求也呈现出多样化特点。

教师群体的研究特点则体现在对学科知识的深度和广度的追求上，他们不仅需要掌握本学科的基础知识，还需关注学科交叉和前沿动态，以丰富教学内容和方法。

科研人员的研究特点在于其专业性和创新性，他们通过对特定领域的深入研究来推动学术进步和科技创新。

三、用户需求的共性与差异性

尽管不同用户群体在需求上存在差异，但也存在一些共性。例如，所有用户都希望高校图书馆能提供丰富、准确的资源，以及便捷、高效的服务。同时，他们也期望高校图书馆能够提供安静、舒适的学习环境。

然而，用户需求的差异性更为明显。学生更注重高校图书馆的学习辅导和娱乐休闲功能，而教师和科研人员更看重高校图书馆的专业文献保障和学术交流平台作用。此外，不同学科背景的用户在资源类型和服务方式上的需求也存在差异。例如，理工科用户更倾向于使用实验数据和科技报告，而文科用户则更注重历史文献和人文资料的收集。

四、用户行为模式与知识服务的关系

用户行为模式是指用户在利用高校图书馆资源和服务时所表现出的规律性行为。这些行为模式与高校图书馆的知识服务密切相关。例如，用户的信息检索行为、阅读行为和学术交流行为等都会直接影响高校图书馆知识服务的提供方式和效果。

为了更好地满足用户需求，高校图书馆需要密切关注用户行为模式的变化，并据此调整知识服务的策略和内容。例如，针对用户信息检索行为的特点，高校图书馆可以优化检索系统，提高检索效率和准确性；针对用户的阅读行为，高校图书馆可以定期推荐热门图书和经典读物，引导用户进行深入阅读；针对用户的学术交流行为，高校图书馆可以提供研讨会、讲座等平台，促进用户之间的学术交流与合作。

同时，高校图书馆还应通过用户调研和数据分析等手段，深入了解用户的个性化需求和行为习惯，以便提供更加贴心、精准的知识服务。例如，对于经常利用高校图书馆进行自习的学生群体，高校图书馆可以设置专门的自习区域，并提供必要的学习辅导资料；对于需要进行深入研究的科研人员，高校图书馆则可以提供专业的文献传递和定题服务等服务。

综上所述，高校图书馆用户群体的特点与需求是多元且复杂的。为了提供更为精准、高效的知识服务，高校图书馆需要深入了解各类用户群体的学习与研究特点、需求的共性与差异性以及用户行为模式与知识服务的关系。通过不断优化服务策略和内容，高校图书馆可以更好地满足用户需求，提升服务质量，进而推动学术进步和科技创新。

第二节　学生对知识服务的需求

随着高等教育的普及和信息技术的迅猛发展，学生对于高校图书馆知识服务的需求日益多样化和个性化。深入分析学生的需求，对于高校图书馆提升服务质量、满足学生学术成长具有重要意义。

一、学生的学术成长路径与知识服务需求

在高等教育的广阔天地中，学生的学术成长路径是一条由浅入深、由宽至专的道路。在这一过程中，学生从最初的基础知识学习，逐步深入到更为专业的学术研究领域。随着他们学术层次的提升，对高校图书馆知识服务的需求也呈现出明显的阶段性变化。

在学术成长的初级阶段，学生正处于构建知识体系的基础时期。他们如同初生的树苗，急需汲取大量的养分以稳固根基。此时，高校图书馆作为知识的宝库，其重要性不言而喻。学生主要依赖高校图书馆提供的基础学科知识和参考书籍，这些资源如同智慧的土壤，滋养着学生在学术道路上的初步探索。通过系统地学习这些基础知识，学生能够建立起扎实的专业基础，为后续的专业研究奠定坚实的基石。

然而，随着学术层次的逐步提升，学生的需求也日趋专业化和深入。当他们跨越了基础学习的门槛，开始涉足更为专业的学术领域时，对高校图书馆知识服务的要求也随之提高。此时，学生不再满足于基础知识的获取，而是开始关注更为专业的文献资料和研究动态。他们渴望通过深入阅读专业文献，了解学科前沿，把握研究趋势，以便进行更深入的研究和探索。在这一阶段，高校图书馆的角色也需随之转变。它不再仅仅是知识的提供者，而是已经成为学生学术研究的得力助手。

高校图书馆应根据学生学术成长的不同阶段，提供相应层次和深度的知识服务。例如，可以定期更新和扩充专业文献资源，确保学生能够及时获取到最新的研究成果；同时，高校图书馆还可以提供专业的参考咨询服务，帮助学生解决在学术研究过程中遇到的疑难问题。

二、不同学科背景学生的特定需求

在高等教育的多元环境中，学生因学科背景的不同而展现出多样化的知识服务需求。这种需求的差异性，主要源于各学科的特性和研究方向的不

同。高校图书馆作为学术资源的重要聚集地，必须深刻理解并满足这些差异化的需求。

对理工科学生而言，他们的学术研究往往依赖于精确的数据和严谨的实验分析。因此，这类学生更倾向于寻求实验数据、技术报告等专业知识服务。例如，在进行物理、化学或生物实验时，他们需要获取大量的实验数据来支持或验证他们的研究假设。这些数据不仅要求准确，还需要具备时效性和完整性，以确保实验结果的可靠性。此外，随着科学技术的不断进步，各种专业软件在理工科研究中的应用也日益广泛。因此，理工科学生还常常需要获取相关软件的使用指南或教程，以提高研究效率。

与理工科学生不同，文科学生的研究则更注重历史文化、社会现象以及人类行为的深入剖析。因此，他们对于历史文献、文化研究资料以及社会调查数据的需求更为迫切。例如，历史学专业的学生可能需要深入研究古代文献，以还原历史事件的真相；而社会学专业的学生则可能更关注当前社会的各种问题，需要通过社会调查数据来揭示社会现象背后的深层原因。这些资料不仅能够帮助他们更好地理解各自的研究领域，还能够为他们的学术论文提供有力的论据。

三、学生在课程学习、论文写作等方面的具体需求

在课程学习方面，学生对于高校图书馆的需求主要集中在与课程内容紧密相关的书籍和期刊上。在高等教育的课堂上，教师会传授大量的专业知识和技能，而学生则需要通过课后阅读来巩固和深化这些知识点。高校图书馆中丰富的书籍和期刊资源为学生提供了宝贵的学习材料，使他们能够更好地理解课程内容，并在此基础上扩展自己的知识面。例如，如果一个学生在学习计算机科学的课程中遇到了难以理解的算法问题，他可以在高校图书馆中找到相关的专业书籍进行深入研读，或者通过查阅最新的计算机科学期刊，了解行业前沿动态和最新技术成果。这些资源不仅有助于学生解决课程学习中的困惑，还能激发他们的学习兴趣，培养自主学习和独立解决问题的能力。

在论文写作方面，高校图书馆的作用更加凸显。论文写作是高等教育中不可或缺的一环，它不仅要求学生具备扎实的专业知识，还需要他们掌握一定的研究方法和写作技巧。在这个过程中，高校图书馆能够提供高质量的文献资源显得尤为重要。学生们需要通过阅读大量的学术文献，了解前人的研究成果，为自己的论文找到合适的切入点和论据。

此外，高校图书馆还能提供论文写作指南和学术规范等方面的支持。这些资料对于初次接触论文写作的学生来说，无疑是宝贵的参考资料。它们可以帮助学生了解论文的基本结构和写作要求，避免在格式和引用上出现错误。同时，高校图书馆还可以提供专业的参考咨询服务，解答学生在论文写作过程中遇到的各种问题，确保他们的研究工作能够顺利进行。

为了满足学生在课程学习和论文写作方面的具体需求，高校图书馆必须拥有丰富的馆藏资源和专业的服务团队。这意味着高校图书馆需要不断地更新和扩充自己的书籍和期刊资源，确保能够覆盖各个学科领域的前沿知识。同时，高校图书馆还应加强员工培训，提高他们的专业素养和服务意识，以便更好地为学生提供专业、高效的参考咨询和导览服务。

四、学生对知识服务形式与渠道的偏好

在当今数字化的时代，随着科技的飞速发展和智能设备的普及，学生们对知识服务的形式和渠道展现出了新的偏好和需求。他们不再仅仅满足于传统的纸质书籍和到馆借阅的方式，而是更倾向于使用数字化资源，以便更快捷、更方便地获取信息。

数字技术的广泛应用为学生们提供了前所未有的便利。电子书籍、在线数据库等数字化资源成为他们获取信息的重要途径。相较于传统的纸质书籍，电子书籍具有携带方便、检索快捷、可随时随地阅读等诸多优势。学生们只需一部智能设备，便可轻松下载和阅读大量的电子书籍，无论是在公交车上、咖啡馆里，还是在宿舍的床上，都能随时沉浸在知识的海洋中。

除了电子书籍，在线数据库也为学生们提供了丰富的学术资源。这些数据库汇聚了大量的学术期刊、论文、专利等信息，为学生们进行学术研究提

供了极大的便利。通过简单的检索，学生们便能快速找到所需的相关文献，大大提高了学习效率。

与此同时，学生们对高校图书馆的服务渠道也提出了新的要求。他们希望高校图书馆能够提供多样化的服务渠道，以满足他们随时随地获取信息的需求。移动高校图书馆便是其中之一。通过移动高校图书馆的应用，学生们可以随时随地查询馆藏书籍、借阅情况，甚至直接在线阅读电子书籍，无须亲自前往高校图书馆。这种便捷的服务方式深受学生们的喜爱。

此外，微信公众号也成为学生们获取高校图书馆服务的重要渠道。许多高校图书馆都开通了微信公众号，通过公众号，学生们可以及时了解高校图书馆的最新动态、活动信息，还能进行图书借阅、查询等操作。这种将服务与社交媒体相结合的方式，不仅提高了服务的便捷性，还增强了高校图书馆与学生之间的互动与沟通。

为了满足学生们对知识服务形式和渠道的新需求，高校图书馆也在不断努力创新和改进。一方面，高校图书馆积极引进和开发数字化资源，丰富电子书籍和在线数据库的内容；另一方面，高校图书馆也在拓展多样化的服务渠道，如开发移动应用、运营微信公众号等，以提供更加便捷、高效的服务。

第三节　教师对知识服务的需求

教师在高等教育体系中扮演着举足轻重的角色，他们不仅是知识的传授者，更是科研活动的引领者。正因为如此，教师对于知识服务的需求具有其特殊性和复杂性。下面，我们将从教师的双重角色，课程设计、教学方法创新，科研活动，知识产权保护及学术出版等多个维度，深入探讨教师对知识服务的需求，并分析高校图书馆如何为教师提供更加精准的知识服务。

一、教师的教学与科研双重角色

在高等教育的大环境中，教师这一职业群体具有鲜明的特色，他们同时肩负着教学与科研两大重任。这两种角色在知识服务的需求上，展现出截然不同的特点。

首先，教师在教学角色中对知识服务的需求。教学活动作为教师工作的核心之一，要求教师不仅传授知识，更要培养学生的思维能力和创新精神。为了达到这一目的，教师必须时刻关注学科发展的最新动态，不断更新自己的教学内容。这意味着，教师需要有一种高效的途径，及时获取最新的教学资源、教育理念和教学方法。在这方面，高校图书馆扮演了至关重要的角色。高校图书馆内琳琅满目的教育类书籍、期刊，为教师提供了源源不断的知识源泉。更为值得一提的是，随着科技的进步，许多高校图书馆还提供了丰富的在线教学资源，如电子书籍、多媒体教学资料等。这些资源不仅形式多样，而且更新迅速，能够极大地满足教师在教学过程中的知识更新需求。通过这样的方式，高校图书馆有效地帮助教师不断更新教育知识储备，进而提升教学质量，为培养出更多优秀人才奠定了坚实基础。

其次，教师在科研角色中对知识服务的需求。科研工作是教师职业生涯的另一大支柱，它不仅关系到教师的个人发展，更是推动学科进步的重要力量。在科研过程中，教师需要深入挖掘学科前沿，进行具有创新性的研究。这一过程对知识服务的需求与教学截然不同。高校图书馆在这方面同样发挥着举足轻重的作用。它提供了全面的学术文献资源，涵盖了各个领域的研究成果，为教师提供了宝贵的参考资料。此外，随着大数据时代的到来，高校图书馆还积极引进科研数据支持服务，为教师提供了海量的研究数据，有力地推动了科研工作的深入开展。更值得一提的是，高校图书馆还配备了专业的参考咨询服务，为教师在科研过程中遇到的各种问题提供及时有效的解答。通过这些全方位的知识服务，高校图书馆极大地提高了教师在科研工作中的效率和水平，为学科的持续发展注入了强大动力。

二、教师在课程设计、教学方法创新中的知识服务需求

课程设计作为教学活动的基石，它的重要性不言而喻。在这一核心环节中，教师需要具备高超的整合能力，将多元化的教学资源融为一体，从而构

建出一个既符合学生实际需求，又能达到教学目标的课程体系。其中的挑战与难度，只有身临其境的教师才能深刻体会。

为了设计出更具吸引力、更富有教育意义的课程，教师们会寻求各种教学资源的支持。而高校图书馆作为知识的宝库，自然成为他们的首选。高校图书馆内藏书丰富，涵盖了众多学科领域，其中不乏大量珍贵的教学参考书籍。这些书籍不仅为教师提供了深厚的学科背景知识，还能够帮助他们更全面地理解课程内容，从而进行更为精准的教学设计。

除了传统的纸质书籍外，高校图书馆还提供了丰富的案例库资源。这些案例大多来源于真实的教学实践，具有极高的参考价值。通过分析这些案例，教师可以学习到各种成功的教学经验，从而在自己的课程设计中加以借鉴。这无疑为教师们提供了一条捷径，使他们能够站在前人的肩膀上，看得更远、走得更稳。

与此同时，随着科技的飞速发展，多媒体教学资源在教育领域的应用也日益广泛。高校图书馆紧跟时代潮流，积极引进和开发各种多媒体教学资源，如教学视频、动画演示、交互式课件等。这些资源以其直观、生动的特点，极大地丰富了教师的教学手段，使得课程设计更加多姿多彩、引人入胜。

当然，仅仅依靠传统的教学资源和手段已经无法满足现代教育的需求。在教学方法上，教师们也在不断探索和创新。翻转课堂、混合式教学、项目式学习等新型教学方法应运而生，成为教育改革的热点话题。这些新方法强调学生的主体性和实践性，旨在培养学生的自主学习能力和创新精神。

然而，这些新型教学方法的实施并非易事。它们需要大量的数字化教学资源、在线学习平台和互动教学工具的支持。在这方面，高校图书馆再次发挥了其不可替代的作用。通过建设数字化教学资源库，高校图书馆为教师提供了海量的数字化教学资源，包括电子书籍、在线课程、虚拟实验室等。这些资源不仅方便教师随时随地进行教学准备，还能为学生提供更加个性化的学习体验。

此外，高校图书馆还积极打造在线学习平台和互动教学工具，为教师和学生提供便捷、高效的交流空间。通过这些平台，教师可以发布课程资料、布置作业、进行在线答疑等；学生则可以随时随地进行学习、提交作业、参与讨论等。这种全新的教学模式不仅打破了时间和空间的限制，还极大地提高了教学效率和学习效果。

三、教师在科研活动中的信息支持与知识挖掘需求

科研活动作为教师职业生涯中不可或缺的一部分，承载着推动学术进步和科技创新的重要使命。在这一探索未知的旅程中，教师们对信息支持与知识挖掘的需求显得尤为迫切。

科研工作的第一步，是广泛而深入地查阅学术文献，以了解前人的研究成果和当前的研究热点。高校图书馆作为学术资源的集散地，此时便成为教师们的得力助手。馆内收藏的纸质期刊、电子期刊、学位论文、会议论文等各类学术资源，为教师提供了丰富的知识矿藏。无论是经典的学术著作，还是最前沿的研究成果，都能在高校图书馆的馆藏中找到。

然而，科研不仅仅是对已有知识的整合和吸收，更是对新知识的探索和发现。在这个过程中，实验数据和调查问卷等原始资料的获取与存储显得尤为重要。高校图书馆深知这一点，因此积极建设科研数据库，为教师提供科研数据的存储和共享服务。通过这些服务，教师们可以方便地管理和利用自己的研究数据，同时也能与同行分享和交流数据资源，从而推动科研工作的共同进步。

当然，随着信息技术的飞速发展，简单的文献查阅和数据存储已经不能满足教师们日益增长的科研需求。在大数据和人工智能技术的推动下，知识挖掘逐渐成为科研活动的新热点。知识挖掘，顾名思义，就是从海量的学术文献和科研数据中提炼出有价值的信息和知识点。这一技术的运用，不仅能够帮助教师更高效地掌握学科前沿和研究动态，还能为他们的创新研究提供有力的数据支持。

高校图书馆在这方面同样不甘落后，积极引进和应用先进的文本挖掘、数据挖掘等技术手段。通过这些技术手段，高校图书馆能够为教师提供更加

精准的知识挖掘服务。无论是从海量的文献中提炼出研究热点和趋势，还是从复杂的数据中挖掘出隐藏的规律和关联，高校图书馆都能为教师提供有力的帮助。

值得一提的是，高校图书馆还提供定制化的知识挖掘服务。根据教师的研究方向和需求，高校图书馆可以为其量身定制知识挖掘方案，从而帮助他们更加高效地开展科研工作。这种个性化的服务方式，不仅提升了高校图书馆的服务质量，也让教师在科研道路上走得更加顺畅。

总的来说，教师在科研活动中的信息支持与知识挖掘需求是多样而复杂的。而高校图书馆以其丰富的学术资源和先进的技术手段，为教师提供了全方位、多层次的支持和服务。这不仅有助于提升教师的科研效率和研究水平，更为学术进步和科技创新注入了强大的动力。

四、教师对知识产权保护、学术出版等方面的特别关注

知识产权保护和学术出版，这两者对从事科研活动的教师而言，无疑是至关重要的环节。随着科研工作的深入，教师产出的研究成果需要得到合理的保护和传播，这既是对他们辛勤努力的认可，也是推动学术交流与知识共享的必要手段。

（一）知识产权保护

在知识产权保护方面，教师需要具备相关的法律意识和知识储备，以确保自己的研究心血不被侵犯。这不仅涉及个人权益的维护，更是对学术诚信的坚守。高校图书馆在这一过程中，可以发挥积极的咨询和指导作用。

首先，高校图书馆可以为教师提供详尽的知识产权保护政策解读。这些政策不仅涵盖国家层面的法律法规，还包括学校或机构内部的相关规定。通过高校图书馆的专业解读，教师可以更加清晰地了解自己的权益和义务，从而在科研活动中作出合规的选择。

其次，高校图书馆还能为教师提供个性化的知识产权保护咨询服务。针对教师在科研过程中遇到的实际问题，高校图书馆的专业人员可以提供具体的建议和解决方案。这种一对一的咨询服务，能够帮助教师更好地应对复杂

多变的知识产权问题，确保他们的研究成果得到应有的保护。

（二）学术出版

学术出版是教师展示研究成果、与同行交流的重要平台。然而，面对琳琅满目的学术期刊和出版社，如何选择合适的出版渠道、了解投稿要求和出版流程，成为教师们面临的难题。在这方面，高校图书馆同样可以提供有力的支持。

高校图书馆可以建设学术期刊导航系统，为教师提供全面的学术期刊信息。通过这个系统，教师可以轻松查询到各类学术期刊的投稿指南、审稿周期、影响因子等关键信息，从而作出更为明智的投稿选择。

此外，高校图书馆还能提供出版咨询服务。针对教师在出版过程中可能遇到的问题，如稿件准备、投稿策略、版权谈判等，高校图书馆的专业人员可以提供具体的指导和建议。这种咨询服务能够帮助教师更加顺利地完成出版流程，将他们的研究成果更好地呈现给学术界和公众。

第四节　科研人员对知识服务的需求

随着科研活动的不断深入和拓展，科研人员对知识服务的需求也日益增长和多样化。本节将从科研人员的专业研究领域、科研项目全流程、国际合作与学术交流以及数据分析与可视化工具四个方面，详细分析科研人员对知识服务的需求。

一、科研人员的专业研究领域与知识服务需求

科研人员的专业研究领域极其广泛，从深邃的宇宙探索到微观的分子研究，从古老的历史文化到前沿的社会问题研讨，几乎无所不包。这种领域的广泛性意味着科研人员在知识服务上的需求也呈现出多样化的特点。我们可以从自然科学、人文社科两大领域来具体探讨其知识服务需求的差异性。

在自然科学领域，科研人员往往深入探索自然界的奥秘，他们的工作涉

及大量的实验设计和数据分析。因此，这类科研人员对于实验数据的管理与分析工具的需求尤为突出。他们需要高效、准确的数据处理软件来帮助自己从海量的实验数据中提炼出有价值的信息。同时，自然科学领域的科研也离不开对前人研究成果的借鉴与参考，这就要求高校图书馆等知识服务机构能够提供全面、及时的科研文献资源，以便科研人员进行深入的文献回顾和挖掘。此外，随着科研技术的不断进步，许多专业软件在科研工作中的应用也越来越广泛，如何获取和使用这些软件也成为自然科学领域科研人员的一个重要需求。

人文社科领域的科研人员则更多地关注社会现象和问题，他们的研究往往涉及大量的社会调查和数据收集。因此，这类科研人员对于社会调查数据的收集与处理工具的需求较高。他们需要便捷的数据采集系统和强大的数据分析功能来支持自己的研究工作。同时，由于人文社会科学研究与政策法规紧密相关，科研人员还需要及时了解和掌握最新的政策法规动态，以便为自己的研究提供政策依据。此外，案例研究在人文社科领域也占有重要地位，科研人员需要丰富的案例资料和深入的案例剖析来支撑自己的论点。

为了满足这些不同专业领域科研人员的知识服务需求，高校图书馆等知识服务机构必须提供具有高度针对性的资源和服务。首先，高校图书馆应建立覆盖各个专业领域的文献数据库，确保科研人员能够方便快捷地检索到所需的文献资源。其次，针对自然科学和人文社科领域的数据需求，高校图书馆应提供相应的数据存储和检索服务，帮助科研人员高效管理和分析数据。最后，高校图书馆还应定期开展专业软件的培训和使用指导活动，提高科研人员在软件应用方面的能力。

二、科研项目从立项到结项的全流程知识服务需求

科研项目从立项到结项是一个严谨且复杂的过程，涉及多个环节和众多细节。在这个过程中，科研人员对于知识服务的需求是全方位的，他们需要不同类型的知识服务来确保研究工作的顺利进行。

在立项阶段，科研人员正面临着项目的起步和规划，此时的知识服务需

求主要集中在项目的前期准备上。科研人员需要充分了解项目申请的政策导向，这关系到项目的合规性和资金支持。为此，高校图书馆可以定期推送相关政策文件、解读资料，帮助科研人员把握政策方向。同时，科研人员还需掌握所研究领域的最新动态，以便站在前人的基础上进行更深入的研究。高校图书馆可以利用其丰富的文献资源和信息检索能力，为科研人员提供前沿研究动态的汇总和分析。此外，选择合适的研究方法也是立项阶段的关键，它直接关系到项目的可行性和研究成果的质量。高校图书馆可以通过提供研究方法咨询服务，帮助科研人员明确研究路径，合理构建项目的研究框架和目标。在这一阶段，高校图书馆还能为科研人员提供项目申请书撰写指导，从格式到内容，确保申请书的规范性和说服力。

进入研究实施阶段，科研人员的知识服务需求则更加具体和深入。实验设计是科研工作的核心，它决定了实验的科学性和有效性。高校图书馆可以邀请专家进行实验设计的专题讲座，或者提供一对一的咨询服务，帮助科研人员优化实验方案。数据采集与分析是实验过程中的重要环节，科研人员需要掌握先进的数据采集工具和分析方法。高校图书馆可以组织相关的培训课程，提升科研人员在数据处理方面的能力。同时，随着研究的深入，科研人员还需要撰写研究论文来展示其成果。高校图书馆可以提供论文撰写技巧的讲座或工作坊，从论文结构、语言表达、图表制作等方面给予指导。

到了项目结项阶段，科研人员需要将研究成果进行系统的整理和展示。这不仅是对项目工作的总结，还是对外展示研究价值的重要机会。高校图书馆可以提供成果整理与展示的指导服务，包括如何撰写项目报告、如何制作精美的展示材料、如何进行有效的成果发布等。通过这些服务，高校图书馆可以帮助科研人员更好地呈现其研究成果，提升项目的影响力和价值。

三、科研人员在国际合作、学术交流中的信息需求

随着全球化的推进和科研水平的不断提升，科研国际化已成为一种必然趋势。在这一背景下，科研人员在国际合作和学术交流中的信息需求日益凸显其重要性。他们不仅需要关注国内的研究进展，更要放眼全球，紧跟国际

科研的步伐。

在国际合作方面，科研人员亟须了解国际上的研究热点和前沿动态。这些信息对于他们把握研究方向、避免重复劳动以及寻找合作伙伴具有重要意义。高校图书馆作为信息集散地，可以通过多种渠道收集并整理国际学术会议的最新资讯，如会议主题、参会人员、论文发表情况等，将这些信息及时推送给科研人员，帮助他们掌握国际学术界的最新动向。

同时，国际合作项目的信息也是科研人员关注的重点。高校图书馆可以利用其强大的信息检索和整合能力，为科研人员提供国际合作项目的详细信息，包括项目背景、研究目标、合作方简介等。这些信息不仅有助于科研人员找到合适的合作项目，还能为他们提供参与国际科研合作的切入点和思路。

在学术交流方面，科研人员渴望了解国际学术期刊的最新动态，以便及时发表自己的研究成果并与国际同行进行深入的学术交流。高校图书馆可以定期推送国际学术期刊的出版信息、影响因子变化以及征文通知等内容，帮助科研人员选择合适的期刊进行投稿，并提高他们的学术影响力。

除了提供信息服务外，高校图书馆还能利用其资源优势，积极搭建国际合作与交流的平台。例如，高校图书馆可以组织国际学术研讨会，邀请国内外知名学者进行学术交流，为科研人员提供一个与国际同行面对面交流的机会。这样的活动不仅能够拓宽科研人员的国际视野，还能促进不同文化背景下的学术碰撞与创新。

此外，高校图书馆还可以通过其官方网站或社交媒体平台，定期发布国际合作与交流的相关信息，如访问学者计划、国际合作项目申请指南等，为科研人员提供更多的国际合作与交流机会。这些举措将有助于提升科研人员的国际竞争力，推动学术研究的全球化发展。

四、科研人员对数据分析、可视化等工具的需求

在当今的大数据时代背景下，数据的处理与分析已经变得前所未有的重要。对科研人员而言，掌握并运用先进的数据分析和可视化工具，无疑是提

升研究效率和质量的关键。这些工具不仅能够帮助科研人员从海量的数据中迅速提炼出有价值的信息，还能够以更为直观、清晰的方式将复杂的数据呈现出来，使得研究结果更易于理解和传播。

数据分析工具的重要性在于，它们能够自动化、高效地处理和分析大量的数据，从而极大地节省科研人员的时间和精力。这些工具具备强大的统计和机器学习能力，能够帮助科研人员发现数据中的模式、趋势和关联，进而为他们的研究工作提供有力的数据支持。例如，在生物医学研究中，数据分析工具可以帮助科研人员从复杂的基因序列数据中找出与特定疾病相关的基因变异；在社会科学研究中，这些工具则可以用来分析大规模的调查数据，揭示社会现象背后的深层规律。

数据可视化工具能够将复杂的数据转化为图形、图表等直观的形式，使得数据更易于被理解和解读。这些工具不仅可以帮助科研人员更好地理解和分析自己的数据，还能够提升他们与同行、公众沟通和交流的效果。比如，在气候变化研究中，通过可视化工具可以将长时间序列的气候数据以动态图表的形式展现出来，让人们更直观地看到气候变化的趋势和影响。

为了满足科研人员对数据分析和可视化工具的需求，高校图书馆应当积极引进和推广这些先进的工具。首先，高校图书馆可以提供数据分析软件的培训和使用指导，帮助科研人员掌握这些工具的基本操作和高级功能。其次，高校图书馆还可以搭建数据分析与可视化的在线平台，为科研人员提供集成化的工作环境，让他们能够随时随地进行数据分析和可视化工作。

更进一步，高校图书馆应当根据科研人员的实际需求，为他们定制个性化的数据分析与可视化解决方案。不同研究领域和项目对数据分析和可视化的需求可能会有所不同，因此高校图书馆需要深入了解科研人员的具体需求，为他们量身打造符合其研究特点的工具和服务。例如，对于需要进行大规模文本分析的文学研究项目，高校图书馆可以提供专门的文本挖掘和可视化工具；而对于需要处理复杂网络数据的物理学或社会学研究项目，高校图书馆则可以提供网络分析和可视化的专业工具。

第四章　智慧图书馆建设背景下高校图书馆知识服务的技术支撑

在智慧图书馆建设背景下，先进的技术支撑是提升高校图书馆知识服务质量的关键。本章重点探讨大数据、区块链、云计算和物联网等技术在高校图书馆知识服务中的应用，揭示这些技术如何推动图书馆服务创新与升级。

第一节　大数据技术在高校图书馆知识服务中的应用

一、大数据内涵特征及处理流程

（一）大数据的内涵阐释

对于大数据的内涵，麦肯锡全球研究所的《大数据：创新、竞争和生产力的下一个前沿》报告中给出了大数据的定义。"大数据"是指大小超出了传统数据库软件工具的抓取、存储、管理和分析能力的数据群。不断增多的数据需要不断更新的分析和存储工具，故大数据通常与Hadoop、NoSQL、数据分析与挖掘、数据仓库、商业智能以及开源计算机架构等诸多热点话题联系在一起。简单来说，大数据由海量的交易数据、海量的交互数据以及海量的数据处理这三项技术汇聚而成。其中，海量的交易数据是指不断增长的半结构化数据和非结构化数据信息；海量的交互数据是由网络社交平台贡献而来，如Facebook、Twitter等；海量的数据处理指用于数据密集型处理的架构，如Hadoop，就是一种以可靠、高效、可伸缩的方式进行分布式处理的软件构架。当前大数据的价值主要体现在"分析使用"和"二次开发"两个方面。

（二）大数据的主要特征

尽管目前关于大数据的概念存在不同的认识，但对大数据基本特征的理解已形成了较为普遍的认知，即数据量大、数据处理实时性要求高、数据类型多样、数据价值密度低及数据的准确性和可信赖度（即数据的质量）五个基本特征。

1. 数据量大

随着物联网、云计算、移动互联等信息技术的快速发展以及微信、微博、QQ等社交网络平台的普及，用户获取和共享数据的途径更加便捷，在此过程中，用户对网页的浏览、点击以及分享造成了大量数据的产生和传播。此外，人工智能、传感器等技术的广泛使用大大拓展了用户获取信息的渠道，与此同时，音频、视频、图片等多媒体信息资源的出现，进一步满足了用户期望获取到更真实可靠的数据的需求，这也促使网络空间的数据体量以爆炸式的速度急剧膨胀增加，数据处理从以GB、TB、PB为存储单位增长到以EB、ZB为存储单位。

2. 数据处理实时性要求高

在大数据、云计算、人工智能、物联网、移动互联等现代信息技术快速发展的互联网时代，数据信息量以较快的速度不断增加，数据信息产生、获取、传递的途径更加多样便捷。为了处理快速增长的海量信息、提高数据资源开发和管理的效率，人们在大数据的处理速度和处理能力方面提出了更高的要求，网络空间的海量信息随互联网数据的不断增加和更新而不断循环，如果得不到及时的采集、存储、整理及利用，最终将失去利用价值。因此，大数据环境下，实时、持续地分析处理数据是新时代大数据资源开发和管理的必然要求。目前，随着大数据的深入发展，云计算提供用于处理密集型数据的大数据框架Hadoop，进一步提高了数据分析处理的速度和效率。同时，随着大数据的涌现，数据挖掘（知识发现）、可视化分析、聚类分析和神经网络等多种先进的大数据开发与管理技术应运而生，利用这些先进技术可对不断更新的数据进行高效、实时的动态分析，为获取最新、最有价值的知识信息提供了有效途径。

3. 数据类型多样

不断更新和升级的博客、微博、QQ、微信等社交网络平台，增加了用户沟通和交流的途径，让用户对数据的获取和分享产生了强烈的意愿，同时，不断涌现和升级换代的智能手机、平板电脑等移动终端设备携带更加方便，也促使用户产生随时随地获取网络数据信息的意愿。由于用户对网络数据需求的意愿不断增加及数据处理能力的不断提高，用户对信息的浏览方式逐渐从传统的浏览新闻、发送文字邮件到通过微信、QQ、微博等上传或下载图片、视频等，传统意义的结构化数据已无法满足用户日常在数据方面的需求。因此，数据总量中超媒体、文本、声音、HTML等半结构化和非结构化数据急剧增加并广泛传播，半结构化和非结构化数据成为大数据的主体。在新时代，知识服务更加强调个性化服务，因此，高校图书馆为满足用户需求，必须要进行半结构化或非结构化数据的分析和处理。

4. 数据价值密度较低

海量的大数据具有巨大的知识信息和商业价值。通过对大数据进行挖掘、采集、整理和分析，人们可以从中发现数据间的联系，挖掘出高价值和潜在的知识信息。但是，由于大数据环境下的数据规模大、结构多样、来源复杂，混杂了大量混乱、虚假、无意义的数据信息，高价值的知识信息分布分散且数量较少，导致大数据的整体数据价值密度较低，这进一步加剧了数据挖掘、分析和处理的难度。同时，与传统的数据处理不同，利用大数据挖掘和分析处理不只是为了获取某一事物的特定信息，而是为了获取事物的完整信息，对事物的所有数据信息进行采样。对于简单的数据，可能没有对错之分，但数据关联组合所形成的信息可能对也可能错。这也表明，由于存在大量非结构化数据，大数据的价值密度明显降低。

5. 数据的准确性和可信赖度

大数据是指通过新处理模式产生的具有强洞察力、决策力和流程优化能力的海量、多样化和高增长率的信息资产。在大数据处理过程中应该重点关注数据的真实性，数据背后隐含的细节、数据来源的真实可靠性、处理数据流程中的科学性等都是数据质量的内容。在数据搜索时一般无法收集到全数据，但是与大数据相关的形容词往往与大规模、精准、细化相关，因此在调用相关数据时应关注情景和样本的适用性。此外，虽然可以利用大数据基于一定算法和模型对变量进行相关性分析，但是在复杂模型中仅仅进行相关性解释是不全面的，需要将数据之间、数据与真实事件联系上。因此，在大数据应用过程中应强化对真假数据的清洗，提高数据的质量。

（三）大数据处理流程

大数据处理流程涵盖了数据采集、数据预处理、数据统计分析、数据挖掘四个部分。

1. 数据采集

数据采集是大数据处理流程最基本的环节。大数据类型繁多、结构复杂、处理难度大。为充分发挥大数据的价值，需要先对数据源进行提取和整合，再通过关联和聚合从获取的数据中提取数据关系和实体，并利用大数据技术对获得的数据关系和实体进行存储。此外，为保证数据的质量和可靠性，在提取和整合数据源信息之前，必须对数据进行清洗。目前，在传统静态数据库相关领域，数据抽取和集成技术的研究已趋于成熟。从数据集成模型的角度看，常见的数据抽取和集成技术一般可分为4种类型：基于中间件或联邦数据库的引擎；基于ETL或物化的引擎；基于数据流的引擎；基于搜索引擎的方法。

2. 数据预处理

虽然存在大量的数据源、数据库，但为了有效地分析、挖掘和处理海量数据，就必须要进行数据预处理。数据预处理需要将从数据信息源收集到的数据导入相对集中的大型分布式数据库或分布式存储集群中，同时，为提高数据的可信性和可解释性，有必要对导入的数据进行预处理。数据预处理的一般步骤分为数据清洗、数据集成、数据归约和数据变换。数据清洗是指通过补充缺失值，光滑噪声数据，识别或删除离群点，并且解决数据不一致性带来的问题以此对数据进行清洗。数据集成表示的是同一概念的属性在不同数据库中可能是不同的名称，由此导致不一致性和冗余。数据归约是将得到的数据集合简化表示，使得数据集变小但是能够产生相同的分析结果，数据归约策略包括数据归约和维归约。数据归约是使用参数模型或非参数模型，使用较小的表示数据；维归约是使用数据编码的方案，将得到的初始数据进行简化或者"压缩"表达。数据变换包含规范化、数据离散化和概念分层产生等。

3. 数据统计分析

数据统计分析是大数据处理流程中最重要的组成部分和处理过程。数据统计分析是指通过有目的、有组织地收集和分析数据，使之成为信息的过程。数据统计分析的目的是从海量且无序的数据中将信息集中和提炼出来，以此找出研究对象的内在规律和发展特征。数据价值只有通过对原始数据进行全面系统深入的关联分析，才有可能被挖掘出来。大数据时代，数据统计分析面临着新的挑战：一是由于大数据环境下数据资源量大且价值密度低，挖掘有效数据信息的难度较大；二是大数据的重要特征之一是数据是实时更新变化的，因而算法的标准不仅是准确度，更应该将实时性纳入大数据算法的考虑范畴；三是分析结果的有效性和实用性是数据统计分析面临的重要问题。上述挑战对现代统计分析技术和方法提出更高的要求，面对结构多样、内容复杂的数据，机器学习、统计分析、数据挖掘等传统的分析技术需要及时更新内容才能应对新的挑战。

4. 数据挖掘

数据挖掘是大数据处理流程中的关键环节，是从大量数据中挖掘有价值的模式和知识的过程。数据挖掘与数据分析的不同之处在于不需要预先设定研究主题，而是通过各种算法，深入计算和分析收集到的数据，从大量数据中寻找其发展规律，以期达到预期的效果，满足高级分析的特定需要，主要包括数据准备、寻找规律和表示规律三个步骤。数据准备是将所选取的数据进行整合形成数据集；寻找规律是指通过某些方法找出数据集合中隐含的规律；表示规律是指尽最大可能将找出的规律以用户可以理解的方式表示出来。数据挖掘过程中的数据量较大且挖掘算法较为复杂是数据挖掘面临的巨大挑战，同时建立模型也是一个复杂的过程，需要辨别不同模型的适应性。

二、高校图书馆知识服务中的大数据资源

高校图书馆知识服务的大数据资源是多种多样的，既涵盖期刊、图书和工具书等传统知识资源，也包括各种电子知识资源，如文献数据库、专题数据库、在线知识库、联机知识库等；不仅涵盖了书目信息、声像数据等结构化的知识资源，更包含了用户基本信息、访问行为及服务情况等半结构化与非结构化的知识资源。

根据数据来源，高校图书馆的大数据可分为社交媒体数据、系统数据和传感器数据；根据生成类型，高校图书馆的大数据可分为馆藏知识数据、高校图书馆工作人员的工作数据和用户使用高校图书馆的信息数据。

（一）馆藏知识数据资源

高校图书馆的优势在于拥有大量的馆藏资源和特藏资源，现在高校图书馆馆藏资源主要包括传统的纸质资源和现代数字化资源，其中数字化资源主要包含除纸质图书、期刊和报纸外的纸质文献转换的数字资源、电子书、文献数据库、网络数据库、联盟知识库、联机知识库，以及各类音频、图片和视频等资源，这些资源是高校图书馆展开服务工作的基础。但是一般来说用户主动获取和利用的资源不多，使得大量的馆藏资源没有被充分利用，而且随着信息技术的飞速发展，用户获取知识的途径和手段也越来越丰富，这也会导致高校图书馆大量资源处于闲置状态。因此，在开展知识服务的过程中，通过馆藏资源数据寻找相关性、揭示规则或发现新知识是关键环节，在实践中也要从高校图书馆资源观和数据的维度对馆藏资源进行分析和处理。

（二）高校图书馆工作人员的工作数据

新时代高校图书馆数字化、网络化和自动化的工作手段，明显提高了工作效率，同时也产生了大量数据，使管理者可以掌握工作人员及业务处理流程。其主要涵盖高校图书馆工作人员在工作过程中发生和保留的数据，例如借阅信息中的预约借阅、委托借阅及馆际互借等高校图书馆工作人员与用

户之间的交互信息，这些数据属于工作信息的一部分。一方面能够反映读者利用高校图书馆馆藏资源的情况；另一方面能客观反映读者的阅读倾向和阅读偏好，及时了解读者需求的变化和各类图书的供求状况，便于为用户提供个性化的知识服务。咨询信息中的高校图书馆工作人员对互动的信息记录，通过记录和统计功能形成了结构化的咨询交互数据。留言板、基于Web的表单、实时聊天或即时消息、电子邮件等都是高校图书馆大数据的一部分，从大数据的视角去考虑和分析，这些咨询信息在研究用户偏好、评估咨询质量和效果、开发咨询新业务等方面都具有重要的现实意义。采访工作是高校图书馆知识资源建设的基础，其过程中会产生大量包括书籍供应商提供的书目数据、采购数据、入馆数据及入馆使用率等采访数据，充分利用现有的采访数据可以为后续的采访工作提供依据，也是高校图书馆选择书籍供应商的重要依据。因此，采访数据不仅是采访工作的着力点，而且对高校图书馆知识资源建设发展方向和选择最佳采购方案提供了重要的参考依据。编目数据不仅包含书目数据，还包括与编目工作相关的数据，尤其当编目数量大量外包之后，对外包编目员的管理和书目数据的质量控制就成了编目工作的重点。这些数据可以帮助管理者评估和分析外包工作的效率和质量，以便制定更加合理的人员管理和质量把控策略。

（三）用户使用高校图书馆的信息数据

用户在使用高校图书馆资源的过程中，产生了大量的数据，包含传感器数据、用户的网络行为数据及科学研究数据。

1. 传感器数据

高校图书馆内不同位置的传感器采集了馆内各类资源数据，如门禁系统储备了大量的用户进出馆信息，用户到馆学习、参观及参与高校图书馆组织的各类比赛的行为记录。

2. 用户的网络行为数据

如搜索、点击流、网站以及社交网络服务（SNS）是产生用户网络行为数据的典型数据源，其数据产生量高速增长。自21世纪初期以来，从博客、论坛及社交媒体网站等在线社交网络中产生了大量的用户交互信息，其交互内容丰富，包含大量对高校图书馆服务的评价信息，体现了强烈的用户情感倾诉内容，为高校图书馆完善其服务提供了重要依据，是值得高校图书馆重视的重要数据源。伴随高校移动图书馆的广泛普及，校内用户可以通过智能手机和平板电脑等移动网络设备直接登录校内的网络智能高校图书馆系统，由此高校图书馆以移动互联技术作为技术支撑更加便捷地获取用户浏览数据。此外，联机公共目录查询系统（OPAC）也是高校图书馆大数据的重要来源之一，囊括了用户访问、检索、下载等丰富的行为记录。

3. 科学研究数据

该数据同样是高校图书馆大数据的重要来源之一。科学研究数据是指在科研过程中，高校的不同机构、不同课题组的研究人员生成的任何可以存储在计算机上的数据，主要包含调研和实验数据，此外也包括来自模型测试的仿真数据、传感器或遥感勘测数据以及神经图像等可以转换成数字形式的非数字形式数据。

三、大数据对高校图书馆知识服务的影响

大数据时代，高校图书馆为适应高等教育的高质量发展、拓展社会化服务功能，必须要高度关注知识服务工作，深化改革，提高知识服务能力和水平，以满足大数据时代校内外用户知识需求[①]。大数据、大数据技术、大数据环境对高校图书馆知识服务的影响主要体现在以下几个方面。

（一）对知识服务观念的影响

在大数据的背景下，拥有海量、类型多样的知识资源的高校图书馆的存在价值不再仅仅是读者获取信息和知识的一个渠道。高校图书馆的校内外用户的知识需求明显增加，对知识服务质量提出更高的要求，高校图书馆传统的服务理念在很多方面已经落后于时代的发展，很难适应大数据时代用户的需求和要求。因此，高校图书馆为满足大数据时代校内外用户的知识需求和

---

① 黄珊珊 . 大数据技术在高校图书馆知识服务中的应用 [J]. 电子技术，2021, 50(12):40–42.

要求，就必须要做到与时俱进，对知识服务的理念进行不断革新和优化，摆脱传统信息服务观念的束缚，积极转变观念和理念，树立大数据服务观，充分利用现代大数据技术，开展大数据知识服务；围绕用户的知识需求，充分利用现代信息技术，对知识资源进行挖掘，实现知识发现，为用户提供精准高质的知识服务。作为高校图书馆的工作人员，也应立足于信息技术的应用并不断扩展服务内容和服务范围的深度和广度，以此推动高校图书馆知识服务的高质量发展，更好地服务于用户。

（二）对知识服务过程的影响

大数据、大数据技术、大数据环境会对高校图书馆知识服务收集、存储、加工和提供等活动产生重大影响。首先，微信、电子邮件和网站等多种类型和形态的海量数据给高校图书馆的知识收集过程带来了新挑战，传统的收集方法和手段显然不能完全适应大数据时代的要求。其次，大数据时代海量结构化数据的复杂处理需求、海量半结构化及非结构化数据多维度处理需求，对高校图书馆的数据存储能力提出更高要求。最后，如何从海量的知识资源中挖掘出用户需要的高品质知识，是新时代高校图书馆需要解决的重要问题，大数据环境与传统环境下的信息检索、数据挖掘有本质性的差异。构建云数据库，进行数据挖掘和智能分析，实现知识发现和知识共享成为大数据环境下高校图书馆知识服务的核心工作。

（三）对知识服务方式和方法的影响

在现代信息技术快速发展的大数据环境下，高校图书馆拥有的知识资源内容丰富、类型多样，知识收集、加工、处理、传递和提供方式与方法明显发生变化，校内外各类用户的知识需求和要求更高，因此，高校图书馆开展知识服务不应局限于传统的信息服务方式，而应充分考虑大数据带来的影响，积极与大数据的爆发式增长和社会化趋势同步，如果仍然沿用传统的信息服务模式、流程、方法和手段，很难满足用户的知识需求和要求。在大数据时代，主动服务、网络化服务、自助服务、个性化服务、一站式服务、定题服务等将成为高校图书馆知识服务主要的方式和方法，这些方式和方法的重要基础是数据清洗和知识咨询服务。大数据的数据清洗在技术上对知识服务提出了新的更高层次的要求，即对大数据背景下的海量数据进行数据整合和数据关联；同时大数据为知识咨询服务的进一步发展提供了更为丰富的专业数据资源和数据分析技术，革新了解决问题的方式和思维。

（四）对知识服务专业人员素质的影响

大数据时代高校图书馆知识服务更加突出个性化、自主化、虚拟化、技术化、网络化和智能化等特征。因此，大数据环境对从事知识服务的专业技术人员的知识结构、服务意识、服务能力和综合素质等提出了更高的要求。拥有复合型知识结构，掌握现代信息技术（尤其是大数据技术）和现代知识服务的方式和方法，具有新形势下知识服务的理念等，都是大数据环境对知识服务从业人员的基本要求。具体概括为四点：一是要求知识服务人员具有复合型的知识结构；二是要求知识服务人员掌握现代知识服务技术；三是要求知识服务人员具有良好的知识服务意识和能力；四是要求知识服务人员具有良好的外语水平和沟通能力。

（五）对知识服务技术和平台的影响

大数据的特征对数据收集、数据存储、数据检索、数据挖掘、数据共享、数据监管以及数据的可视化等方面带来巨大冲击和挑战。因此，大数据技术将成为IT领域新一代的技术与架构，协助用户存储和处理海量数据，并从大量的、有噪声的数据中挖掘出其潜在价值。自大数据概念出现后，大数据采集、预处理、分析及挖掘技术随之涌现，如Hadoop、Cloud Computing等大数据技术，使管理海量数据变得更加容易、便捷和快速。可见，大数据环境下的高校图书馆知识服务对现代信息技术的依赖性更强、要求更高，可视化分析、大规模并行处理（MPP）数据库、数据挖掘算法、分布式文件系统、分布式数据库、云计算平台、互联网和可扩展的存储系统等都将成为知识服务的主要支撑技术。知识服务平台是高校图书馆与用户建立联系的平台，在大数据背景下，大数据流分析平台的构建以及平台的适用性具有重要意义。

（六）数据挖掘和智能分析成为知识服务的核心工作

在互联网、云计算、人工智能等现代信息技术快速发展的大数据环境下，海量数据的出现给高校图书馆的知识服务带来了新挑战和新机遇。面对海量的多类型数据，高校图书馆如何快速准确地识别用户知识需求，精准获取、筛选分析、提供用户所需要的知识，将成为大数据时代高校图书馆知识服务工作的重中之重，也是知识服务工作中的难点。

（七）对知识服务模式提出全新要求

大数据、大数据技术要求高校图书馆知识服务必须要基于"互联网+"环境，将"互联网+"概念引入知识服务领域，通过构建高校图书馆大数据知识服务模式实现知识服务成为必然。构建高质量的知识服务模式可以有效促进高校图书馆知识服务的效率和质量，同时拓宽高校图书馆用户群体与服务面。因此，大数据环境下的高校图书馆知识服务模式，必须基于泛在知识资源，充分利用"互联网+"大数据、云计算、人工智能、物联网、移动互联等现代先进信息技术，高度重视信息平台安全，体现用户至上的服务理念，实现主动式、个性化、自助式、网络化、智能化服务方式。同时，高校图书馆还应重视自身与服务对象之间的交互，以便将高校图书馆的知识服务成果和产品推广到社会上，并将其充分运用于社会生产和经济发展的过程中。

（八）丰富了知识服务的内容

高校图书馆知识服务质量如何、用户是否满意，主要取决于向用户提供知识服务内容的质量，而影响所提供内容质量的一个重要影响因素就是高校图书馆拥有的知识资源库的数量和质量。大数据时代和"互联网+"环境为高校图书馆提供了海量且类型多样的知识资源，这些知识资源来源于社会发展的各行各业，来源于企事业单位和科研院所，来源于国内外。海量的知识资源不仅丰富了高校图书馆知识服务的内容，而且会为用户提供更为专业化和个性化的知识服务，明显提高知识服务的质量和用户满意度。

四、大数据环境下高校图书馆知识服务的优化

（一）优化知识服务资源

知识服务资源建设是高校图书馆知识服务能力提升的基础保障，是高校

图书馆知识服务活动开展的源泉。知识服务是高校图书馆建设的目标，知识服务资源建设是高校图书馆维持其核心竞争力的前提。

1. 完备知识资源储备

大数据、信息化的快速发展，使得图书馆用户对知识服务的需求更加多样化，这就需要高校图书馆拥有更加丰富多样的数据、信息和知识资源储备。因此，高校图书馆应建立合理的知识资源存储体系，完善高校图书馆知识资源储备。

（1）建立合理的知识资源存储体系。

高校图书馆知识资源的存储主要包括传统资源和数字资源两种形式，而在信息技术快速发展的时代，由于电子文献具有较大存储量，且更新频率较高，获取方式更加便捷，使得用户阅读偏好逐渐由纸质文献转向电子文献，对传统资源的需求量逐步下降。但与电子文献相比，传统文献仍具有强大的生命力，高校图书馆馆藏纸质文献是其多年累积的成果，可以展现出高校图书馆独特的发展历程和学科背景，具有不可替代性。因此，高校图书馆应兼顾传统资源和数字资源，合理规划知识资源分配比例，使其在数量与结构上能够良好搭配，从而建立科学的知识资源存储体系。为此，高校图书馆一方面可以针对使用频次较低或较难保存的纸质文献资源，采取分布式合作存储模式，将其进行扫描转化为电子文献从而节省馆藏空间，降低成本，也方便知识资源的存储和调用；另一方面，针对各类学科专业的知识资源进行收集，增加高校图书馆馆藏文献数量和知识资源库的拥有量，丰富高校图书馆知识资源储备。

（2）加强高校图书馆特色知识资源库建设。

各高校图书馆知识资源的存量不尽相同，为提高自身影响力和核心竞争力，各高校图书馆需加强特色知识资源库建设，打造各高校图书馆自身特有的学术与文化优势。一方面，部分文献资源在特定的研究领域中具有重要的导向作用和参考价值，高校图书馆在满足知识服务需求的同时，可以根据高校自身性质、研究方向与发展目标，加大对潜力大、权威性强、具有代表性和动态性的纸质资源及国内外优秀数据库的采购力度，提高馆藏资源质量；

另一方面，高校图书馆可以借助网络技术、知识挖掘技术等先进的科学技术与方法，将本校师生、科研人员的学术成果与科研成果进行收集、存储与处理，建立本校特色知识资源库。

（3）加快高校图书馆知识资源更新速度。

信息激增时代，高校图书馆用户的知识需求量逐渐增多，知识需求面愈加广泛，为满足其日益增长的需求，高校图书馆需强化数字资源库建设，加快知识资源的更新速度，通过线上线下多个渠道获取各类知识资源，满足用户个性化、多样化的知识需求。此外，高校图书馆知识服务人员在保证知识资源数量充足的同时，也需要对海量信息进行甄别，以筛选出符合高校图书馆需求的高质量资源，促进高校图书馆知识服务能力提升。

2. 挖掘知识资源深层利用价值

传统检索方法只能获取高校图书馆内部馆藏知识资源中的显性知识，而高校图书馆馆藏知识资源不仅包括显性知识，还蕴藏着丰富的隐性知识。因此，高校图书馆可以采用新兴信息技术，深入挖掘其潜在的隐性知识中蕴含的深层利用价值，为高校图书馆知识服务用户提供深层知识服务。

（1）深入挖掘高校图书馆知识服务资源的价值。

面对信息资源数量庞大、覆盖范围广阔的互联网资源，高校图书馆应实施解析组织手段，加大资源投入力度，发挥数据挖掘、数据处理等新兴信息技术在知识发现与识别过程中的优势，对互联网信息及高校图书馆馆藏知识资源进行采集与处理，对数据挖掘、智能分析产生的信息进行二次处理，从而挖掘具有深层利用价值的知识资源。针对结构化、半结构化的显性知识，高校图书馆可以对其进行分析、组织和集成化处理，挖掘出能满足用户需求的知识单元；针对非结构化类型的信息数据，运用可视化技术将其整理建设为视频知识资源库，以方便用户的检索和提取，提高知识服务资源利用效率。

（2）建设高校图书馆知识网络体系。

知识网络是基于知识参与者之间的社会网络，能够实现知识在用户、组织内与组织间的流通和传递，知识用户可以通过使用知识网络进行信息沟通与合作，从而实现知识创造和知识应用。高校图书馆可以利用引用链接技术和知识元链接技术等，根据文献资源间的印证关系、知识概念等关联进行引文链接，再结合主题链接、行为关系链接、聚类关系链接及属性链接等关联途径，将高校图书馆内中文文献数据库、各知识资源库进行整合，建立高校图书馆知识网络体系，实现数据之间、信息之间及知识单元之间的内容关联，从而挖掘其潜在的隐性知识资源。

（3）实现高校图书馆知识服务资源共建共享。

新型信息环境背景下，用户对知识服务的需求不再满足于单一高校图书馆馆藏知识资源，高校图书馆知识服务资源共建共享成为新的发展趋势。因此，高校图书馆在知识服务资源建设过程中，应以资源共建共享为理念，发挥自身学科背景优势或地区优势，积极开展知识服务合作，将各高校图书馆知识服务资源库、知识服务平台、知识服务专家组等组织起来，建立系统化或地区化高校图书馆知识服务联盟合作机制。以互联网为媒介，构建知识服务资源共享平台，开展合作、联合服务，以实现知识服务资源共享、知识服务团队共建的目标，提升知识资源的利用价值，进而促进高校图书馆知识服务能力的提升。

3. 提高知识整合水平

知识整合是指以知识管理方法为手段，通过对知识资源库进行数据整合和信息整合，将其内部知识资源进行重新整理、凝聚，形成多维多层且相互关联的知识体系的一种知识处理方式。高校图书馆知识整合的目标是按照一定的原则，利用信息技术手段，对高校图书馆内现存的大量处于无序状态的数据、信息及知识资源进行整理和优化，使其处于有序化状态，从而便于知识的获取、存储、利用和传递。通过对知识资源进行整合，实现知识的创新与再生，已逐渐成为大数据背景下高校图书馆知识服务资源建设的重要发展趋势。

高校图书馆在对知识资源进行整合与处理时，可以利用各类信息技术，以知识单元为基础，利用不同内容知识单元间的印证关系，将高校图书馆内部各数据、信息、知识或文献紧密联系起来，便于知识服务用户的获取和应用。对于现有文献资源信息较为密集、复杂，缺乏结构性与系统性的某些领域，高校图书馆知识服务人员可以利用各类信息技术，进行知识挖掘、关联与回溯，探索隐性知识结构，对现有文献进行一定的整理加工、分类归纳，然后根据用户需求在原有文献基础上形成二次文献、三次文献，帮助用户实现数据信息资源的有效处理，为用户提供一站式服务，满足其学术研究需求，并提供决策参考。

对于一些交叉性学科或专业，高校图书馆知识服务人员可以对原有学科及交叉后形成的新学科在某一时期内的相关学术成果、科研成果、会议文献等信息或知识分别进行整合与重组，得到这一交叉学科目前所处发展状态及其在这段时期内的发展特征等信息，帮助高校师生、科研人员等识别影响该交叉学科发展的关键影响因素，预测该交叉学科在未来一段时期内的发展趋势，从而充分发挥各学科、专业知识单元的混合优势，有利于各学科、各专业的交叉融合。

（二）建设知识服务团队

知识服务团队是指所有参与图书馆知识服务活动开展的高校图书馆工作人员，是知识服务过程中与用户直接交流沟通、获悉用户具体知识需求的主体，也是连接图书馆与图书馆知识需求用户的桥梁。高校图书馆知识服务团队的人才队伍建设情况直接影响其知识服务能力。因此，高校图书馆必须重视知识服务团队建设的人员规模、人员结构及专业素质。

1. 建立知识服务人才稳定机制

（1）加大高校图书馆知识服务人才引进力度。

高校图书馆应以加快图书馆个性化、面向用户需求、面向科研需求等知识服务建设为目标，积极引进高层次人才，提升高校图书馆人才层次水平，增强核心竞争力。高校图书馆在人才引进过程中，要兼具全局观念和大局意识，立足于自身岗位需求和发展现状，长远规划人才招聘计划，同时要考察应聘者综合素养，不仅要重视人才的学历水平、能力素养和专业素养，考察其是否具有教师应有的师德师风、是否热爱高等教育事业等，还要按照实事求是的原则，根据职务需求选聘人才，通过专业知识与职业技能测试，挑选符合高校图书馆需要的技术与管理人才。

（2）完善高校图书馆知识服务人才激励机制。

当前，高校图书馆引进高层次人才后，其用人、留人工作不够到位，未能实施有效的人才激励保障政策，导致人才大量流失。因此，高校图书馆应完善高层次人才激励制度，实施有效的人才激励措施。通过对人事制度进行改革，完善以绩效为导向的薪酬激励体系，实行高效率、高绩效、高薪酬奖励模式，将政治性奖励和经济性奖励有机结合，从而进一步激发人才工作积极性和人才活力。此外，高校图书馆可以灵活设定奖励机制，如科学制定一次性重大奖励制度，对工作表现突出、成绩突出的优秀人才进行荣誉表彰和经济奖励等。

（3）优化高校图书馆知识服务人员结构配置。

高素质人力资源是高校图书馆知识服务能力提升的战略资源，而合理的人力资源结构则是将人力资源的作用最大限度发挥的基础。因此，高校图书馆应基于自身发展现状和发展需求，合理配置知识服务人员结构，做到人尽其才、才尽其用、人事相宜。因此，高校图书馆人员结构优化应遵循以下原则。其一，能力匹配原则。高校图书馆应充分了解自身岗位需求，遵循能力匹配原则，使员工自身能力与其所在岗位相匹配。其二，优势对应原则。高校图书馆员工在选择岗位时，应根据自身优势和岗位要求，选择最有利于发挥自身优势的岗位。其三，动态调节原则。高校图书馆应根据员工能力的变化和工作岗位的变动，及时动态地对人员配备进行调整。

2. 强化知识服务人员专业能力

在科学技术进步速度不断加快，知识更新周期不断缩短的背景下，高校图书馆知识服务人员所掌握的知识和技能正在逐步老化。为了保持高校图书馆知识服务能力，持续为图书馆用户带来良好的知识服务体验，图书馆需要强化其知识服务人员的专业技能，及时对知识服务人员进行专业培训。

（1）定期开展高校图书馆知识服务培训。

大数据背景下，为适应云计算、数据挖掘、人工智能等新兴技术的快速发展，满足高校图书馆用户个性化需求，高校图书馆知识服务人员应持续学习，不断提升自身能力。为此，高校图书馆可以定期开展专业技能培训，邀请图书情报领域、计算机领域、管理学领域有关专家开展讲座，或采取内部学习和组织团队外出学习等方式，开展系统化的培训工作，提升馆员各方面的知识与技能及文化素养。让高校图书馆知识服务人员获取最新的图书情报领域行业信息，及时补充和更新自己的专业知识，了解高校图书馆各部门的发展动态，指导馆员工作方向。

（2）提高高校图书馆知识服务人员沟通交流能力。

高校图书馆知识服务活动的开展，重在知识服务人员与用户的沟通交流，知识服务人员只有与用户进行沟通，充分了解用户需求，才能为其个性化需求提供针对性知识服务。因此，高校图书馆可以从以下三个方面提高其知识服务人员的沟通交流能力。其一，协调馆员与用户的关系，提高馆员的理解能力与表达能力，明确用户需求，提供精确信息，建立优质服务。其二，协调高校图书馆内部团队成员关系，促进信息交流，提高团队工作效率。其三，通过培养馆员的人际沟通能力，优化宣传工作，一定程度上促进高校图书馆知识服务营销，提高高校图书馆核心竞争力。

（3）注重高校图书馆知识服务复合型人才培养。

高校图书馆可以在提高所有馆员知识服务专业能力的基础上，根据人事考核的结果以及知识服务需求，选拔优秀人才和表现突出人才，将其培养为知识服务复合型人才。其一，培养馆员熟练掌握相关网络工具及软件，提升馆员的数据挖掘、分析与整理等方面的能力。其二，培养馆员学术研究能力，学科馆员要对自身学科领域有深层次的研究，能够分析与评价学科发展态势，解答专业性问题，为高校图书馆学科资源建设提供发展建议。其三，培养馆员系统开发能力，维护高校图书馆的资源库与网络安全建设。其四，培养馆员的教育与管理能力，提升管理素质，面向用户开展培训课程，普及相关法律与产权知识，净化高校图书馆网络平台环境。

（三）完善知识服务环境

高校图书馆知识服务能力的提升是一项复杂的系统工程，不仅受高校图书馆自身内部环境影响，同时也受外部环境影响。良好的知识服务环境，能明显激发高校图书馆知识服务人员的热情和主动性，增强知识服务能力，提高知识服务效率和质量。因此，高校图书馆应大力营造开放、共享的知识服务环境。

1. 营造良好的政策环境

大数据环境下，高校图书馆服务模式面临重大转型，为进一步提升高校图书馆知识服务的多元化和智能化水平，国家和政府应出台相应政策法规和标准规范，完善高校图书馆数据建设的相关服务协议，高校图书馆要根据国家、政府的有关政策，制定适合自身的管理和发展规范，推动高校图书馆知识服务活动顺利进行，提升知识服务效率。

（1）强化知识产权保护力度。

知识产权是指权利人对其智力劳动所创作的成果和经营活动中的标记、信誉所依法享有的专有权利。网络资源的兴起，方便了资源的获取、存储与传播，带来便利的同时也加剧了侵权问题，伤害了创作者的积极性。为营造良好的创新环境，国家应从宏观角度强化知识产权保护力度，授予创作者专有权利以内化创新成果的外部性，并严惩侵权行为。同时，高校图书馆和专家学者也要严格遵循知识产权有关规定，协调彼此产权关系，为高校图书馆知识服务营造良好的发展环境。

（2）落实供给侧结构性改革。

为深入贯彻全面发展理念，高校图书馆应将自身发展战略与政府宏观调控相协调，深入推进知识服务供给侧结构性改革。为此，高校应从投资、制度、人才、创新等要素出发，综合提升知识服务的供给质量。首先，高校图书馆可以采取激励政策，改进资金投入准则，充分调动高校图书馆知识服务建设的积极性，优化知识服务产权结构、要素结构，促进资源整合。其次，高校图书馆要加强服务团队建设，坚持职业素养和文化素养并重的原则，建立健全素质培训与绩效考核机制。最后，升级知识开发技术、知识共享技术、知识应用技术和知识创新技术，打造智能化服务，为用户提供创新型知识服务链，满足用户获取多样化知识的需求。

2. 开展知识服务协作机制

大数据时代背景下，随着传统高校图书馆服务转变为精细化知识服务，在满足用户个性化需求和自身数字化建设方面，高校图书馆的发展环境已经发生了深刻变化：高校图书馆馆藏资源形式由单一纸质资源转为纸质、数据、音频多种形式资源共存；高校图书馆提供的服务由被动提供转变为主动智能、个性化推送；高校图书馆服务时间维度由按时转变为按需即时；等等。个性化服务和泛在服务虽然在一定层次上实现了即时、个性化、主动提供知识服务，但大数据时代背景下单凭某一高校图书馆馆藏资源和服务已不能满足用户多元、多样、深层次的个性化需求。在此背景下，通过与其他高校图书馆或资源供应商等信息机构协议合作以组建知识服务联盟就显得尤为迫切，高校图书馆可以根据自身的优势与不足，以共商、共建为原则，同其他高校、地方高校图书馆或区域内相关的科研机构开展合作，实现合理分工，知识融合，资源共享，优势互补。由于合作主体之间存在资源和能力的差异，合作之前应签署相关协议，明确彼此责任，保证各方利益的合理性。

（1）与其他高校图书馆组建高校图书馆知识服务联盟。

传统高校图书馆联盟是指高校图书馆之间为降低馆藏成本、共享信息资源和利益互利互惠而协议建立起的一种联合体。我国高校图书馆之间进行合作组建高校图书馆联盟可追溯到20世纪90年代，但由于未形成有效管理机制、联盟经费受限和联盟价值未得到广泛认可，高校图书馆知识服务的共建共享一直还在理论探索阶段。随着信息技术的迅猛发展，高校图书馆之间可以组建不再仅限于馆藏资源的共建共享服务机制，还可开展协作知识服务的高校图书馆知识服务联盟。如武汉地区的七所"211"高校为开展联合办学而组建了高校图书馆知识服务联盟，学生可选择七所高校所开放的任意一个专业进行辅修以获得双学位，而学生一般都会选择其他学校的优势领域专业进行辅修，这就要求学生所在高校图书馆全面掌握其他学校优势领域的学科专业特色以制订相应的知识服务方案。这七所高校图书馆所组建的高校图书馆知识服务联盟，就在传统的高校图书馆联盟馆藏资源互借和数据资源传递等服务的基础上，借助联盟成员各自的信息技术优势、学科领域优势与其他组内成员协作开展知识服务，较好地满足了联合办学产生的复杂化、多元化、精细化的用户需求，实现了高校图书馆知识服务真正意义上的共建共享，为高校图书馆知识服务提供了开放的外部环境。

（2）与资源供应商等其他信息机构组建知识服务联盟。

如何对数量繁多且分布散乱的互联网信息资源进行分类、挖掘以及纳入自身知识服务体系，并将知识转化成果面向社会推广是高校图书馆知识服务过程中不容忽视的问题。首先，高校图书馆应高度重视企业的知识需求，实现馆企合作。打造中介式的知识服务协同中心，搭建高校图书馆和企业沟通渠道，紧密两者间的合作关系，为高校图书馆创造了解社会需求的路径和窗口，同时也为企业提供知识资源和技术合作的机会。其次，高校图书馆在组建知识服务联盟的过程中，应充分整合知识资源和服务主体，为高校图书馆员提供适合自己专业的合作机会，同时将具有应用价值的知识转化成果供给于社会创新创业。

（四）构建知识服务平台

大数据环境下，数据资源的多样性和来源的复杂性，给高校图书馆的信息检索、知识发现、智能采集等知识服务流程造成阻碍，在一定程度上限制了高校图书馆知识服务能力的提升。因此，建设具有数据获取、存储、组织、分析及知识共享、协作与创新的智慧平台成为高校图书馆知识服务的关键要素之一。利用知识服务平台强大的数字处理功能对高校图书馆馆藏资源进行充分挖掘和深入分析，为用户提供全方位一站式综合知识服务成为高校图书馆追求的目标。

1. 完善高校图书馆信息基础设施建设

信息数据已经成为数字经济时代的生产要素，驱动着国家、社会和知识密集型机构的数字化转型。能够围绕数据资源进行深度整合计算、识别和提取的信息基础设施是高校图书馆传统IT基础设施面向数字化、智能化演变的必然结果。加速高校图书馆信息基础设施建设、构建完善高效的信息技术体系成为高校图书馆知识服务平台建设的基础内容。

首先，针对高校图书馆建设现状，考虑到未来高校图书馆发展规划，树立大数据思维，智慧布局、统筹规划高校图书馆升级改造。如加大高容量数据存储、服务器等硬件设施部署力度，实现有线无线网络全覆盖建设，加快信息管理系统有机组合，提升信息基础设施支撑力，构建物联网应用及移动互联平台，完成高校图书馆基础设施互联互通。

其次，高校图书馆为提供全方位、多层次、宽领域的知识服务，需要联结高校图书馆所有互动要素，如馆藏文献资源、数字化网络资源、数据库、知识馆员及高校师生用户等构成一体，统一嵌入智能网格，从而深入统计分析、挖掘、整合互动要素产生的海量数据，为高校图书馆知识服务朝着多样化、智能化、个性化的方向发展以及数据管理、智慧服务提供精准支撑。

最后，高校图书馆信息基础设施完善升级是一个长期规划，因此，高校图书馆应结合自身实际，融合校内多部门和校外社会各界的力量，综合研判、审慎研究，借鉴智慧图书馆发展经验，结合高校实际情况和定位目标，在高校各级主管部门的指导下，制定科学、合理的高校图书馆信息基础设施建设规划，系统推进高校图书馆数字化转型升级。

2. 构建高校图书馆智能化机构知识库

机构知识库是指利用网络信息技术依附于某一特定组织机构而建立的信息化学术数据库。它将组织内部和相关社区成员的学术产出进行收集、整理并长期保存。这些数据经过分类、规范和标引设置后，允许机构社区内外部成员按照规范的开放标准和交互协议通过互联网免费获取和使用。智能化机构知识库的构建是提升高校学术影响力和成果展示度的核心环节。高校图书馆构建的智能化机构知识库可作为开放获取的模式之一，全面客观地为机构人员提供科研学术数据支撑，进一步增强学术交流和学术氛围，促进高校学术研究的发展。

随着大数据时代的到来，高校图书馆在各方面投入骤增。目前国外高校图书馆和科研机构已普遍关注并开展了智能化机构知识库建设，同时国内大多数高校图书馆技术能力和馆员素质已足够构建智能化机构知识库，但由于尚未形成完善的机构知识库理论基础和管理机制，缺少相应的架构规范。因此，高校图书馆亟须将大数据背景下先进的信息技术与学科理念有效集成，以加强高校图书馆和学校科研管理部门的联结，建立起完善的智能化机构知识库机制和规范。在院系机构知识服务库的基础上，通过学科馆员和高校图书馆用户的沟通合作，共同促进高校图书馆智能化机构知识库的构建。以此建立的高校图书馆智能化机构知识库，在产出成果的汇集上可以得到教辅人员的认可和支持，确保各类产出成果的收全率；在成果利用和科研实践中可以使既有产出成果真正成为他们接续研究的延伸基础，确保学科知识服务的深入和拓展。

3. 打造高校图书馆知识共享空间

在信息网络化、高校图书馆数字化的泛在知识环境下，高校图书馆的服务正逐渐由以高校图书馆为核心转变为以用户为核心；高校图书馆用户信息行为，由单一形式获取固定载体的信息资源模式转变为利用多种方式获取泛在各种信息载体上的各类型信息资源模式。高校图书馆必须与用户有效结合构建知识共享空间，实现用户在任何时间、地点通过个人倾向的多种路径无缝获取所需的信息资源。泛在知识环境下，借助大数据信息技术和各类智能化信息服务工具，构建一个由高校图书馆员和用户共建的学科知识交流和共享空间，将信息资源获取和知识创新相结合，为用户提供持续高质量的个性化、专业化知识服务，实现知识发布方式和交流模式由单向、线性的传统知识链转变成密网型知识共享信息网络：在知识共享空间中，用户不再单纯是知识需求和利用者，对于高校图书馆的反馈也不再仅仅是提出改进建议，而是利用自身专业知识和实践能力使高校图书馆资源建设更加合理的参与者。同时，高校图书馆员也可以在与用户的交流互动中，一方面辅助用户高效利用高校图书馆数据资源，另一方面不断填充自身学科知识漏洞，持续提高知识服务能力。

泛在知识环境下构建知识共享空间有多种形式，高校图书馆可以根据自身的技术条件和知识服务状况选择不同的形式或集成多种方式构建知识共享空间。

（1）基于维基共撰学科专业百科以构建知识共享空间。

维基（Wikipedia）是多人协作、共同撰写开放内容的写作工具系统。

一般而言，维基站点由多人共同维护，即多人相互协作，每个人都能发布自己的观点，也可以与他人探讨拥有共同兴趣的内容。泛在知识环境下，一方面高校图书馆员可以在教师或学者提供的信息资源的基础上，提取高学术价值的信息，将其分门别类地组织成百科全书为用户提供高质量的知识服务内容；另一方面，由于其具有对用户完全开放的特性，教师、学者可以对信息质量进行筛选，继而由高校图书馆员对信息结构进行组织分类。

（2）基于播客共创学科视频以构建知识共享空间。

大数据信息时代，传统的文字和图片信息资源已无法满足用户的需求，高校图书馆可以通过播客（Podcast）技术发布音频和视频资料以开展学科知识服务。这主要体现在两个方面：第一，高校图书馆员可以联合技术部门制作相关学科的音频和视频资料，同时鼓励学者和学生积极自制并共享学术价值的视频资源；第二，高校图书馆可以制作学科检索方法和课件视频资源为用户建立网上教辅平台，以供用户在方便的时间、地点进行自主学习。

（3）基于微博、微信共建学科社区以构建知识共享空间。

大数据时代下微博、微信的出现，使知识共享空间的构建有了更加便捷的路径。高校图书馆微博、微信可以提供资源推荐，开闭馆时间调整通知，培训、讲座活动预告以及最重要的高校图书馆意见箱等功能。同时，微博、微信具有实时交互、精准锁定等特点，可为用户提供更有针对性的知识服务。在这个过程中，用户不仅是信息的被动接收者，也是信息的主动传播者和制造者。

（五）创新知识服务模式

大数据、云计算和人工智能等新一代信息技术的快速发展伴随着高校图书馆用户知识需求的碎片化和精细化，对高校图书馆资源的知识管理、开发与应用提出了更高的要求。很显然，传统的被动服务和例行知识服务很难满足新时代高校图书馆用户的知识需求。因此，必须要依托现代信息技术创新高校图书馆服务模式，将以被动服务为主转变为以主动服务为主，由满足一般的知识需求，转变为以个性化的知识服务为主，最大限度地满足用户的随机需求。

1. 完善嵌入式学科服务体系

知识服务是信息和数字化时代高校图书馆服务的核心要务，在高校图书馆发展过程中有着至关重要的作用。因此，在信息爆炸的大数据时代，高校图书馆需要创新服务模式来满足以校内用户为主的专业化知识需求。

（1）重视嵌入式学科馆员的发展。

高校图书馆嵌入式学科馆员应更加重视用户需求，为用户提供更加精准和个性化的服务，这就要求学科馆员能够积极联系教师、学者并深入参与其研究项目中，与用户保持密切合作，既要作为一线科研人员深入到研究中，为用户提供图书检索技巧、资源应用、科学研究方法等服务，还应主动参与高校图书馆资源建设，推动高校图书馆电子资源库的建设。因此，嵌入式学科馆员应不断学习互联网、人工智能、大数据、云计算、物联网和移动互联等技术，丰富自身知识储备。此外，嵌入式学科馆员还需要加强团队协作促进资源共享，持续推进多馆协同合作，实现资源优化配置，提升信息资源共建共享水平，为用户提供系统、全面、深层次的学科服务。

（2）创新嵌入式学科服务的发展模式。

学科服务虽然在高校图书馆已经发展了十几年，但其仍然存在使用效率低下、服务深度和影响力不足、未能成为高校图书馆知识服务主流选择等现实问题，随着新一代信息技术的快速发展，以满足用户多元知识需求为目标的嵌入式学科服务随之产生。因此，高校图书馆应充分利用现代信息技术，将大数据分析和数据挖掘技术融入学科服务建设过程中，创新嵌入式学科服务发展模式。高校图书馆可以基于自身网络资源平台优势为用户提供专业的信息服务，并使用多种搜索引擎和插件为用户快速读取所需资源，或通过移动终端展开教学活动，实时传递高校图书馆的学科服务信息和知识资源，实现信息技术与嵌入式学科服务的深度融合。

2. 构建智慧图书馆知识服务生态系统

智慧图书馆是在现代信息技术与用户需求共同作用下的高校图书馆发展趋势，是对现有资源、服务和空间的重新组合与服务模式的创新。通过将大数据、云计算、人工智能、移动互联网等新一代信息技术与高校图书馆知识服务场景深度融合，为用户提供智能化服务和体验。

（1）聚焦用户行为数据，完善数据资源的使用与管理。

用户的行为数据是高校图书馆实现知识服务的重要基础，也是智慧图书馆分析用户特征、创建用户画像、预测用户行为的参考依据。因此，在大数据时代背景下，高校图书馆应聚焦用户的行为数据，在获得用户许可的前提下，依托智慧图书馆资源，深度融合人工智能、数据挖掘、物联网和生物识别、智能感知等技术，采集用户的行为数据和其他个人信息（如年龄、性别、学历等），使高校图书馆数据库能够实时连接用户的智能设备，为用户提供实时准确的咨询和决策服务。同时，智慧图书馆在知识服务过程中还应立足数据制度的建设，不断完善数据资源管理体系，运用一套科学的管理制度来规范智慧图书馆的数据获得与使用，完善读者管理与空间服务，保障网络服务与版权等，为智慧图书馆知识服务奠定坚实基础。

（2）基于智能搜索引擎，打造问答分享服务社区。

高校图书馆应改变以高校图书馆为唯一主导的传统发展模式，不断结合新一代信息技术的发展成果，增强高校图书馆知识服务的交互性。因此，高校智慧图书馆应加快构建具有信息交互联动效应的问答分享服务平台，促进用户间咨询信息和知识的快速自由流动。这就要求高校智慧图书馆应搭建促进用户间即时信息实时共享和扩散的智能搜索引擎，将用户的回答结果以搜索内容的形式直接展示给其他用户，有效地将不同领域用户的隐性知识转化为显性知识进行共享。另外，依托用户和搜索引擎的相互作用，打造问答分享服务社区，进而形成集聚现有图书资源和用户智慧的联合交互知识服务网络。

（3）建设一站式集成知识服务平台。

问答社交模式的实质是推动用户个性化问答信息实现实时交互的智能化知识服务。基于这一前提，高校智慧图书馆应以用户互动质量、功能质量和可用性质量为标准，积极建设一站式集成知识服务平台，推动定制化服务的进一步发展。例如，中国国家数字高校图书馆将虚拟参照咨询、知识导航和智能搜索引擎等服务的比较优势转化为集成优势，极大地提升了用户对信息和知识的利用效率，同时综合使用了集成检索、大数据搜索引擎、简易信息聚合等技术紧密跟踪用户的知识需求，推动用户实时共享知识资源、馆员知识储备以及馆藏知识库间的有效协同，优化了用户知识获取流程。

3. 推动实现个性化知识服务

为提升大数据时代高校图书馆知识服务能力，高校图书馆应基于精准化知识服务策略，立足于用户特征，把握用户需求，细分用户标签，构建用户网络，完善后期服务，实现知识服务内容的多样化和个性化。

（1）基于数据挖掘技术，构建用户画像。

2020年以来，用户画像技术被广泛运用于高校图书馆的信息推送和个性化服务研究中。因此，高校图书馆可以通过对用户行为进行深度的数据分析和数据挖掘，实现各类信息资源的关联和聚类，以此构建用户画像，进一步提高知识服务的靶向性。首先，高校图书馆需要将采集到的用户行为数据（如观看记录、检索习惯、浏览痕迹等）进行深入分析与挖掘。其次，与管理系统中的用户静态数据（如学院、性别、专业等）进行比对分析，依托用户画像技术，从多角度建立群体用户画像，分析挖掘各类用户的行为习惯，如同一学院的用户、同一专业的用户、不同性别的用户行为特征。最后，基于清晰的用户画像，建立不同类型用户的标签体系，实现推荐信息和知识能够与用户动态信息需求间情景化适配，从而准确地向用户提供符合其需求的目标资源。

（2）关注用户知识需求，建立新型知识服务模式。

在泛在知识环境下，高校图书馆用户具有多元化的知识需求，如特定情形下的交互式知识问答需求，基于游戏式设计的数据资源检索需求和以知识图谱、动态图表、虚拟现实技术为依托的知识可视化需求。以上用户需求的实现需要充分利用高校图书馆的知识交换与存储技术以及知识表示与知识组织技术。在"互联网+"融合发展的时代背景下，高校图书馆应推动知识服务优化升级，利用丰富多样的多媒体、增强现实（AR）、混合现实（MR）、虚拟现实（VR）等智能展示设备，依据用户的视觉、听觉和触觉等营造适宜的知识服务多维感知环境，形成个性化、体验式的知识服务模式。同时，高校图书馆不仅要重视校内用户的知识需求，还要明晰社会公众的知识需求，充分整合高校和社会不同层次用户的知识需求，缓解馆藏资源有限和用户需求日益增长之间的供需矛盾，实现协调供应。

（3）拓展后期服务。

高校图书馆应依据数据挖掘和分析结果以及用户的知识需求，拓展个性化信息推送服务的深度和广度。一方面，高校图书馆应积极利用智慧知识服务平台为新用户提供专业的向导服务，进一步改善用户体验；另一方面，高校图书馆要充分利用用户的行为信息，提高信息和知识推送服务的精准性，增加用户的黏性。与此同时，高校图书馆还应不断拓展思路，加大对大数据、人工智能及其服务的开发与应用，不能仅仅停留在购买既有产品阶段，还应不断更新知识服务配套产品。

4. 拓展知识服务职能

在当今信息爆炸但知识相对匮乏的时代背景下，越来越多的人对知识服务提出了更高的要求。高校图书馆拥有大量的社会信息，应该在满足校内用户知识需求的前提下为社会用户提供知识服务，以此满足人们日益增长的个性化和专业化的知识需求。

（1）为校内教学科研提供知识服务。

在大数据背景下，高校图书馆存在的价值不仅仅是简单的读者获取信息和知识的一个渠道，高校图书馆拥有海量、类型多样的知识资源，校内用户知识需求明显增加，对知识服务质量也有了更高的要求，高校图书馆应充分利用其知识资源，深入到校内用户的教学科研活动中去，综合运用各类技术工具和资源，解决用户的实际问题，发掘用户的知识需求。同时，高校图书馆可以实时追踪、主动联系用户，为其提供有针对性的学术前沿信息，并分析其研究成果的有效性和实用性，充分发挥高校图书馆知识服务职能。

（2）支持学生成长成才。

学生的知识需求一般分为专业知识、科学研究、社会实践、文体活动等学习生活方面以及工作方面的知识需求。因此，高校图书馆应当为学生用户提供有针对性的知识资源和有关高校图书馆数据库资源检索的培训讲座等，提高学生的专业素养。此外，高校图书馆还可以提供知识服务平台，通过小组学习、讨论和演示等方式，让学生进行自主合作学习，锻炼其自主学习能力，提高团队协作意识。

（3）提供社会化的知识服务。

高校图书馆馆藏资源丰富，在优先服务校内师生的前提下，可以为社会提供相应的服务。首先，高校图书馆可以为社会读者提供纸质资源的借阅服务，通过办理借阅证、明确借阅权限、数量和期限，规范借阅行为，同时校外用户还可以通过远程访问系统或远程访问账号获得高校图书馆的电子资源。其次，高校图书馆还可以为社会用户提供信息咨询服务，其中不仅包括基础性的信息服务，还应该包括高层次专业化的知识服务。最后，高校图书馆应大力推进"校地共建"，与地方政府及其主导的其他公共文化机构间（如地方公共高校图书馆、科技馆、博物馆、文化馆等）进行资源共建共享，更大程度上满足社会公众日益专业化和个性化的知识需求，提高服务的准确性和用户的满意度。

第二节　区块链技术推动高校图书馆知识服务创新

我国高校"双一流"建设战略的实施，对作为学校文献资源保障体系的高校图书馆提出了新的要求。高校图书馆应积极应对，努力提升资源配置能力和知识服务能力，助推学校的"双一流"建设。目前，随着经济与文化全球化趋势的不断加速及数字化与人工智能技术的高速发展，高校图书馆呈现出迥异于过去的新发展趋势。区块链作为目前最受关注的一种创新应用技术，在金融、物流、医疗、物联网、互联网等行业得到了广泛运用，非常有希望成为变革人类社会经济、科技、政治与文化等领域的颠覆性技术。区块链技术的快速发展，也必将对高校图书馆产生变革性影响，进一步推动高校图书馆的创新服务升级。

一、认识区块链

区块链（Blockchain）技术被认为是继蒸汽机、电力、信息技术、互联网科技之后，具有巨大潜力、革命性的技术。

（一）区块链的定义

区块链定义：在互联网基础上，以区块为单位产生和存储数据，并按照时间顺序首尾相连形成的链式结构，通过密码学保证访问、传输和存储的安全，实现数据的一次存储、无法篡改、无法抵赖、去中心化、分布式信息记录。其本质是分布式数据存储、点对点传输、共识机制、加密算法等技术的应用集成。

区块链是一种现代化的信息处理技术。从本质上讲，它是一个共享数据库，存储于其中的数据或信息，具有"不可伪造""全程留痕""可以追溯""公开透明""集体维护"等特征。基于这些特征，区块链技术奠定了坚实的"信任"基础，创造了可靠的"合作"机制，具有非常广阔的应用前景。

（二）区块链的主要特点

区块链技术以其独特的设计理念和运作机制，在现代信息技术领域独树一帜。以下是对区块链几个核心特点的详细阐述。

1. 去中心化

去中心化是区块链技术的基石。在传统的中心化系统中，数据的管理和维护依赖于一个或多个中心服务器，这在一定程度上增加了单点故障的风险和数据被篡改的可能性。区块链技术通过分布式账本的设计，使得网络中的每个节点都具备记账权，共同维护数据的真实性和完整性。这种去中心化的特性不仅提高了系统的安全性和可靠性，还降低了对中心化机构的依赖，实现了更加民主和透明的数据管理。

2. 开放性

区块链的开放性主要体现在公有链上，这意味着任何人都可以参与到区块链网络中，对数据进行读写操作。这种开放性为区块链技术的应用提供了广阔的空间，使得各种创新应用和服务得以快速涌现。同时，开放性也带来了数据的透明性和可信度，因为所有的交易记录都是公开可查的，这有助于建立信任并促进交易的顺利进行。

3. 不可篡改性

区块链的不可篡改性源于其去中心化和分布式账本的设计。在区块链网络中，每个数据块都被加密保护，并且每个数据块都按照时间顺序链接在一起，形成一个不可篡改的数据链。这种设计使得任何人想要篡改区块链中的数据都变得极其困难，因为需要同时更改网络中超过半数的节点才能成功篡改数据。这种高度的安全性使得区块链技术在许多领域都具有广泛的应用前景。

4. 匿名性

区块链技术的匿名性特点主要体现在交易过程中。在区块链网络中，交易双方通过地址进行交互，而不需要透露真实的身份信息。这种匿名性在一定程度上保护了用户的隐私和安全，但同时也给监管部门带来了一定的挑战。尽管如此，匿名性仍然是区块链技术吸引用户的一大亮点，尤其是在注重个人隐私保护的现代社会。

5. 可追溯性

区块链的可追溯性得益于其独特的数据结构。在区块链中，每个数据块都包含前一个数据块的哈希值，形成一个环环相扣的数据链。这种设计使得每个数据块都可以被追溯到其来源和去向，为数据的完整性和真实性提供了有力的保障。同时，可追溯性还便于数据的查询和验证，因为每个数据块都有唯一标识，可以通过时间节点快速定位到相应的交易内容。这种便捷性使得区块链技术在数据管理和交易验证方面具有显著的优势。

（三）区块链的类型

一般来说，区块链可以根据其开放程度、参与者的类型和权限等因素，划分为以下三种主要类型。

1. 公有区块链

公有区块链，也称为"公共区块链"或"非许可链"，是指对全世界所有人开放的区块链[①]。在公有区块链中，任何人都可以参与共识过程，即任何人都可以读取、发送交易并在网络上得到确认，而且任何人都可以参与链上数据的维护。公有区块链是最早的区块链形式，也是去中心化程度最高的一种，其中比特币和以太坊是公有区块链的典型代表。

公有区块链的优点在于其高度的去中心化和开放性，这保证了数据的公开透明和不可篡改。然而，这种完全开放的特点也带来了一些问题，如交易速度慢、可扩展性差以及隐私保护方面的挑战。

2. 联盟区块链

联盟区块链，也称为"行业区块链"或"联合体区块链"，是由某个群体内部指定多个预选的节点为记账人，每个块的生成由所有的预选节点共同决定，其他接入节点可以参与交易，但不过问记账过程，其他任何人可以通过该区块链开放的API进行限定查询。这种区块链形式旨在实现组织间的数据共享和流程协同，同时保持一定的数据私密性。

与公有区块链相比，联盟区块链在交易速度和隐私保护方面有所改善，因为参与者是预先选定的，并且通常具有共同的目标和利益。这种区块链类型特别适用于需要跨组织协作的场景，如供应链管理、金融服务等。

3. 私有区块链

私有区块链，也称为"专有链"或"私有链"，仅仅使用区块链的总账技术进行记账，可以是一个公司，也可以是个人，独享该区块链的写入权限，利用区块链的不易篡改性和不可抵赖性，确保数据真实性和安全性。私有区块链的交易速度一般非常快，而且因为节点数量有限，所以达成共识的时间相对较短。

私有区块链主要用于特定组织或企业内部，以确保数据的安全性和完整性。尽管私有区块链的去中心化程度较低，但它为组织提供了一个高效、安全的数据管理解决方案。此外，由于参与者数量有限且可控，私有区块链在隐私保护方面也具有显著优势。

---

① 李剑，李劼.区块链技术与实践[M].北京：机械工业出版社，2021:7.

（四）发展区块链的意义

发展区块链技术对于现代经济社会具有深远的意义，它不仅在于技术层面的革新，更在于其对社会经济结构和产业协作模式的根本性改变。以下是对发展区块链意义的详细阐述。

1. 促进实体经济发展，为实体经济降成本

区块链技术的引入，可以显著降低实体经济的运营成本。传统的中心化机构，如银行、保险公司等，通常需要大量的中介费用来维持运营，而区块链技术的去中心化特性能够有效减少这些费用。此外，区块链的透明性和不可篡改性也有助于减少欺诈和腐败，进一步降低企业因不信任而产生的额外成本。通过区块链技术，企业可以更高效地管理供应链，减少资源浪费，从而实现成本优化。

2. 提高产业链协同效率

在传统的产业链中，各环节之间的信息流通常常受到阻碍，导致协同效率低下。区块链技术可以构建一个去中心化的、安全可信的信息共享平台，使得产业链上的各个环节能够实时、准确地共享信息。这不仅有助于提高产业链的透明度，还能加强各环节之间的协作，从而提高整个产业链的运作效率。

3. 构建诚信产业环境

诚信是商业活动的基石，然而，在传统的商业环境中，由于缺乏有效的信息验证机制，诚信问题一直难以解决。区块链技术的不可篡改性和透明性为构建诚信产业环境提供了有力的技术支持。通过区块链，企业可以记录并验证每一笔交易的真实性和合法性，从而建立起一个高度可信的商业环境。这不仅有助于增强消费者和企业的信心，还能促进商业活动的健康发展。

除此之外，区块链技术结合智能合约，可以很大程度上避免违约与欺诈行为。智能合约是一种自动执行的合同，当满足预定条件时，合同条款将自动执行。这不仅可以减少人为干预和纠纷，还能提高合同执行的效率和准确性。同时，区块链资产钱包的高效便捷支付场景应用也为现代商业活动带来了极大的便利。

在区块链圈内，越来越多的创新论坛和行业峰会开始聚焦区块链赋能实体经济的方向。这些活动不仅为业内人士提供了交流和学习的平台，还推动了区块链技术与当地经济产业的深度融合和优化落地。

二、区块链技术助力高校图书馆知识服务优化的可行性及目标

（一）区块链技术助力高校图书馆知识服务优化的可行性

随着信息技术的飞速发展，高校图书馆作为知识服务的重要阵地，正面临着服务模式转型与升级的挑战。区块链技术，以其独特的分布式账本、去中心化、可追溯性等特点，为高校图书馆知识服务的优化提供了全新的视角和解决方案。

1. 分布式账本与知识获取高效化

区块链技术的核心机制是分布式账本，这意味着数据不是集中存储在一个中心服务器上，而是分散在网络中的多个节点上。这一特性对于高校图书馆知识服务来说，意味着更高的数据可靠性和可用性。传统的高校图书馆系统中，数据通常集中存储在一个或少数几个服务器上，一旦服务器出现故障或遭受攻击，就可能导致数据丢失或服务中断。而分布式账本技术通过将数据分散存储在多个节点上，大大提高了数据的容错性和抗攻击能力[①]。

在知识获取方面，分布式账本技术能够支持更高效的数据检索和访问。由于数据是分散存储的，用户可以从多个节点同时获取所需信息，从而加快了知识获取的速度。此外，分布式账本还能有效防止单点故障导致的服务中断，确保用户能够持续、稳定地获取知识资源。

2. 多链结合与知识组织有序化

区块链技术中的多链结构为高校图书馆知识服务的组织提供了新的思路。通过构建多条区块链，并将它们相互连接，可以形成一个复杂而有序的知识网络。每条区块链可以专注于某一特定领域或主题的知识资源，而链与

---

① 陈萍. 区块链视域下高校图书馆智慧型知识服务路径研究 [J]. 科技视界，2022(11):46–49.

链之间的交互则能实现知识的跨领域融合与共享。

这种多链结合的方式有助于高校图书馆更精细地组织和管理知识资源。传统的高校图书馆分类系统往往基于物理位置或学科领域进行划分，而多链结构则能更灵活地适应知识的多维度和复杂性。通过智能合约等机制，高校图书馆可以自动将相关知识资源分配到不同的区块链上，从而实现知识的有序组织和高效检索。

3. 去中心化与知识共享扩大化

区块链技术的去中心化特性为高校图书馆知识共享带来了革命性的变革。在传统的中心化模式下，知识资源的共享往往受到版权、地域、机构等多种因素的限制。而去中心化的区块链技术则能打破这些壁垒，实现全球范围内的知识共享。

通过区块链技术，高校图书馆可以构建一个开放、透明的知识共享平台。在这个平台上，任何机构或个人都可以上传和分享自己的知识资源，并通过智能合约等机制确保版权的合法性和利益分配。这种去中心化的知识共享模式不仅有助于扩大知识资源的覆盖范围，还能激发更多人的参与和贡献，从而推动知识的创新和发展。

4. 可追溯性与服务提供智能化

区块链技术的可追溯性为高校图书馆知识服务提供了强大的支持。通过记录每一笔交易和数据变更的历史信息，区块链可以确保知识的来源和流转过程都是透明和可验证的。这对于打击学术不端行为、保护知识产权以及维护学术诚信具有重要意义。

同时，可追溯性还能帮助高校图书馆实现服务提供的智能化。通过对用户行为数据的追踪和分析，高校图书馆可以更准确地了解用户的需求和偏好，从而为用户提供更加个性化和精准的知识服务。此外，基于区块链的智能合约机制还可以实现自动化和智能化的服务流程管理，提高服务效率和用户体验。

（二）区块链技术助推高校图书馆知识服务优化的目标

随着信息技术的迅猛发展，区块链技术作为一种新兴的技术手段，正逐渐渗透到各个行业领域，为数据的处理、存储和传输提供了全新的解决方案。在高校图书馆知识服务领域，区块链技术的应用同样展现出了巨大的潜力和价值。

1. 提高数据资源利用

在高校图书馆领域，数据资源的有效利用是提升服务质量的关键。然而，传统的高校图书馆系统在数据资源利用方面存在诸多瓶颈，如数据孤岛、数据更新不同步等问题。区块链技术的引入，为这些问题提供了有效的解决途径。

首先，区块链的分布式账本特性使得数据资源能够在各个节点之间进行实时同步和共享，从而打破了数据孤岛的限制。这意味着，无论用户身处何地，都能通过区块链网络快速访问到最新的数据资源，大大提高了数据资源的可利用性。

其次，区块链技术还能够提供数据资源的完整性和真实性验证。通过哈希算法和加密算法的应用，区块链能够确保数据在传输和存储过程中不被篡改或伪造。这为用户提供了更加可靠的数据资源，进一步提升了数据资源的利用价值。

2. 落实用户导向目标

高校图书馆作为公共服务机构，其核心目标是为用户提供优质的知识服务。区块链技术的引入，有助于高校图书馆更好地实现用户导向的服务目标。

一方面，区块链技术能够记录用户的阅读行为和偏好，为高校图书馆提供精准的用户画像。基于这些数据，高校图书馆可以为用户提供更加个性化的推荐服务，满足用户的差异化需求。

另一方面，区块链技术的智能合约功能可以实现自动化和智能化的服务流程管理。通过预设的合约规则，高校图书馆可以为用户提供更加便捷、高效的服务体验。例如，用户可以通过智能合约自动借阅和归还图书，无须人工干预，大大提高了服务效率。

3. 促进资源共建共享

在高校图书馆领域，资源的共建共享是提高服务质量和资源利用效率的重要手段。区块链技术的引入，为资源的共建共享提供了新的解决方案。

首先，区块链的去中心化特性使得各个高校图书馆之间可以平等地共享资源，打破了传统中心化共享模式中存在的资源壁垒和信息不对称问题。这有助于实现资源的均衡分布和高效利用。

其次，区块链技术能够提供安全的资源共享环境。通过加密算法和共识机制的应用，区块链可以确保共享资源的安全性和可信度。这消除了高校图书馆之间在资源共享过程中的信任障碍，促进了资源的广泛共享。

4. 加快智能服务进程

随着人工智能技术的不断发展，高校图书馆也在积极探索智能服务的新模式。区块链技术的引入，为高校图书馆的智能服务进程提供了有力的支持。

一方面，区块链技术能够与人工智能技术相结合，实现更加智能化的用户服务。例如，通过区块链技术记录的用户数据和智能合约规则，高校图书馆可以为用户提供自动化的图书推荐、个性化的阅读计划等智能服务。

另一方面，区块链技术还能够提升高校图书馆内部管理的智能化水平。例如，通过区块链技术对高校图书馆馆藏书进行智能化管理，实现自动盘点、自动归类等功能，大大提高了高校图书馆的管理效率和服务质量。

三、区块链技术助推高校图书馆知识服务创新的路径

在探讨区块链技术如何助推高校图书馆知识服务创新的过程中，确保这一创新过程得以顺利实施的保障体系显得尤为重要。以下将从人才培养、技术推广和技术难题攻克三个方面，详细阐述这一保障体系。

（一）加快人才培养实现可持续发展

人才是推动区块链技术在高校图书馆知识服务中创新应用的关键。当前，区块链技术的专业人才相对匮乏，尤其是在高校图书馆领域的应用型人才。因此，加快区块链技术专业人才的培养至关重要。

首先，高校图书馆应联合开展区块链技术相关课程和培训，提升高校图书馆工作人员对区块链技术的认知和应用能力。同时，鼓励高校图书馆学、信息科学等相关专业的学生深入研究区块链技术，培养具备创新精神和实践能力的新型人才。

其次，建立激励机制，吸引更多具有区块链技术背景的专业人才加入高校图书馆行业。例如，设立专门的区块链技术研究岗位，提供具有竞争力的薪资待遇，为人才提供良好的工作环境和发展空间。

最后，加强国际交流与合作，引进国外先进的区块链技术理念和人才培养模式，为我国高校图书馆领域的区块链技术应用提供有力支持。

（二）强化技术推广，拓宽应用边界线

区块链技术在高校图书馆知识服务中的应用尚处于起步阶段，其推广和应用范围有待进一步拓宽。为此，需要采取多种措施强化技术推广。

一方面，通过举办研讨会、培训班等活动，向高校图书馆工作人员普及区块链技术的相关知识和应用案例，提高其对该技术的认同感和使用意愿。同时，利用专业期刊、网络平台等渠道宣传区块链技术在高校图书馆领域的应用成果和前景，吸引更多行业内外人士关注和参与。

另一方面，加强与科技企业的合作与交流，共同研发和推广适用于高校图书馆的区块链技术解决方案。通过产学研相结合的方式，推动区块链技术在高校图书馆知识服务中的深度应用和创新发展。

（三）攻克技术难题，保障数据安全性

区块链技术在高校图书馆知识服务中的应用仍面临一些技术难题和挑战，如数据安全性、隐私保护等。为了攻克这些难题，需要采取以下措施。

首先，加强区块链技术的安全性研究，提高系统的抗攻击能力和数据保密性。通过采用先进的加密算法、共识机制等技术手段，确保高校图书馆数据在传输、存储和使用过程中的安全性。

其次，注重用户隐私保护。在利用区块链技术进行数据采集和分析时，应严格遵守相关法律法规和伦理规范，确保用户个人信息的合法性和安全

性。同时，积极研发和应用隐私保护技术，如零知识证明、同态加密等，为用户提供更加安全的隐私保护方案。

最后，建立完善的技术支持和服务体系。通过设立专门的技术支持团队、提供在线咨询和故障排除服务等措施，及时解决用户在应用区块链技术过程中遇到的问题和困难，提高用户体验和满意度。

第三节　云计算下高校图书馆学科知识服务平台构建

随着科学技术研究以及信息、网络、计算机等技术的迅猛发展，网络上信息呈爆炸式增长。面对纷繁复杂的海量信息，用户需求已不再仅仅是获取大量间接信息资源，而是要求直接获取能够解决问题的知识。

学科知识服务是一种面向高校学科用户知识需求解决过程的深层次服务。它针对高校用户在知识获取、知识选择、知识吸收、知识利用、知识创新过程中的需求，对相关学科专业知识进行搜寻、组织、分析、重组，为学科用户提供所需专业知识的服务。知识服务是数字高校图书馆信息服务的高级阶段，是信息服务发展的必然趋势。为了向高校师生、学科建设与发展提供一流的服务，作为各种资源和信息汇集中心的高校数字图书馆，必须从传统只能提供文献资源的信息服务模式，转入到能够提供问题解决方案的知识服务模式。

云计算是继网格计算之后的又一个全新的概念，是下一代互联网的发展趋势。它通过Internet以服务的方式提供动态可伸缩的虚拟化的资源计算模式，利用云计算技术建设安全、高效、经济、低碳的高校数字图书馆，并能为用户提供个性化学科知识服务，这已成为高校智慧图书馆未来发展的方向。

一、云计算及其结构分析

（一）云计算的内涵

2007年以来，云计算（Cloud Computing）成为IT领域最令人关注的话题之一，也是当前大型企业、互联网的IT建设正在考虑和投入的重要领域。云计算的兴起，催生了新的技术变革和新的IT服务模式。但是对大多数人而言，云计算还是一种不确切的定义。

目前受到广泛认同，并具有权威性的云计算定义，是由美国国家标准和技术研究院（NIST）于2009年所提出的："云计算是一种可以通过网络接入虚拟资源池以获取计算资源（如网络、服务器、存储、应用和服务等）的模式，只需要投入较少的管理工作和耗费极少的人为干预就能实现资源的快速获取和释放，且具有随时随地、便利且按需使用等特点。"[①]

要想更深入地理解云计算的概念，可以从不同的角度来看。下面分别从用户、技术提供商和技术开发人员的角度来解读云计算。

从用户角度看云计算。根据用户的体验和效果来描述，云计算系统是一个信息基础设施，包含硬件设备、软件平台、系统管理的数据，以及相应的信息服务。用户使用该系统时，可以实现"按需索取、按用计费、无限扩展、网络访问"的效果。简单地说，用户可以根据自己的需要，通过网络去获得自己需要的计算资源和软件服务。这些计算资源和软件服务是直接供用户使用而不需要用户做进一步的定制开发、管理与维护等工作。同时，这些计算资源和软件服务的规模可以根据用户业务与需求的变化，随时调整到足够大的规模。用户使用这些计算资源和软件服务，只需要按照使用量来支付租用的费用。

从技术提供商角度看云计算。技术提供商对云计算的理解为通过调度优化的技术，管理和协同大量的计算资源；针对用户的需求，通过互联网发布与提供用户所需的计算资源和软件服务；基于租用模式以按用量计费的方法进行收费。技术提供商强调云计算系统需要组织与协同大量的计算资源来提供强大的IT能力和丰富的软件服务，利用调度优化的技术来提高资源的利用效率。云计算系统提供的IT能力和软件服务针对用户的直接需求，并且这些IT能力和软件服务都在互联网上发布，允许用户直接利用互联网来使用这些

---

① 章瑞，李琪. 云计算 [M]. 重庆：重庆大学出版社，2020:4.

IT能力和软件服务。用户对资源的使用，按照其使用量进行计费，实现云计算系统运营的盈利。

从技术开发人员角度看云计算。技术开发人员作为云计算系统的设计和开发人员，认为云计算是一个大型集中的信息系统，该系统通过虚拟化技术和面向服务的系统设计等手段来完成资源与能力的封装和交互，并且通过互联网来发布这些封装好的资源和能力。所谓大型集中的信息系统，指的是包含大量的软硬件资源，并且通过技术和网络等对其进行集中式管理的信息系统。通常这些软硬件资源在物理上或者在网络连接上是集中或者相邻的，能够协同来完成同一个任务。信息系统包含软硬件和很多软件功能，这些软硬件和软件功能如果需要被访问与使用，就必须有一种把相关资源和软件模块打包在一起且能够呈现给用户的方式。虚拟化技术和Web服务是最常见的封装与呈现技术，可以把硬件资源和软件功能等打包，并以虚拟计算机和网络服务的形式呈现给用户使用。

云计算作为一种技术手段和实现模式，使得计算资源成为向大众提供服务的社会基础设施，将对信息技术本身及其应用产生深远影响，软件工程方法、网络和终端设备的资源配置、获取信息和知识的方式等，无不因为云计算的出现而产生重要的变化。与此同时，云计算也深刻改变着信息产业的现有业态，催生了新型的产业和服务。云计算带来社会计算资源利用率的提高和计算资源获得的便利性，推动以互联网为基础的物联网迅速发展，将更加有效地提升人类感知世界、认识世界的能力，促进经济发展和社会进步。

（二）云计算的特点

云计算作为一种创新的计算模式，近年来得到了业界和学术界的广泛认可。其核心思想在于通过网络将众多计算资源进行集中管理和统一调度，从而构建一个庞大的计算资源池，为用户提供灵活、按需的服务。该模式颠覆了传统的计算方式，它将计算任务分布在大量的分布式计算机上，而非局限于本地计算机或单一的远程服务器。这种做法使得企业数据中心的运营模式更加贴近互联网的特性，为企业提供了将资源迅速切换到所需应用上的能力，并能根据实际需求灵活地访问计算机和存储系统。

1. 超大规模

云计算的超大规模特性体现在其能够整合并高效管理数以万计的服务器资源。这一特性赋予了云计算前所未有的计算能力，使其能够轻松应对大规模的数据处理和分析任务。通过集中化的管理和调度，云计算平台能够充分发挥每台服务器的性能，从而提高整体计算资源的利用率。这种超大规模的计算能力不仅为科研、工程和商业等领域提供了强大的支持，还推动了大数据、人工智能等技术的快速发展。

2. 虚拟化

通过先进的虚拟化技术，云计算平台能够将物理硬件与操作系统进行分离，进而为用户提供一种抽象的、统一的资源视图。这种虚拟化环境极大地简化了用户对计算资源的管理和使用，使他们能够无视底层硬件的复杂性和差异性，更加专注于应用层面的开发和部署。虚拟化技术不仅提高了资源的灵活性和可用性，还降低了运维成本，为企业和个人用户带来了极大的便利。

3. 动态可扩展

云计算的动态可扩展性是其核心优势之一。它允许用户根据实际需求和业务变化快速调整计算资源的分配。无论是应对突发的高流量访问，还是满足业务快速增长的需要，云计算都能提供弹性扩展的能力，确保用户的应用始终保持最佳的性能和稳定性。这种动态可扩展性不仅提高了资源的利用率，还为用户带来了更大的灵活性和自主性，使得他们能够根据实际需求灵活调整资源配置，从而更好地适应市场变化和业务发展需求。

4. 按需部署

在传统的IT架构中，企业或个人常常需要预先购买和配置大量的硬件设备，以满足可能出现的最大资源需求。然而，这种做法往往导致资源的闲置和浪费，尤其是在业务需求波动较大的情况下。云计算的按需部署特性彻底改变了这一状况。用户只需根据实际使用的资源量进行付费，这意味着在业务需求低谷时，用户无须为闲置资源买单，从而大大降低了初始投资成本和运营成本。同时，当用户需要更多资源以应对业务高峰时，云计算平台能够迅速提供所需的计算能力，确保业务的顺畅运行。

5. 高灵活性

云计算的高灵活性在多个层面上得到体现。

首先，云计算平台支持多样化的操作系统和应用软件，这为用户提供了广泛的选择空间，满足了不同行业和场景下的特定需求。无论是Windows、Linux还是其他专有系统，云计算都能提供兼容的运行环境。

其次，云计算平台通常配备丰富的API（应用程序接口）和工具集，使得用户可以轻松地集成和管理各种服务。这些API和工具不仅简化了应用开发和部署的流程，还促进了不同服务之间的协同工作，从而提升了整体的工作效率。

最后，云计算的弹性扩展能力进一步增强了其灵活性。用户可以根据业务需求的变化，快速调整所需的计算资源。这种即时的伸缩性使得云计算能够灵活应对市场的波动和业务的增长，确保了服务的稳定性和响应速度。

6. 高可靠性

云计算通过多种技术手段，如数据冗余、分布式存储和容错技术，确保了服务的高可靠性。数据冗余是通过在多个物理位置存储数据的副本来实现的，这保证了即使部分存储介质发生故障，数据也不会丢失。

分布式存储技术则进一步增强了数据的可靠性和访问速度。通过将数据分散存储在多个节点上，云计算平台不仅提高了数据的容错能力，还实现了负载均衡，从而优化了数据的读写性能。

此外，容错技术的应用也是确保云计算高可靠性的关键。云计算平台能够自动检测并处理硬件或软件故障，确保服务的连续性和稳定性。即使在部分硬件出现故障的情况下，平台也能迅速切换到备用资源，最大程度地减少服务中断的可能性。这些技术手段的综合应用，使得云计算成为企业和个人用户信赖的服务选择。

7. 高性价比

云计算的高性价比主要体现在两个方面：一是通过集中化管理和资源池化提高了资源利用效率，降低了单位计算资源的成本；二是按需付费的模式使得用户能够根据实际使用量进行精确的成本控制。

8. 支持海量信息处理

云计算平台具备处理海量信息的能力。通过分布式计算和存储技术，它能够高效地处理和分析大规模的数据集，为用户提供有价值的洞察和决策支持。

9. 广泛的网络访问

云计算服务通常通过标准的网络接口进行访问，这意味着用户可以从任何支持网络连接的设备上访问和使用这些服务。这种广泛的网络访问能力极大地提高了云计算的便捷性和可用性。

10. 动态的资源池

云计算通过动态资源池的方式实现了对计算、存储和网络资源的统一管理。这种资源池能够根据用户的需求进行动态分配和调整，从而确保了资源的高效利用和服务的稳定性。

11. 可计算的服务

云计算不仅提供了基础设施层面的服务（如计算、存储和网络），还逐步拓展了平台层和应用层的服务。这些服务都是可计算的，意味着用户可以根据实际需求进行定制和优化，从而更好地满足业务发展的需求。这种可计算的服务模式为云计算带来了更广阔的应用前景和市场空间。

（三）云计算的分类

云计算是一种通过网络向客户提供服务和资源的新型IT模式。通过这种方式，软硬件资源和信息按需要弹性地提供给客户。目前，几乎所有的大型IT企业、互联网提供商和电信运营商都涉足云计算产业，提供相关的云计算服务。

按照部署方式分类，云计算包括公有云、私有云、混合云、社区云。

1. 公有云

公有云（Public Clouds）又称为"公共云"，即传统主流意义上所描述的云计算服务。目前，大多数云计算企业主打的云计算服务就是公有云服务，一般可以通过互联网接入使用。此类云一般是面向一般大众、行业组织、学术机构、政府机构等，由第三方机构负责资源调配。公有云的核心属性是共享资源服务。

（1）公有云的优势。

①灵活性。公有云模式下，用户几乎可以立即配置和部署新的计算资源，用户可以将精力和注意力集中于更值得关注的方面，提高整体商业价值。且在之后的运行中，用户可以更加快捷方便地根据需求变化进行计算资源组合的更改。②可扩展性。当应用程序的使用或数据增长时，用户可以轻松地根据需求进行计算资源的增加。同时，很多公有云服务商提供自动扩展功能，帮助用户自动完成增添计算实例或存储。③高性能。当企业中部分工作任务需要借助高性能计算（HPC）时，企业如果选择在自己的数据中心安装HPC系统，那将会是十分昂贵的。而公有云服务商则可以轻松部署，且在其数据中心安装最新的应用与程序，为企业提供按需支付使用的服务。④低成本。由于规模原因，公有云数据中心可以获得大部分企业难以企及的经济效益，公有云服务商的产品定价通常也处于一个相当低的水平。除了购买成本，通过公有云，用户同样也可以节省其他成本，如员工成本、硬件成本等。

（2）公有云的劣势。

①安全问题。当企业放弃他们的基础设备并将其数据和信息存储于云端时，很难保证这些数据和信息会得到足够的保护。同时，公有云庞大的规模和涵盖用户的多样性也让其成为黑客们喜欢攻击的目标。②不可预测成本。按使用付费的模式其实是把双刃剑，一方面它确实降低了公有云的使用成本，另一方面它也会带来一些难以预料的花费。比如，在使用某些特定应用程序时，企业会发现支出相当惊人。

2. 私有云

私有云（Private Clouds）是指仅仅在一个企业或组织范围内部所使用的"云"。使用私有云可以有效地控制其安全性和服务质量等。此类云一般由该企业或第三方机构，或者双方共同运营与管理。例如，支持SAP服务的中化云计算和快播私有云就是国内典型的私有云服务。私有云的核心属性是专有资源。

（1）私有云的优势。

①安全性。通过内部的私有云，企业可以控制其中的任何设备，从而部署任何自己觉得合适的安全措施。②法规遵从。在私有云模式中，企业可以确保其数据存储满足任何相关法律法规。而且，企业能够完全控制安全措施，必要的话可以将数据保留在一个特定的地理区域。③定制化。内部私有云还可以让企业能够精确地选择进行自身程序应用和数据存储的硬件，不过实际上往往由服务商来提供这些服务。

（2）私有云的劣势。

①总体成本。由于企业购买并管理自己的设备，因此私有云不会像公有云那样节约成本。且在私有云部署时，员工成本和资本费用依然会很高。②管理复杂性。企业建立私有云时，需要自己进行私有云中的配置、部署、监控和设备保护等一系列工作。此外，企业还需要购买和运行用来管理、监控和保护云环境的软件。而在公有云中，这些事务将由服务商来解决。③有限灵活性、扩展性和实用性。私有云的灵活性不高，如果某个项目所需的资源尚不属于目前的私有云，那么获取这些资源并将其增添到云中的工作可能会花费几周甚至几个月的时间。同样，当需要满足更多的需求时，扩展私有云的功能也会比较困难。而实用性则需要由基础设施管理和连续性计划及灾难恢复计划工作的成果决定。

3. 混合云

顾名思义，混合云（Hybrid Cloud）就是将单个或多个私有云和单个或多个公有云结合为一体的云环境。它既拥有公有云的功能，又可以满足客户基于安全和控制原因对私有云的需求。混合云内部的各种云之间是保持相互独立的，但同样也可以实现各个云之间的数据和应用的相互交换。此类云一般由多个内外部的提供商负责管理与运营。混合云的示例包括运行在荷兰iTricity的云计算中心。

混合云的独特之处：混合云集成了公有云强大的计算能力和私有云的安全性等优势，让云平台中的服务通过整合变为更具备灵活性的解决方案。

混合云可以同时解决公有云与私有云的不足，比如公有云的安全和可控制问题，私有云的性价比不高、弹性扩展不足问题等。当用户认为公有云不能够满足企业需求的时候，在公有云环境中可以构建私有云来实现混合云。

4. 社区云

社区云（Community Cloud）是面向具有共同需求（如隐私、安全和政策等方面）的两个或多个组织内部的"云"，隶属于公有云概念范畴。该类云一般由参与组织或第三方组织负责运营与管理。"深圳大学城云计算服务平台"和阿里旗下的PHPWind云就是典型的社区云，其中前者是国内首家社区云计算服务平台，主要服务于深圳大学城园区内的各高校单位以及教师职工等。

社区云的特点显著且多样。首先，它体现了强烈的区域性和行业性，专门为特定的社区或行业提供服务，使得服务内容更具针对性和实用性。其次，社区云提供了一些具有社区特色的有限应用，这些应用既符合社区的实际需求，也体现了社区的独特性。再次，资源的高效共享是社区云的又一个亮点，它能够让社区内的资源得到最优配置和有效利用。最后，社区云还鼓励社区内成员的高度参与，每个成员都可以为社区云的建设和发展贡献自己的力量，这种高度的参与性也是社区云能够持续发展的重要动力。

（四）云计算的基本架构

云计算是一种商业计算模型，它将计算任务分布在大量计算机构成的资源池上，使用户能够按需获取计算力、存储空间和信息服务。美国国家标准和技术研究院提出云计算的三个基本框架（服务模式）：基础设施即服务（Infrastructureasa Service，IaaS）、平台即服务（Platformasa Service，PaaS）、软件即服务（Softwareasa Service，SaaS）。

1. 基础设施即服务

基础设施即服务是云计算架构中的基础层级，它提供了一种将计算基础设施作为服务进行交付的模式。具体而言，IaaS提供商将服务器、存储设备、网络设备等硬件资源虚拟化，并通过网络以服务的形式提供给用户。用户无须自行购买和维护这些硬件设备，而是根据实际需求，租用相应的计算能力、存储空间和网络资源。

IaaS模式的优势在于其高度的灵活性和可扩展性。用户可以根据业务需求动态地调整资源使用量，实现资源的快速扩展或缩减。此外，IaaS还提供了按需付费的计费模式，用户只需根据实际使用的资源量进行支付，有效降低了成本。

在实际应用中，IaaS被广泛应用于各种场景，如网站托管、大数据处理、科学计算等。通过IaaS，用户可以快速地构建起自己的计算环境，从而专注于核心业务的开发与创新。

2. 平台即服务

平台即服务位于云计算架构的中间层级，它在IaaS的基础上提供了更为丰富的服务。PaaS提供商不仅提供基础设施服务，还为用户提供了一个完整的开发、测试和部署应用程序的平台。这意味着用户无须关注底层硬件和操作系统的细节，只需专注于应用程序的开发和部署。

PaaS模式的优势在于其提高了开发效率和降低了技术门槛。通过PaaS，开发人员可以快速地构建起自己的应用程序，并利用平台提供的各种服务（如数据库、消息队列、缓存等）来加速开发进程。此外，PaaS还提供了弹性扩展、自动管理和高可用性等功能，使得应用程序能够轻松地应对各种业务挑战。

在实际应用中，PaaS被广泛应用于企业级应用开发、移动应用开发、游戏开发等领域。通过PaaS，企业和个人开发者可以快速地构建起自己的应用程序，并将其部署到云端，从而实现全球范围内的访问和共享。

3. 软件即服务

软件即服务是云计算架构中的最高层级，它提供了一种将软件应用作为服务进行交付的模式。具体而言，SaaS提供商将各种应用软件（如办公软件、CRM系统、ERP系统等）部署在云端，并通过网络以服务的形式提供给用户。用户无须购买和安装这些软件，只需通过网络浏览器或其他客户端设备即可访问和使用这些应用。

SaaS模式的优势在于其降低了软件使用的门槛和成本。用户无须关心软件的安装、配置和维护等烦琐工作，只需按需使用并支付相应的费用即可。此外，SaaS还提供了高度的可定制性和可扩展性，使得用户能够根据自身需求灵活地调整软件功能和规模。

在实际应用中，SaaS被广泛应用于各种企业级应用和个人应用中。通过SaaS，企业可以快速地构建起自己的信息化系统，提高工作效率和降低运营成本；个人用户则可以轻松地享受到各种便捷的在线服务（如在线办公、在线学习等）。

二、云计算下高校学科知识服务平台的构建原则

高校学科知识服务平台的构建，是基于云计算技术的重要应用，旨在提升高校知识服务的效率和水平。在构建过程中，应遵循以下原则以确保平台的实用性、开放性和可持续性。

（一）支持学科知识的泛在学习型需求和科研信息化型需求

随着信息技术的不断发展，高校师生对于学科知识的获取方式和学习模式提出了更高要求。因此，学科知识服务平台应支持泛在学习型需求，即能够在任何时间、任何地点，通过任何设备获取所需的知识资源[①]。同时，平台还应满足科研信息化型需求，为科研人员提供强大的数据处理、信息检索和知识挖掘功能，以助力科研工作的深入开展。

为实现这一目标，平台需整合校内外的优质知识资源，提供丰富多样的学习资源和科研工具。此外，平台还应支持个性化的学习路径推荐和智能化的知识服务，以满足不同用户群体的需求。

（二）适用性原则

高校学科知识服务平台的构建必须从高校的科研和发展需要出发，紧密结合高校的实际需求。平台的功能设计应基于对高校师生学习、科研行为的深入分析，以及高校学科特点和资源优势的充分考虑。避免盲目追求功能的

---

① 高俊芳.云计算下的高校图书馆学科知识服务平台研究 [J].图书馆学研究，2015(02):83–88+76.

全面性和范围的宽泛性，而应注重功能的实用性和针对性。

为确保平台的适用性，可在设计初期进行广泛的需求调研，充分了解用户需求和期望。同时，建立用户反馈机制，及时收集用户意见和建议，以便对平台功能进行持续优化和改进。

（三）开放性原则

学科知识服务平台的开放性是确保其可持续发展和广泛应用的关键。平台应采用开放性、分布式、松耦合、具备互操作性的架构，以便轻松实现与现有软件和服务的集成。这种开放性不仅有助于降低维护成本，提高系统的可扩展性和灵活性，还能促进不同系统之间的数据共享和交换。

为实现开放性原则，平台应遵循国际通用的标准和协议，如Open API、oAuth等，以便与其他系统进行无缝对接。此外，平台还应支持多种数据格式和传输协议，以满足不同用户的需求和场景。

（四）可扩展性原则

随着高校学科专业的不断调整和新知识、新专业的加入，学科知识服务平台应具备良好的可扩展性。平台应能够方便地调整变动以适应新的需求，同时不影响原有功能的正常运行。

为实现可扩展性原则，平台可采用模块化设计思想，将不同功能划分为独立的模块。当需要添加新功能或修改现有功能时，只需对相应模块进行升级或替换即可。此外，平台还应支持横向和纵向的扩展能力，以便根据实际需求增加服务器节点或提升系统性能。

（五）简洁易用，泛在接入

学科知识服务平台应简洁易用，以便新用户能够快速上手并充分利用平台资源。同时，平台应支持泛在接入，即用户可以在任何时间、任何地点通过简单的浏览终端方便地接入并获取服务。

为实现这一目标，平台应注重用户体验设计，提供直观、友好的用户界面和简洁明了的操作指南。此外，平台还应优化网络架构和传输协议，以确保用户在不同网络环境下都能快速、稳定地访问平台资源。同时，为了满足用户的移动学习需求，平台还应支持移动端设备的接入和交互功能。

三、云计算高校图书馆学科知识服务系统模型构建

在云计算环境下，构建高校图书馆学科知识服务系统模型是一个复杂而系统的工程。该模型主要包括以下几个层次：学科知识资源层、学科知识融合层、知识管理层、知识服务层和云客户端。

（一）学科知识资源层

学科知识资源层位于云计算体系结构的基础设施即服务层（IaaS）。这一层是整个云服务模型的基础，主要负责汇聚和存储各类学科知识资源。这些资源可以来自高校内部的数据库、科研机构的研究成果，以及其他公开可获取的知识资源。通过虚拟化技术，这些资源被整合到一个统一的资源池中，以便后续的利用和管理。

在学科知识资源层中，还需要考虑到资源的安全性和可靠性。通过采用先进的数据加密技术和备份策略，可以确保数据的安全性和完整性。同时，为了提高资源的利用效率，可以采用动态资源分配技术，根据实际需求来合理分配和调度资源。

（二）学科知识融合层

学科知识融合层是一个虚拟层，其本质上也属于IaaS层。它的主要作用是实现不同学科知识之间的融合和交叉，打破学科之间的壁垒，促进知识的创新和发展。在这一层中，可以利用数据挖掘、关联分析等技术手段，发现不同学科知识之间的联系和规律，从而为科研工作者提供更加全面、深入的知识服务。

为了实现学科知识的有效融合，需要建立一个开放、灵活的知识融合框架。这个框架应该能够支持多种数据格式的导入和导出，以便与其他系统进行数据交换和共享。同时，还需要提供强大的数据处理和分析能力，以便从海量的数据中提取出有价值的信息。

（三）知识管理层

知识管理层属于云计算体系结构的平台即服务层（PaaS）。这一层的主要职责是对学科知识进行系统的管理和维护，确保知识的质量和可用性。具

体来说，知识管理层需要完成以下几个方面的任务：一是制定和完善知识分类和编码标准，以便对知识进行统一的标识和管理；二是建立知识库，对各类学科知识进行存储和组织；三是提供知识检索和查询功能，以便用户能够快速找到所需的知识；四是实施知识更新和维护策略，确保知识的时效性和准确性。

为了实现这些功能，知识管理层需要采用先进的信息技术和管理方法。例如，可以利用大数据技术对海量的知识进行存储和分析；采用人工智能技术实现知识的自动分类和标注；通过建立知识图谱来揭示不同知识之间的关联关系等。

（四）知识服务层

知识服务层属于云计算体系结构的软件即服务层（SaaS）。这一层是整个云服务模型的核心，主要负责为用户提供个性化的知识服务。根据用户的需求和偏好，知识服务层可以提供多种类型的知识服务，如知识检索、知识推荐、知识问答等。这些服务可以帮助用户更加高效地获取和利用学科知识，提高科研工作的效率和质量。

为了实现个性化的知识服务，需要充分利用大数据和人工智能技术。通过对用户行为数据的分析和挖掘，可以发现用户的兴趣和需求，从而为用户提供更加精准的知识服务。同时，还需要不断优化和完善服务算法和模型，以提高服务的准确性和效率。

（五）云客户端

云客户端是用户与云服务模型进行交互的接口。由于采用了"瘦客户端，胖服务器端"的云计算技术，云客户端只需要具备基本的网络连接和浏览器功能即可接入学科知识服务云端。用户可以通过云客户端访问各种知识服务，并获取云端提供的丰富资源。这种设计方式不仅降低了用户的使用门槛，还提高了服务的灵活性和可扩展性。

为了满足不同用户的需求和使用场景，云客户端可以支持多种终端设备和操作系统。例如，可以通过PC、手机、平板等设备访问云服务模型，实现随时随地的知识获取和利用。同时，云客户端还可以提供丰富的交互功能和个性化设置选项，以提升用户的使用体验和满意度。

四、云计算下高校学科知识服务系统的构建

随着云计算技术的不断发展，高校学科知识服务系统正面临着前所未有的变革。云计算为高校提供了强大的数据处理和存储能力，使得学科知识服务得以更加高效、便捷地提供给广大师生。在这一背景下，我门探讨了云计算环境下高校学科知识服务系统的构建，旨在为用户提供更加全面、个性化的知识服务。

（一）用户组成和需求分析

在云计算环境下的高校学科知识服务系统中，用户组成主要包括学生群体、教职员工以及校外研究人员。这些用户群体对于知识服务的需求各不相同，因此需要进行深入的需求分析，以确保服务系统的有效性和针对性。

学生群体。学生是高校学科知识服务系统的主要用户之一。他们的需求主要集中在课程学习、论文写作、科研活动等方面。系统应提供丰富的学习资源和科研工具，以满足学生在学术研究和个人发展上的需求。

教职员工。教职员工包括教师、研究员和行政人员等，他们在教学和科研工作中需要获取大量的学科知识和研究资料。系统应为教职员工提供便捷的资源检索、数据分析和知识管理工具，以提升工作效率和科研水平。

校外研究人员。校外研究人员对于高校学科知识服务系统的需求主要集中在学术交流、合作研究和资源共享等方面。系统应提供开放的接口和协作平台，促进校内外研究人员的合作与交流。

需求分析过程中，应通过问卷调查、用户访谈等方式收集用户反馈，明确各类用户的具体需求和使用场景，为服务系统的设计提供有力支持。

（二）学科馆员

学科馆员在高校学科知识服务系统中扮演着重要角色。他们是高校图书馆与学科专业之间的桥梁，负责收集、整理和提供与特定学科相关的文献信息资源。学科馆员需要具备深厚的学科知识背景和高校图书馆学专业知识，以便为用户提供高效、专业的服务。

在云计算环境下，学科馆员可以利用先进的技术工具，如数据挖掘、信息检索等，提高信息服务的效率和质量。他们不仅可以帮助用户快速找到所需资源，还能提供个性化的知识推荐和科研支持。此外，学科馆员还承担着与用户沟通、解答疑问和提供专业建议的职责，以确保用户能够充分利用系统资源。

（三）建立专家知识库

专家知识库是高校学科知识服务系统的核心组成部分。通过建立完善的专家知识库，系统能够为用户提供更加权威、专业的知识资源。在构建专家知识库时，应邀请相关领域的专家参与，确保知识的准确性和权威性。

专家知识库的建立包括知识的获取、组织、存储和更新等环节。首先，需要通过面谈、文献调研等方式获取专家的知识和经验。其次，要对获取到的知识进行组织和分类，以便用户能够快速检索到所需信息。最后，要选择合适的存储方式，确保知识的安全性和可访问性。此外，专家知识库还需要定期更新，以反映专家的最新研究成果和经验。

（四）学科知识资源

在云计算环境下，高校学科知识服务系统需要整合和管理大量的学科知识资源。这些资源包括电子图书、期刊论文、会议论文、博硕士论文、专利文献等。为了确保资源的全面性和时效性，系统应与各大出版社、学术机构等建立合作关系，及时获取最新的学术成果。

同时，系统还应提供强大的资源检索和浏览功能，支持多种检索方式和浏览模式，以满足用户不同的信息需求。此外，为了保护知识产权和确保资源的安全使用，系统还应采取严格的访问控制和版权保护措施。

（五）服务平台

服务平台是高校学科知识服务系统的核心组成部分，它负责整合各种资源和服务，为用户提供一站式的信息服务解决方案。在云计算环境下，服务平台应具备高度可扩展性和灵活性，以适应不断增长的用户需求和资源规模。

服务平台应提供个性化的用户界面和交互方式，以满足不同用户群体的使用习惯和需求。同时，为了提升用户体验和服务质量，平台还应支持多种终端设备和操作系统，确保用户能够随时随地访问系统资源和服务。此外，服务平台还应具备强大的数据分析和挖掘功能，以便为用户提供更加精准、个性化的知识服务。

总之，云计算技术已经引发了学术界巨大关注，并对高校图书馆的知识服务环境、资源整合策略和服务模式产生了深远的影响。虽然云计算技术应用于高校图书馆学科知识服务的模式还处于探索阶段，无论是基础设施建设还是应用服务模式还都不成熟，但相信在可预见的将来，更多的高校图书馆将建立云计算环境，开展有效的学科知识服务，帮助高校学科水平快速发展，让高校图书馆深层次服务成为现实。

第四节　基于物联网技术的高校图书馆知识服务创新

一、物联网技术的基本认识

物联网是计算机、互联网与移动通信网之后的又一次信息产业浪潮。发展物联网对于促进经济发展和社会进步具有重要的现实意义，对加快转变经济发展方式具有重要推动作用。物联网延伸现有信息通信网络的通信范畴、通信领域，通过在各种可能的物体中嵌入智能和通信能力，获取来自物理世界的信息，并基于这些信息的分析和处理来增强和提升现有信息通信网络的智能性、交互性和自动化程度。

（一）物联网的概念界定

物联网的定义有很多种，最早是1999年由麻省理工学院的 Auto-ID 研究中心提出的：把所有物品通过射频识别（Radio Frequency Identification，RFID）和条形码等信息传感设备与互联网连接起来，实现智能化的识别和管理[①]。

---

① 　刘军，阎芳，杨玺.物联网技术 [M].北京：机械工业出版社，2017:1.

但是上述定义具有一定的局限性，目前广为接受的一种定义是2005年国际电信联盟（International Telecommunication Union，ITU）给出的描述：物联网是通过射频识别、红外感应器、全球定位系统、激光扫描器等信息传感设备，按约定的协议，把任何物品与互联网相连接，进行信息交换和通信，以实现对物品的智能化识别、定位、跟踪、监控和管理的一种网络。物联网有狭义和广义之分，狭义的物联网指的是物与物之间的连接和信息交换，广义的物联网不仅包含物与物之间的信息交换，还包括人与物、人与人之间的广泛连接和信息交换。

物联网将无处不在的末端设备和设施通过各种无线/有线的长距离/短距离通信网络实现互联互通、应用大集成以及基于云计算的软件运营等模式，提供安全可控乃至个性化的实时在线监测、定位追溯、报警联动、调度指挥、预案管理、远程控制、安全防范、远程维保等管理和服务功能，实现对"万物"的"高效、节能、安全、环保"的"管、控、营"一体化。其中，末端设备和设施包括具备"内在智能"的传感器、移动终端、工业系统、楼宇自动化系统、家庭智能设施、视频监控系统等，也包括"外在使能"的贴有 RFID 标签的各种资产、具有无线终端的个人与车辆等"智能化物件或动物"或"智能尘埃"。

物联网不是一门技术或者一项发明，而是过去、现在和未来许多技术的高度集成和融合。物联网是现代信息技术发展到一定阶段后才出现的聚合和提升，它将各种感知技术、现代网络技术、人工智能、通信技术和自动控制技术集合在一起，促成了人与物的智慧对话，创造了一个智慧的世界。

物联网被视为互联网的应用扩展，应用创新是物联网发展的核心，以用户体验为核心的创新是物联网发展的灵魂。这里物联网的"物"，不是普通意义的万事万物，而是需要满足一定条件的物。这些条件包括要有数据传输通路（包括数据转发器和信息接收器），要有一定的存储功能，要有运算处理单元（即 CPU），要有操作系统或者监控运行软件，要有专门的应用程序，遵循物联网的通信协议，在指定的范围内有可被识别的唯一编号。

（二）物联网的体系结构

物联网作为信息技术的重要组成部分，其体系结构是支撑整个系统运作的基石。尽管目前尚未形成全球统一的标准，但业界普遍接受的是将物联网划分为三个主要层次：感知层、网络层和应用层。这一体系结构不仅为物联网的实现提供了清晰的框架，还有助于理解和分析物联网系统中的各个组成部分及其相互关系。

1. 感知层

感知层是物联网体系结构的底层，负责实现与物理世界的交互。它通过各种传感器、RFID标签、摄像头等设备，实时采集各种类型的数据，如温度、湿度、光照、位置等。这些数据反映了物理世界的实时状态和变化，是物联网系统进行决策和控制的基础。感知层的关键技术包括传感器技术、RFID技术、嵌入式系统技术等。这些技术的应用使得物联网系统能够广泛地感知和识别各种物体和环境参数，为后续的数据传输和处理提供丰富的信息源。

此外，感知层还需要解决低功耗设计、小型化和低成本等问题，以满足物联网设备在各种环境下的部署需求。同时，为了提高数据的准确性和可靠性，感知层还需要采用数据融合、数据清洗等技术手段对原始数据进行预处理。

2. 网络层

网络层位于感知层和应用层之间，负责数据的传输和通信。它将感知层采集到的数据通过各种通信网络（如无线传感器网络WSN、无线局域网WLAN、移动通信网络等）传输到应用层进行处理和分析。网络层的关键技术包括无线通信技术、网络技术、网络安全技术等。这些技术的应用确保了数据在传输过程中的高效性、可靠性和安全性。

为了满足物联网系统中大量设备之间的通信需求，网络层还需要支持多种通信协议和标准，以实现异构网络之间的互联互通。同时，为了应对物联网系统中可能出现的网络拥塞、数据丢失等问题，网络层还需要采用相应的拥塞控制、数据重传等机制来保证数据传输的稳定性和可靠性。

3. 应用层

应用层是物联网体系结构的顶层，负责将网络层传输来的数据进行处理和分析，并根据分析结果作出相应的决策和控制。应用层的关键技术包括数据处理技术、数据挖掘技术、云计算技术等。这些技术的应用使得物联网系统能够实现对各种应用场景的智能感知、智能分析和智能控制。

在应用层中，数据处理和分析是实现物联网智能化的核心环节。通过对海量数据的挖掘和分析，可以发现隐藏在其中的有价值的信息和知识，从而为各种应用提供智能化的决策支持。同时，云计算技术的应用也为物联网系统提供了强大的计算能力和存储能力，使得数据处理和分析更加高效和便捷。

除了上述三个主要层次外，物联网体系结构还包括一些支撑技术和管理平台，如信息安全技术、标准化技术、设备管理平台等。这些技术和平台为物联网系统的稳定运行提供了必要的保障和支持。

总的来说，物联网的三层体系结构为整个系统的设计和实现提供了清晰的框架和指导。每一层都承担着不同的功能和任务，共同构成了物联网系统的完整运作流程。随着技术的不断发展和应用场景的不断拓展，物联网体系结构也将不断优化和完善，以适应未来更加复杂和多样化的需求。

（三）物联网的关键技术

物联网作为一种将各种物体与互联网连接起来的技术，其背后涉及多种关键技术。

1. 网络与通信技术

网络与通信技术是物联网的基石。物联网通过将各种智能设备连接起来，实现了信息的共享与远程控制。其中涉及的网络技术包括局域网、广域网以及近年来兴起的5G通信技术。这些技术的应用，使得物联网设备能够快速、准确地传输数据，从而实现对物体的实时监控与管理。此外，网络通信协议的选择也至关重要，它确保了不同设备之间的兼容性和数据传输的可靠性。

2．无线传感器网络（WSN）技术

无线传感器网络是由大量传感器节点组成的网络，这些节点能够感知环境参数，如温度、湿度、光照等，并通过无线通信方式将这些数据传输到中央处理器。WSN技术具有自组织、分布式、低功耗等特点，使得物联网系统能够实时获取环境信息，为智能决策提供数据支持。此外，WSN还具有高度的灵活性和可扩展性，可以根据实际需求部署和调整传感器节点。

3．RFID技术

射频识别（RFID）技术是一种通过无线电波进行非接触式识别的技术。RFID系统由标签、阅读器和数据处理系统三部分组成。标签附着在物体上，存储着物体的相关信息；阅读器则负责读取标签中的信息，并将其传输到数据处理系统。RFID技术具有识别速度快、准确度高、可靠性强等优点，在物流管理、身份识别等领域有广泛应用。

4．M2M技术

M2M（Machine to Machine）技术是指机器与机器之间的通信。在物联网中，M2M技术使得各种智能设备能够相互通信和交换信息。这种技术不仅提高了设备的智能化水平，还使得远程监控和自动化管理成为可能。M2M技术在智能家居、智能交通等领域具有广阔的应用前景。

5．GPS技术

全球定位系统（GPS）技术是一种利用卫星信号进行定位的技术。在物联网中，GPS技术为物体提供了精确的位置信息，使得物联网系统能够根据位置信息提供更加精准的服务。例如，在智能交通系统中，GPS技术可以帮助追踪车辆位置，优化路线规划，提高交通效率。同时，GPS技术还可被应用于野外救援、资产管理等领域。

二、基于物联网的高校图书馆知识服务技术创新

为了深化知识服务的内涵，提高知识服务的价值，许多学者对知识服务的创新进行研究。研究人员在研究过程中发现通过对知识服务的技术进行创新，引进最新的技术应用于知识服务的过程，可以有效地提高知识服务的内

涵与价值。通过对物联网技术的研究发现，在应用物联网技术构建的智慧图书馆中，在知识服务方面都引进了一系列创新性的技术。

（一）基于RFID的信息感知技术

RFID信息感知技术指的是利用RFID电子标签作为标识、感知高校图书馆中各种实体的一个重要工具。利用RFID标签对高校图书馆中所有的实体馆藏资源进行标识，同时也对进入到高校图书馆阅读和借还图书的读者身份进行标识。随着智能高校图书馆中所添加的元素越来越多，如监控设备、门禁系统、信息管理终端等，都可以被植入RFID标签，从而实现对智能高校图书馆中所有的活动实体的唯一标识、感知。

在物联网的应用系统中，RFID标签不仅包含身份标识功能，而且从RFID标签的设计和实现方式来看，目前RFID标签正朝着智能化和综合化的方向发展。在RFID标签内部被植入了具有较强运算功能的嵌入式芯片，能够处理一定复杂程度的信息种类和数据的运算等功能，从而可以为用户提供较为复杂的应用功能。因此，采用RFID标签后，在智能高校图书馆中除了可以利用标签中的唯一ID序号进行身份的标识，更重要的是还可以利用RFID标签的智能信息处理的功能，实现对智能高校图书馆运行管理过程中所产生的各种信息和数据的采集、处理、控制等功能。在应用RFID标签进行信息感知的时候，也使得知识服务过程的服务模式发生巨大的改变。

在传统高校图书馆管理体系中，管理人员主要负责处理图书馆资源和读者身份等信息，此模式存在着对象单一性与管理时间固定性的限制。引入RFID信息感知技术后，高校图书馆的信息感知模式发生了根本性变革。这一技术的运用使得信息感知不再以图书馆管理人员为中心，而是构建了一个平等的信息感知网络。在这个网络中，无论是静态的图书资源，还是动态的读者，乃至传统模式下处于管理核心地位的图书馆管理人员和管理设备，都被赋予了平等的地位。这些元素能够相互进行信息的感知、传输与控制处理，从而彻底打破了传统的集中式管理模式。因此，基于RFID的信息感知技术为高校图书馆的信息管理和知识服务能力提升奠定了坚实基础。此外，由于RFID技术具有信息感知时刻的不确定性，它能够实现随时随地的信息感知与交互，这使得智慧图书馆在运行的任意时刻都能实时产生知识服务的价值。

（二）网络化的信息传输共享技术

在物联网环境中，高校图书馆中每一个具有信息感知和处理能力的智慧节点都是具有通信能力的节点，依靠每个节点所具备的不同通信能力和不一样的通信方式，最终目的都是实现智能节点之间的信息传输和共享。在物联网技术中正是因为引入了这一先进的、无处不在的网络传输和共享技术，才使得在物联网环境下各个智能信息处理节点能够拥有一个强大的后援信息处理网络和信息来源以及信息存储的网络。在传统的互联网时代，由于网络的四通八达，给用户带来信息的共享这一优势已经被人们所见证，而且正在不停地享用着其所带来的优越性。而在物联网环境下，网络化的程度将比现有的互联网所具备的网络化程度具有更强的共享能力和更广的覆盖范围。在物联网环境下，信息处理终端节点能够获得更加丰富和全面的原始数据信息，因此能够共享的信息也更加丰富和全面，也为一系列的数据分析、数据挖掘、数据融合等相关后续研究的开展奠定基础，最终为用户提供更加深入而有价值的知识服务。

借助物联网环境下的泛在网络传输与共享技术，读者能够更为便捷地访问高校图书馆的丰富图书资源，洞察图书馆信息资源的管理流程，并了解图书馆为读者提供的多元化知识管理与服务内容。同时，高校图书馆亦可更为高效地追踪用户的实时知识服务需求，洞察其阅读兴趣与偏好，从而动态掌握读者群体对图书馆知识服务的需求变化，为制定更为科学合理的知识服务规划提供坚实的数据支撑。此外，这种泛在网络技术的运用，使得图书馆内所有图书节点均能实现有效的信息交互。利用此功能，图书馆内的各智能节点可在非实时服务时段进行后端知识处理，诸如对图书内容进行分类抽取，对馆藏资源进行有机重组，并依据不同的读者群体或兴趣方向，构建相应的知识社群。通过这种泛在网络共享技术进行后端信息资源处理，图书馆能够更精准地满足读者的知识服务需求，进而提升其服务质量与效率。

（三）信息融合技术

目前，信息融合技术是物联网技术研究过程中的一个难点技术，也是一个全新的信息处理领域中的技术。在应用物联网的智慧图书馆中为了能够更好地实现为读者提供知识服务的目标，高校图书馆的后端处理都引入和应用了信息融合技术。这主要是因为在物联网环境中智慧图书馆中的各个信息节点都是智能化的信息节点，每个节点都具有强大的信息采集能力，能够为整个智慧图书馆提供各种信息处理的原始信息。但是在所有的智能节点所采集到的各种信息中，必然会出现大量的信息重合、信息冗余以及信息冲突等问题，此外，还会存在信息类型不匹配、格式不匹配等一些现实问题。为了能够使得物联网对所采集到的信息进行综合有效的处理，在物联网应用过程中研究和实行信息融合技术是非常有必要的。

通过信息融合技术，可以让高校图书馆对读者方面所采集到的各种信息进行分类，如按照读者借阅过程所形成的借阅记录，统计读者的借阅信息，为读者的借阅偏好分析提供数据源，也可以对读者年龄、读者所学专业、读者所从事职业方向等各种信息进行统计和分析。对高校图书馆内部所藏有的各种图书资源上的智能节点所采集到的信息，则可以对这些信息中所涉及的图书内容、图书主题思想、图书涉及的关键性热点主题，以及其他类似图书之间的关联和图书的位置信息等进行分类。将所采集到的种类繁多的各类数据进行有效的数据筛选，按照知识服务的目标差异性提取各种有价值的信息元素，组成有效的信息分组，为知识服务提供有价值的数据支持。由于在物联网技术中应用了信息融合技术，使得高校图书馆在提供知识服务过程中能够拥有更具针对性的信息处理来源，对更多的信息并行处理，为高校图书馆制定更有内涵和针对性的知识服务奠定了基础。

三、基于物联网的高校图书馆知识服务方式创新

创新性的各种技术的应用，使得知识服务在应用过程中对读者的服务方式也随之发生改变，进而能够为读者提供一些创新性的服务方式。在物联网环境中，应用了物联网技术后，对读者知识服务过程中采用的创新性的服务

方式主要有三种。

（一）孤立的文献服务转变为联网式的信息服务

在传统的高校图书馆服务模式下，读者所获取的知识服务往往是基于孤立的文献资源，这种模式难以帮助读者形成全面、系统的知识体系，更无法为读者提供有效的阅读引导。随着物联网技术的深入应用与发展，现代图书馆实体被赋予了更高的智能性，构成了一个紧密相连、高效运作的有机整体。在这一新型环境下，图书馆的各个组成部分能够通过网络实现信息的即时共享与交换，这不仅大幅提升了信息流通的效率，更关键的是，它改变了图书馆服务读者的方式。物联网技术让图书馆能够提供联网式的信息服务，这种服务方式突破了传统图书馆以文献为单位的局限，转而以专题为导向，为读者提供更加全面、深入的知识。通过物联网技术的加持，现代图书馆不再仅仅是文献的存储和借阅场所，还是知识创新和信息共享的重要平台。这种转变不仅极大地丰富了图书馆的服务内容和形式，也使得图书馆能够更好地满足读者日益多样化和广泛化的信息需求，进而在知识经济时代发挥更加重要的作用。

基于物联网的智慧图书馆所提供的联网式服务，使得实体馆藏资源能够和数字化高校图书馆中的知识一样得到快速的流动和传递。虽然基于物联网的智慧图书馆所提供的联网式服务与数字化高校图书馆的联网服务在形式上有相似之处，但在内涵上有本质差别。其一，智慧图书馆中的联网将是深层次的联网，是将虚拟的信息与实体的图书相结合的联网，最终效果是实现了物理世界中的图书进入到虚拟的网络信息空间，从而使得网络连接的层次有了新的突破。而数字化高校图书馆联网的都是虚拟的信息内容，所有的信息与图书实体是割裂的，虚拟化的信息可以被无限地拷贝、传递，无论联网的规模多大，始终没有突破信息空间这一层次。其二，智慧图书馆中的联网是主动交互式的，由于各智慧节点自身具有智能化的信息处理能力，因此能够自动地去分析用户的需求、挖掘各种图书知识、对节点之间的图书知识进行汇聚和融合等操作，为读者提供综合的高质量服务。而数字化高校图书馆所提供的服务以单向、静态的服务为主，整个知识的获取过程依靠读者主动驱动，知识获取的效果与读者能力和使用的方法有很大关系。

（二）高校图书馆提供的服务方式由水平式向垂直式转变

在传统高校图书馆环境下，知识服务所蕴含的服务内涵是比较浅显的，所提供的这种方式是水平式的服务方式。但是在应用了物联网技术之后，高校图书馆本身具有了强大的信息感知和处理能力。在高校图书馆中每个活动的实体都是具有智能处理能力的信息节点，此时高校图书馆为读者提供的知识服务不再是浅显的水平式服务，它能够根据读者当前所享受的知识服务以及在服务过程中读者所提出的进一步的服务需求立刻做出响应，根据读者所提出来的未解决的知识服务需求情况自动地在高校图书馆后备的信息资源库中进行搜索、归类和重新组织，最终为读者提供更进一步的知识服务。而且在整个服务和更进一步的知识服务过程中，不断地去监测读者在享受知识服务过程中所提出来的各种新问题，使得高校图书馆和读者之间所建立的信息服务过程是一个信息交互的过程。利用这种信息的交互过程，使得高校图书馆所提供的知识服务内涵不断得到升华，最终为读者提供的是一种深入的，能够主动挖掘读者需求特征的知识服务过程，因此这种服务过程相对于传统的知识服务则是一种垂直式的知识服务过程。它能够不断地挖掘读者潜在的服务需求，寻找到读者感兴趣的内容和方向，有针对性地为读者提供更加深入的知识服务的内容，因此这种从水平式的服务过程向垂直式的服务过程的转变，实际上也是高校图书馆提高服务内涵的一个重要标志。

（三）智能高校图书馆中采用自动感知、知识推送的新型知识服务方式

在传统的高校图书馆的知识服务过程中，高校图书馆一直处于被动的角色，在对读者所提出的各种知识服务的要求进行响应的过程中，如果高校图书馆为读者提供的知识服务响应没有达到读者的预期要求，那么这个时候需要读者去改变读者服务需求描述或者需求的内容，由读者主动改变知识服务的发起源，再让高校图书馆对新的知识服务需求的情况进行响应，才能让读者在知识服务过程中得到更多更有价值的信息。

应用了物联网技术之后，高校图书馆当中各个活动实体都是具有信息感

知、信息处理的智慧节点，因此，读者进入高校图书馆，提出了一定的知识服务需求之后，高校图书馆的其他智能节点能够根据读者所提出的需求自动进行一些推测和预测分析，自动地为读者提供一些可选的知识服务内容。这样一来极大地减轻了读者提出知识服务问题的压力，让读者更好地享受高校图书馆所提供的知识服务。降低高校图书馆对读者能力的要求，使得读者即使在对某一问题了解得不是很清楚，不能够有针对性地提出各种服务需求的情况下，也能够在高校图书馆的自动感知、知识推送的服务方式过程中享受到有价值的服务。此外，在高校图书馆采用这种知识推送服务的过程中，高校图书馆还可以利用读者在高校图书馆长期的知识服务过程中所形成的相关的阅读习惯、借阅偏好特征等信息，形成有针对性的知识挖掘和知识推送专题服务，为读者提供更有针对性、更有价值的信息服务内容。因此应用了物联网技术之后，智能高校图书馆会变成更具有应用价值和更丰富的创新知识方式。

四、基于物联网的高校图书馆知识服务内容创新

高校图书馆作为知识传播与信息交流的重要场所，其应用价值主要通过知识服务来体现。在物联网技术的推动下，高校图书馆知识服务内容的创新显得尤为关键，它不仅是知识服务创新的核心环节，更直接关系到整个知识服务的价值和影响力。相较于传统的知识服务过程，物联网技术为高校图书馆带来了以下三个方面的显著变化。

（一）知识服务的内容变得更加完整有序、详略可控

物联网技术的应用，使得高校图书馆能够对知识资源进行更为精细化的管理和组织。通过RFID技术、传感器网络等物联网技术，图书馆可以实时监控书籍的位置、状态以及使用情况，从而确保知识资源的完整性和有序性。此外，借助大数据分析和人工智能技术，图书馆能够根据用户的需求和偏好，对知识内容进行详略得当的控制和呈现。

具体来说，物联网技术可以帮助图书馆构建一个全面的知识资源管理系统，该系统能够自动追踪和记录每一本书籍的流通情况，包括借阅、归还、

丢失等状态。这样，图书馆员可以根据这些数据对知识资源进行及时整理和维护，确保每一本书籍都处于最佳状态，随时可供读者借阅。同时，通过用户借阅历史和偏好分析，图书馆可以为读者提供更加个性化的知识服务，如推荐相关领域的经典著作、最新研究成果等。

这种完整有序、详略可控的知识服务内容，不仅提高了图书馆的管理效率和服务质量，还极大地提升了读者的阅读体验和满意度。

（二）提供的知识是经过深度的信息挖掘与信息融合的复合知识

在物联网技术的支持下，高校图书馆不再仅仅提供单一的知识信息，而是能够通过深度的信息挖掘与信息融合，为读者提供更加丰富、多元的复合知识。这主要得益于物联网技术在数据采集、传输和处理方面的强大能力。

图书馆可以利用物联网技术对各种知识资源进行关联分析和数据挖掘，从而发现不同知识点之间的联系和规律。例如，通过对某一学科领域的书籍、论文、报告等文献资源进行深度挖掘和融合，图书馆可以为读者提供更加全面、深入的知识解读和分析报告。这种复合知识不仅能够帮助读者更好地理解和掌握某一领域的核心知识和发展趋势，还能够激发他们的创新思维和研究灵感。

此外，物联网技术还可以促进图书馆与其他知识机构的合作与共享，通过跨机构的信息融合和服务协同，为读者提供更加广泛、专业的知识服务。例如，图书馆可以与博物馆、档案馆等机构进行深度合作，共同构建一个综合性的知识服务平台，为读者提供一站式的知识查询和获取服务。

（三）知识服务的内容形式变得丰富多样

物联网技术的应用还为高校图书馆带来了知识服务内容形式的多样化变革。传统的图书馆知识服务主要以纸质书籍和文献资料为主，形式相对单一。而在物联网技术的推动下，图书馆可以充分利用各种新媒体和信息技术手段，为读者提供更加生动、直观的知识服务形式。

例如，图书馆可以利用虚拟现实（VR）和增强现实（AR）技术为读者打造沉浸式的阅读体验空间，让读者在虚拟环境中亲身体验各种知识场景和情景模拟。此外，图书馆还可以通过在线课程、网络研讨会等形式为读者提供在线学习和交流的平台，促进知识的传播和共享。这些丰富多样的知识服务形式不仅能够满足不同读者的个性化需求和学习偏好，还能够激发他们的学习兴趣和积极性。

同时，物联网技术也支持图书馆开发移动应用程序或在线服务平台，使读者能够随时随地访问图书馆的资源和服务。这种便捷性极大地提升了知识服务的可达性和使用效率。

第五章　智慧图书馆建设背景下高校图书馆知识服务模式创新

随着智慧图书馆的兴起，高校图书馆知识服务模式也亟待创新。本章探讨在智慧时代背景下，如何构建与实施个性化、一站式以及基于多源数据融合的知识服务模式，以满足用户日益多样化的需求。

第一节　智慧时代高校图书馆知识服务模式创新

一、智慧时代高校图书馆知识服务模式创新的必要性

在智慧时代背景下，高校图书馆知识服务模式的创新显得尤为重要。这种必要性主要源于读者阅读方式的变化、读者信息需求的提升以及大数据时代对新型知识服务的呼唤。

（一）读者阅读方式的变化

随着科技的飞速发展，读者的阅读方式发生了显著变化。传统的纸质阅读逐渐让位于电子阅读，读者越来越依赖于电子设备如手机、平板电脑等来获取信息。这种转变不仅影响了读者的阅读习惯，还对高校图书馆的服务模式提出了新的挑战。为了满足读者多样化的阅读需求，高校图书馆必须适应这种变化，积极探索和创新知识服务模式。

具体而言，现代读者更倾向于便捷、高效的电子阅读方式，他们希望能够随时随地获取所需的信息和知识。因此，高校图书馆需要提供更加丰富多

样的电子资源，并优化电子资源的检索和获取方式。同时，高校图书馆还应关注读者的个性化需求，提供定制化的知识服务，如个性化推荐、智能检索等，以提升读者的阅读体验。

（二）读者信息需求的提升

随着社会的进步和科技的发展，读者的信息需求也在不断提高。他们不再满足于简单地获取信息，而是希望能够获得更加深入、专业的知识服务。这就要求高校图书馆不仅要提供丰富的信息资源，还要能够提供高质量的知识解读、分析和咨询服务。

为了满足读者对高质量知识服务的需求，高校图书馆需要加强与各学科专家的合作与交流，整合和优化知识资源，提供更加专业、权威的知识内容。同时，高校图书馆还应积极利用先进技术，如数据挖掘、机器学习等，对知识进行深度加工和整理，以便为读者提供更加精准、个性化的知识服务。

（三）大数据时代呼唤新型知识服务

大数据时代为高校图书馆知识服务带来了新的机遇和挑战。一方面，大数据技术的应用使得高校图书馆能够收集和分析更多的用户数据，从而更准确地了解读者的需求和偏好；另一方面，大数据的复杂性和多样性也对高校图书馆的知识服务能力提出了更高的要求。

在大数据时代，高校图书馆需要构建完善的数据分析平台，对海量数据进行挖掘和分析，以发现读者的潜在需求和行为模式。同时，高校图书馆还应加强与外部机构的合作与交流，共同推进知识服务的创新与发展。通过整合内外部资源和技术优势，高校图书馆可以打造更加智能化、个性化的知识服务体系，满足读者的多样化需求。

二、智慧时代高校图书馆知识服务模式创新方向

（一）嵌入式学科服务模式创新

嵌入式学科服务是高校图书馆在智慧时代的重要创新方向，它要求高校图书馆将服务融入教学、科研以及用户的日常生活中，提供更加精准、高效

的知识服务。

首先，真正将学科服务嵌入教学、嵌入一线。这意味着高校图书馆的服务需要紧密结合教学活动，为教师提供丰富的教学资源和教学支持。例如，高校图书馆可以与教师合作，共同开发课程资料，提供针对性的教学资源推荐，甚至参与课程设计，为教师提供定制化的教学辅助材料。同时，高校图书馆还可以利用先进的技术手段，如在线教学平台、多媒体教学资源等，提供更加生动、直观的教学内容，从而提升教学质量。

此外，高校图书馆还应积极嵌入学生的学习过程，为学生提供个性化的学习资源和辅导服务。通过分析学生的学习需求和兴趣点，高校图书馆可以推荐相关的学习资料和拓展读物，帮助学生拓宽知识面、提升学习效果。

其次，真正将学科服务嵌入科研、嵌入过程。科研工作是高校的重要任务之一，而高校图书馆在科研过程中扮演着重要的角色。高校图书馆需要深入了解科研人员的实际需求，为他们提供全面的文献资源保障和科研支持服务。例如，高校图书馆可以建立科研数据库，收集并整理国内外最新的科研成果和文献资料，为科研人员提供便捷的检索和下载服务。

更重要的是，高校图书馆需要将服务嵌入科研的整个过程。从科研项目的立项、实施到结题验收等各个环节，高校图书馆都应提供有针对性的支持和帮助。例如，在科研项目立项阶段，高校图书馆可以提供项目背景分析、研究热点追踪等服务；在实施阶段，可以提供实验数据查询、专业文献传递等服务；在结题验收阶段，则可以帮助整理研究成果、提供科技查新等服务。

最后，真正将学科服务嵌入虚拟空间、嵌入生活。随着信息技术的不断发展，虚拟空间已成为人们获取信息和交流思想的重要场所。高校图书馆应充分利用虚拟空间的优势，将学科服务嵌入其中。例如，高校图书馆可以建立在线学习社区或论坛，为用户提供学术交流的平台；同时利用社交媒体等工具进行信息推送和服务宣传，扩大高校图书馆的影响力。

此外，高校图书馆还应将服务嵌入用户的日常生活。通过移动高校图书馆、微信公众号等渠道，为用户提供随时随地的知识服务。例如，用户可以通过手机或平板电脑随时访问高校图书馆的资源和服务；高校图书馆也可以根据用户的阅读习惯和兴趣点推送个性化的阅读推荐和生活小贴士等内容。

（二）精准化参考咨询服务创新

随着信息技术的飞速发展，读者对参考咨询服务的需求日益多样化和个性化。为满足这一需求，高校图书馆需进行精准化参考咨询服务的创新。

首先，立足传统服务模式，构建新式参考咨询的服务平台。传统参考咨询服务多以面对面咨询或电话咨询为主，虽然具有直接性和即时性的优点，但在智慧时代，其局限性也日益凸显。因此，高校图书馆应构建新式参考咨询的服务平台，该平台应集成在线咨询、智能问答、知识推荐等多种功能，以满足读者多样化的咨询需求。同时，平台还应支持多种终端设备访问，确保读者能够随时随地获取参考咨询服务。

其次，打造独家定制的高校图书馆参考咨询ChatGPT。近年来，人工智能技术取得了突破性进展，为高校图书馆参考咨询服务提供了新的可能。高校图书馆可利用人工智能技术，打造独家定制的参考咨询ChatGPT。这种智能聊天机器人能够模拟人类专家的咨询方式，为读者提供个性化的咨询解答。同时，ChatGPT还能根据读者的提问，智能推荐相关资源和服务，进一步提升参考咨询服务的精准度和满意度。

（三）基于数据分析的知识服务模式创新

数据分析技术的运用为高校图书馆知识服务模式创新提供了新的思路。通过深入挖掘和分析读者数据、资源数据等，高校图书馆可以更精准地了解读者需求，提供个性化的知识服务。

首先，可以将数据分析嵌入读者的阅读活动。高校图书馆应通过收集和分析读者的阅读行为数据，如借阅记录、搜索历史等，来洞察读者的阅读偏好和需求。基于这些数据，高校图书馆可以为读者推荐合适的书籍、文章等资源，甚至预测读者可能感兴趣的新领域，从而提供更加贴心的阅读服务。

其次，为学科带头人、项目组研发个性化的机构库。高校图书馆作为学术资源的重要聚集地，应为学科带头人和项目组提供定制化的知识服务。通过数据分析，高校图书馆可以了解不同学科领域的研究热点和趋势，进而为学科带头人和项目组建立个性化的机构库，如学科带头人的成果库、评价系统等。这些机构库不仅有助于提升科研效率，还能促进学术交流与合作。

最后，利用引文和知识元链接的技术，深度挖掘数据库中隐藏的知识资源。引文分析可以揭示文献之间的关联和引用关系，而知识元链接技术则能够将不同来源的知识进行有效的整合与关联。通过这些技术手段，高校图书馆可以进一步整合数据库的资源，挖掘出隐藏在数据中的有价值信息，以此建立更加完善的知识网络。这不仅有助于读者更全面地了解某一领域的知识体系，还能为高校图书馆的资源配置和优化提供参考依据。

总之，随着大数据、互联网等新一代信息技术的发展，信息知识呈爆炸式增长，知识服务成为高校图书馆实现创新发展与转型的新方向，知识服务模式的构建成为推进高校图书馆可持续发展的有力抓手。高校图书馆唯有不断改进服务理念，创新服务产品，拓宽服务渠道，以优质服务取得用户认可，进而推动高校图书馆创新发展。

第二节　个性化知识服务模式的构建与实施

知识服务有别于传统信息服务的特点之一，就是更加强调高校图书馆应为不同需求的读者开展个性化服务。对高校图书馆而言，由于读者的学历层次、专业背景差异性较大，不同读者的需求存在较大差异，所以高校图书馆必须将读者个性化服务作为构建知识服务模式的重点内容。

一、高校图书馆个性化知识服务的内涵及特点

（一）高校图书馆个性化知识服务的内涵

高校图书馆个性化知识服务是指高校图书馆根据用户的个性化需求和偏好，利用现代信息技术和大数据分析手段，为用户提供量身定制的知识服

务。这种服务模式强调以用户为中心，深入挖掘用户的潜在需求，主动为用户推送相关领域的知识资源，并提供专业的参考咨询和导览服务。通过个性化知识服务，高校图书馆能够更好地满足用户在学术研究、学习辅导、科技创新等方面的需求，促进知识的传播和创新①。

具体而言，高校图书馆个性化知识服务的内涵包括以下几个方面：首先，高校图书馆需要建立用户画像，通过收集和分析用户的基本信息、借阅记录、搜索历史等数据，深入了解用户的阅读偏好和学术需求；其次，高校图书馆应根据用户画像，为用户推荐相关的书籍、期刊、论文等知识资源，同时提供专业的参考咨询和学科导航服务；最后，高校图书馆还应定期评估和调整服务策略，确保个性化知识服务的持续优化和提升。

（二）高校图书馆个性化知识服务的特点

高校图书馆的个性化服务在智慧时代背景下呈现出以下显著特点。

1. 层次性

层次性体现在高校图书馆能够根据不同用户群体的需求层次提供差异化的服务。例如，针对本科生，高校图书馆可能更注重提供基础学科资源和学习辅导材料；而对于研究生和教师，则可能更倾向于提供专业的科研文献和数据分析工具。这种层次性的服务确保了每位用户都能获得与其需求相匹配的资源和服务。

2. 专业性

高校图书馆的个性化服务强调专业性，即针对用户的专业背景和研究方向提供精准的知识资源。通过深入了解用户的专业需求，高校图书馆可以为用户推送相关领域的最新研究成果、专业期刊和学术会议信息等，助力用户的学术研究和专业发展。

3. 特色性

每所高校都有其独特的学科优势和研究方向，高校图书馆应结合自身馆

---

① 姚晓丹. 高校图书馆个性化知识服务研究初探 [J]. 现代营销 (学苑版), 2013(01):132–134.

藏特色和资源优势，打造具有本校特色的个性化知识服务体系。这不仅能够满足用户的特定需求，还能提升高校图书馆的服务品质和影响力。

二、高校图书馆个性化知识服务的模式

（一）根据服务对象提供个性化的服务内容

高校图书馆的服务对象主要包括学科带头人、专家学者、高校教师以及各层次的学生。针对不同群体的特点和需求，高校图书馆应提供个性化的服务内容。

1. 为学科带头人、专家学者开展具有学术研究价值的前瞻性知识服务

针对学科带头人、专家学者这一特殊用户群体，高校图书馆扮演着举足轻重的角色。作为知识和信息的集散地，高校图书馆有责任和义务为这些学术领军人物提供深度的、具有学术研究价值的前瞻性知识服务。这种服务不仅要求高校图书馆具备丰富的学术资源，还要求高校图书馆能够精准把握学术动态，为学者们提供全面、高效、前沿的学术支持环境。

首先，高校图书馆应致力于搜集并提供最新的学术研究成果。这要求高校图书馆与各大出版社、研究机构保持紧密的合作关系，确保能够第一时间获取最新的学术论文、专著和研究报告。通过这种方式，学科带头人和专家学者能够及时了解国内外同行的最新研究进展，从而保持其学术研究的前沿性和创新性。

其次，定制化的科研动态推送服务也是不可或缺的一环。每位学者的研究领域和兴趣点都有所不同，因此，高校图书馆需要利用大数据和人工智能技术，对学者们的研究偏好进行深度分析，进而为他们推送个性化的科研动态。这种服务能够帮助学者们节省大量的信息筛选时间，使他们能够更加专注于自己的研究工作。

此外，高校图书馆还应搭建专业的学术交流平台，促进学者之间的沟通与协作。这个平台可以是一个线上的学术论坛，也可以是一系列的线下研讨会或讲座。通过这些活动，学者们可以分享自己的研究心得，探讨学术问题，甚至寻找潜在的合作伙伴。这种互动与交流不仅能够激发学者们的创新

思维，还有助于推动相关领域的学术发展。

除了上述服务外，高校图书馆还应提供高端的研究工具支持。随着科技的发展，越来越多的学者开始依赖数字化工具和软件来辅助他们的研究工作。高校图书馆应与时俱进，引进一系列先进的研究工具，如数据分析软件、文献管理软件等，以满足学者们在研究过程中的多样化需求。

最后，高校图书馆可以通过组织专题研讨会或论坛的方式，进一步提升其服务品质。这些活动可以围绕特定的学术主题或领域展开，邀请国内外知名学者进行深入的学术交流。通过这种方式，高校图书馆不仅能够为学者们提供一个展示自己研究成果的舞台，还能够为他们创造一个与同行交流思想、碰撞火花的机会。这种高端、前沿的学术环境无疑将有助于推动学术研究的深入发展。

2. 为高校教师提供定题个性化知识服务

针对高校教师这一特定用户群体，高校图书馆应致力于提供更加精准、个性化的知识服务，以满足其独特的教学和研究需求。这种定题的个性化知识服务，旨在通过深入了解教师的教学和研究领域，为教师提供量身定制的资源和服务，进而提升教师的教学效果和科研水平。

首先，高校图书馆应根据高校教师的教学需求，为其定制教学参考资料。每位教师的教学内容和风格都独树一帜，因此，高校图书馆需要与教师进行深入的沟通，了解其教学目标和内容，从而为其筛选和整理出最具参考价值的资料。这些资料可以包括经典教材、专业期刊、学术论文等，旨在帮助教师丰富教学内容，提高教学质量。

其次，高校图书馆还应提供与课程相关的最新研究成果。随着学术研究的不断深入，新的理论和发现层出不穷。为了让教师能够及时掌握最新的学术动态，并将其融入教学，高校图书馆需要定期搜集和整理相关领域的最新研究成果，并推送给相应的教师。这不仅有助于教师更新教学内容，还能激发学生的学习兴趣，培养他们的创新思维。

再次，高校图书馆还可以协助教师进行课程设计和教学方案优化。课程设计是教学工作的重要环节，它直接关系到教学效果的好坏。高校图书馆可以利用其丰富的资源和专业的服务团队，为教师提供课程设计的建议和帮助。同时，针对教师在教学过程中遇到的问题和困惑，高校图书馆也可以提供个性化的解决方案，帮助教师优化教学方案，提升教学效果。

最后，高校图书馆还应积极为教师提供数字化的教学资源。随着信息技术的飞速发展，数字化教学资源在教学中的应用越来越广泛。高校图书馆可以整合各类电子教材、在线课程等数字化资源，为教师提供便捷、高效的教学支持。这些资源不仅可以丰富教学手段，还能提高教学效率，激发学生的学习兴趣。

值得一提的是，高校图书馆在提供定题个性化知识服务的过程中，还应注重与教师的互动与交流。通过定期的座谈会、研讨会等活动，高校图书馆可以了解教师的实际需求，收集他们的反馈意见，从而不断完善服务内容和方式。这种互动与交流不仅能够增进高校图书馆与教师之间的了解与信任，还能推动高校图书馆服务质量的持续提升。

3. 根据大学生不同学习阶段要求，实施分层个性化服务

（1）为本科生提供有助于其学习能力培养与提高的学习型知识服务。

本科生正处于知识体系搭建和基础能力培养的关键阶段。因此，高校图书馆在为本科生提供服务时，应着重关注其基础知识的夯实和学习能力的提升。为实现这一目标，高校图书馆可以提供以下服务。

首先，高校图书馆应提供丰富的基础学科资源。这些资源包括但不限于各类专业教材、教辅书籍以及学术期刊。通过提供多样化的学习资源，高校图书馆能够满足本科生在不同学科领域的学习需求，帮助他们打下扎实的专业知识基础。

其次，高校图书馆还应提供学习指导资料，以辅助本科生更好地掌握学习方法和技巧。这些指导资料包括学习攻略、考试指南以及学科思维导图等，可以帮助学生提高学习效率，培养自主学习能力。

此外，高校图书馆可以利用现代信息技术，提供在线辅导服务。通过线上平台，学生可以随时向高校图书馆寻求学习帮助，解决在学习过程中遇到的疑难问题。这种即时的学习支持有助于提升学生的学习体验，增强他们的

学习动力。

为了进一步加强学生之间的交流与合作，高校图书馆还可以组织学习小组或研讨会。这类活动不仅能够促进学生的团队协作能力和沟通技巧的提升，还有助于他们在互相学习和探讨中深化对专业知识的理解。

（2）为博士、硕士研究生提供有助于开拓其科研能力与水平的研究型知识服务。

相较于本科生，博士和硕士研究生更注重科研能力的培养和学术研究的深入。因此，高校图书馆在为这一群体提供服务时，应聚焦于科研支持和学术创新。具体来说，高校图书馆可以采取以下措施。

首先，高校图书馆应提供专业的科研文献资源。这些资源应涵盖各学术领域的前沿研究成果和最新进展，以便研究生能够及时了解学术动态，把握研究方向。通过提供高质量的文献资源，高校图书馆能够为研究生的科研工作提供有力的信息保障。

其次，考虑到数据分析在科研中的重要性，高校图书馆还应提供先进的数据分析工具。这些工具可以帮助研究生更好地处理和分析实验数据，提高研究效率和准确性。同时，高校图书馆还可以定期举办数据分析培训课程或工作坊，以提升研究生在数据分析方面的技能水平。

最后，高校图书馆应提供研究方法指导。这包括研究设计、实验方法、数据收集与分析等方面的指导。通过专业的研究方法培训，高校图书馆能够帮助研究生建立起科学的研究思维和方法论体系，从而提升他们的科研能力。

除了上述服务外，高校图书馆还可以为研究生提供科研项目申报、论文发表等方面的咨询与辅导服务。这些服务旨在帮助研究生更好地规划和管理科研项目，提高论文写作和发表的成功率。通过这些咨询与辅导服务，高校图书馆能够成为研究生科研道路上的得力助手。

（二）个性化的服务手段

在信息化和数字化的时代背景下，高校图书馆作为知识服务的重要阵地，正面临着服务模式转型的挑战。个性化知识服务作为新型服务模式，已成为高校图书馆发展的必然趋势。

1. 个性化定制

个性化定制服务是指根据用户的个人需求和偏好，为其提供量身定制的知识服务。这种服务模式能够极大地提升用户体验，满足用户多样化的信息需求。

（1）个性化内容定制服务。

内容定制是个性化服务的基础。高校图书馆可以根据用户的专业背景、研究领域和兴趣爱好，为其推送相关的书籍、期刊、论文等学术资源。例如，为经济学专业的学生定制经济学领域的最新研究成果和经典文献，为艺术专业的学生推送艺术史、艺术评论等专业资料。通过深入分析用户的借阅记录、搜索历史和在线行为等数据，高校图书馆能够更精准地为用户提供个性化内容定制服务。

（2）个性化检索定制服务。

个性化检索定制服务旨在提高用户检索效率和准确性。高校图书馆可以为用户提供个性化的检索界面和检索策略，根据用户的历史检索记录和反馈，优化检索算法，使得检索结果更加符合用户期望。此外，还可以提供检索结果的个性化排序和筛选功能，帮助用户快速找到所需信息。

（3）个性化界面定制服务。

界面定制是个性化服务的重要体现。不同的用户对于高校图书馆系统的使用习惯和视觉偏好可能有所不同。因此，高校图书馆应提供个性化的界面定制服务，允许用户根据自己的喜好调整界面布局、颜色主题、字体大小等，从而提升用户的使用体验。

2. 个性化传递

个性化传递是指根据用户的需求和情境，选择合适的方式和时机，将知识资源传递给用户。这种服务方式能够确保用户及时、准确地获取所需信息。

（1）知识主动推送。

高校图书馆可以利用大数据和人工智能技术，对用户的信息需求进行预测和分析，然后主动将相关的知识资源推送给用户。例如，当用户在进行某一领域的研究时，高校图书馆可以自动推送该领域的最新研究成果、学术会议信息等。

（2）知识呼叫中心服务。

高校图书馆可以设立专门的知识呼叫中心，为用户提供实时的咨询和解答服务。用户可以通过电话、在线咨询等方式，随时向呼叫中心求助，获取所需的知识和信息。这种服务方式能够为用户提供更加及时、专业的支持。

（3）RSS订阅。

RSS（Really Simple Syndication）订阅是一种基于XML标准的内容聚合技术，允许用户订阅并自动接收网站内容的更新。在高校图书馆中，RSS订阅可以作为一种有效的个性化传递手段。

RSS订阅可以分为三种类型：①网站知识分类订阅，用户可以根据自己的兴趣选择订阅高校图书馆网站上的特定分类内容，如新书通报、学术讲座信息等；②关键词订阅，用户可以设置特定的关键词，当高校图书馆网站发布包含这些关键词的内容时，用户将自动接收到更新通知；③知识板块订阅，高校图书馆可以将知识资源按照不同的板块进行划分，如经济学板块、文学板块等，用户可以根据自己的需求选择订阅相应的板块内容。

通过RSS订阅服务，高校图书馆能够确保用户及时获取到最新、最相关的知识资源，从而提升用户的信息获取效率和满意度。同时，这种服务方式也能够减轻高校图书馆工作人员的工作负担，提高服务效率。

3. 个性化知识提取

个性化知识提取是针对用户的具体需求，从海量的知识资源中提炼出有用信息的过程。在高校图书馆中，这主要通过以下两种方式实现个性化知识提取。

（1）知识垂直门户服务。

知识垂直门户服务是个性化知识提取的重要手段之一。它通过对特定领域或主题的知识资源进行深度整合，为用户提供一站式的信息检索与获取服务。这种服务模式的特点在于其专业性和针对性。高校图书馆可以根据用户的学科背景和研究方向，构建相应的知识垂直门户，如针对经济学、医学、文学等不同学科的门户。在这些门户中，用户可以方便地浏览到该领域内的最新研究成果、经典文献、专家学者信息等，从而大大提高信息检索的效率和准确性。

此外，知识垂直门户还可以结合用户行为分析和数据挖掘技术，为用户提供更为精准的个性化推荐服务。通过对用户浏览、检索和下载等行为数据的分析，高校图书馆可以深入了解用户的需求和偏好，进而为其推送相关领域的高质量学术资源。

（2）数据挖掘服务。

数据挖掘服务是另一种有效的个性化知识提取方式。它利用先进的数据挖掘算法和技术，从海量的高校图书馆数据中发掘出隐藏的知识和模式，为用户提供更深层次的个性化服务。例如，通过对用户借阅记录、检索历史等数据的挖掘分析，高校图书馆可以发现用户的研究兴趣和阅读偏好，从而为其推荐更加贴切的学术资源和研究资料。

数据挖掘服务还可以应用于高校图书馆的馆藏资源优化和学科服务提升等方面。通过对用户行为的深入挖掘和分析，高校图书馆可以更加科学地调整馆藏结构，满足用户的多样化需求；同时，也可以为学科服务团队提供有力的数据支持，推动学科服务的创新和发展。

4. 实时交互式个性化知识服务

实时交互式个性化知识服务强调高校图书馆与用户之间的实时互动与沟通，以便更准确地把握用户需求并提供及时的服务响应。这种服务模式主要包括以下两个方面。

（1）知识帮助检索服务。

知识帮助检索服务是一种基于自然语言处理和语义分析技术的智能检索服务。它能够通过理解用户的自然语言查询意图，自动为其推荐相关的学术资源和知识内容。这种服务方式不仅提高了检索的准确性和效率，还增强了用户与高校图书馆系统之间的交互体验。

此外，知识帮助检索服务还可以结合用户反馈机制进行不断优化和完善。用户可以对检索结果进行评价和反馈，高校图书馆系统则根据这些反馈数据不断调整和优化检索算法和推荐策略，从而为用户提供更加精准和个性化的知识服务。

（2）实时互动式服务。

实时互动式服务是智慧图书馆中一种重要的个性化知识服务手段。它通过在线聊天、实时咨询等方式，为用户提供即时的问题解答和知识支持。这种服务模式不仅能够及时响应用户的需求和问题，还能够根据用户的反馈和互动情况不断优化服务质量和效率。

在实时互动式服务中，高校图书馆可以充分利用现代通信技术和人工智能技术，构建智能化的在线咨询平台和知识服务系统。这些系统能够自动识别和理解用户的问题意图，并为其提供相应的解答和建议。同时，高校图书馆还可以通过这些平台收集用户的反馈意见和建议，以便不断完善和改进服务内容和方式。

5. 可视化词表帮助服务

可视化词表帮助服务是一种利用信息可视化技术为用户提供直观、易理解的知识服务方式。它通过构建可视化的知识图谱、主题词云等图表形式，帮助用户更加清晰地了解某一领域或主题的知识结构和关联关系。这种服务模式不仅能够提升用户对知识的理解和应用能力，还能够激发其创新思维和研究灵感。

在可视化词表帮助服务中，高校图书馆可以利用先进的可视化工具和算法技术，为用户定制个性化的可视化词表。这些词表能够直观地展示用户关注领域内的关键概念、研究热点以及它们之间的内在联系和发展趋势。同时，用户还可以根据自己的需求对词表进行交互操作和个性化定制，从而更加深入地探索和理解相关领域的知识内容。

综上所述，高校图书馆的个性化知识服务模式涵盖了多种服务手段和技术应用。这些服务手段不仅能够满足用户多样化的信息需求和偏好，还能够推动高校图书馆服务的创新和发展。在未来的智慧图书馆建设中，应进一步探索和应用这些服务模式和技术手段，为用户提供更加优质、高效的知识服务体验。

三、高校图书馆个性化服务的实践

（一）通过 My Library 系统开展个性化知识服务

My Library系统，即"我的高校图书馆"系统，是一种基于Web的个性化服务平台。它允许用户根据自己的需求和偏好，定制个性化的高校图书馆服务，如个性化资源推荐、个人书架管理、借阅记录跟踪等。以下将详细介绍几个典型的My Library系统实践案例。

1. 北卡罗莱纳州立大学高校图书馆——My Library

北卡罗莱纳州立大学的My Library系统是一个综合性的个性化服务平台。该系统允许用户创建个人账户，并根据个人兴趣和需求定制高校图书馆资源和服务。用户可以通过系统保存和整理自己感兴趣的书籍、期刊和其他学术资源，系统还会根据用户的使用历史和偏好推荐相关资源。此外，My Library还提供了个性化的借阅记录管理、到期提醒等功能，极大地方便了用户的使用。

2. 浙江大学高校图书馆——"我的高校图书馆"系统

浙江大学的"我的高校图书馆"系统是一个集个性化推荐、个人书架管理、借阅记录查询等功能于一体的服务平台。该系统通过分析用户的借阅历史和浏览行为，为用户推荐相关的学术资源和热门书籍。同时，用户还可以在系统中管理自己的个人书架，添加、删除或整理书籍，实现个性化的资源管理。此外，系统还提供了详细的借阅记录查询功能，方便用户随时了解自己的借阅情况。

3. 中国人民大学数字高校图书馆个性化知识服务系统

中国人民大学数字高校图书馆的个性化知识服务系统注重为用户提供精准的知识服务。该系统结合了先进的推荐算法和大数据分析技术，根据用户的研究领域和兴趣偏好，智能推荐相关的学术资源和研究成果。同时，系统还提供了个性化的学术资讯订阅服务，帮助用户及时获取最新的学术动态和研究成果。这些功能共同构成了中国人民大学数字高校图书馆独特的个性化知识服务体系。

4. 中国科学院国家科学数字高校图书馆——"我的数字高校图书馆"

中国科学院的"我的数字高校图书馆"是一个以用户为中心的个性化服务平台。该平台允许用户根据自己的研究需求和兴趣偏好，创建个性化的数字高校图书馆空间。用户可以在空间中收藏、整理和管理自己感兴趣的学术资源和研究成果，同时还可以与其他用户进行学术交流和合作。此外，"我的数字高校图书馆"还提供了丰富的学术工具和服务，如文献传递、参考咨询等，以满足用户在学术研究过程中的各种需求。

综上所述，通过My Library系统开展个性化知识服务已成为高校图书馆的重要实践方式。这些系统不仅提供了个性化的资源推荐和管理功能，还注重用户的使用体验和满意度。未来，随着技术的不断进步和用户需求的不断变化，高校图书馆应继续探索和创新个性化服务模式，以更好地满足用户的需求和提升服务质量。

（二）高校图书馆管理系统的个性化知识服务

高校图书馆管理系统作为支撑高校图书馆日常运作的核心工具，其在个性化知识服务方面的功能和应用日益受到关注。以下将分别阐述ILAS Ⅱ系统和汇文高校图书馆管理系统在个性化知识服务方面的实践。

1. ILAS Ⅱ系统的个性化知识服务

ILAS Ⅱ系统是一套功能强大的高校图书馆自动化集成系统，其设计理念充分考虑了个性化服务的需求。该系统通过用户账号信息，深入了解用户的基本信息需求和个性化兴趣特征，进而为用户提供定制化的服务。

（1）个性化信息推送。

ILAS Ⅱ系统能够根据用户的历史借阅记录、检索行为等数据，分析用户的阅读偏好和需求，进而主动推送相关的书籍、期刊、电子资源等，实现信息的精准投送。

（2）个性化服务界面。

用户可以通过系统定制自己的服务界面，包括常用功能模块的布局、信息显示方式等，从而提供更加符合个人使用习惯的操作环境。

（3）智能参考咨询。

ILAS II系统集成了智能参考咨询功能，能够根据用户的问题自动检索相关知识库，或者将问题转交给专业的高校图书馆员进行解答，为用户提供及时、准确的咨询服务。

2. 汇文高校图书馆管理系统的个性化知识服务

汇文高校图书馆管理系统是另一款广泛应用于高校图书馆的管理系统，其在个性化知识服务方面也有着显著的特点。

（1）个性化信息检索。

汇文系统提供了高级检索功能，用户可以根据自己的需求设定检索条件，系统会根据这些条件精准地返回相关资源，提高了检索的效率和准确性。

（2）个性化资源推荐。

基于用户的借阅历史、浏览记录等数据，汇文系统能够智能地推荐与用户兴趣相关的书籍和资源，为用户提供更加丰富的阅读选择。

（3）个性化服务定制。

用户可以在系统中定制自己的服务选项，如定期接收新书通报、预约到书提醒等，从而确保用户能够及时获取所需的信息和服务。

（4）互动式服务。

汇文系统还支持用户与高校图书馆员之间的互动交流，用户可以通过系统提出咨询问题或建议，高校图书馆员则会及时回应并提供帮助。

第三节　高校图书馆一站式知识服务模式探究

高校图书馆一站式知识服务面向的用户主要是个人读者和企业读者。其体系机制包括高校图书馆资源供求机制、图书增值经营机制、技术协调支持机制、馆际资源流通机制、高校图书馆资源分配控制和用户反馈与响应机制。这些机制相互作用共同构成了一个具有激励和发展动力、馆际交互传动、客户关系应变、资源分配调节、知识共享效应的，利于知识共享和迁移的综合服务体系。

一站式知识服务，即在同一地点或同一门户网站，通过有效的技术支持和知识共享服务对知识进行全面收集、分析、重组、定制、挖掘和传递，为用户提供科学、系统、全面、高效的问题解决方案。

一、高校图书馆知识供应链的基本分析

（一）高校图书馆知识供应链的内涵

知识供应链，顾名思义，是以知识为核心资源，通过一系列的活动和流程，将知识的供应者、使用者以及相关的资源和环境连接起来，形成一个动态、开放、协同的网络结构。这个网络结构不仅涉及知识的获取、整理、存储、传播和应用，还包括知识的创新、共享和保护。在知识供应链中，每一个环节都至关重要，它们共同构成了知识流动的完整闭环。

高校图书馆作为知识供应链的重要节点，其核心任务是整合和优化馆内外的知识资源，为用户提供高效、便捷的一站式知识服务。这种服务模式要求高校图书馆不仅能够提供丰富的知识资源，还能够根据用户的需求，提供个性化的知识解决方案。因此，高校图书馆的知识供应链不仅包括传统的书籍和期刊等文献资源的采购、分类、编目和借阅等环节，还涉及数字资源的整合、知识服务平台的构建、用户需求的响应以及知识创新的推动等多个方面。

（二）高校图书馆一站式服务中的知识供应链

在高校图书馆一站式服务中，知识供应链呈现出更加复杂和多元的特点。具体来说，这个供应链可以分为以下六个主要部分。

知识源流出：这是知识供应链的起点，包括各种出版物、学术研究成果、网络资源等原始知识资源。这些知识资源通过采购、捐赠或共享等方式进入图书馆，成为高校图书馆知识服务的基础。

高校图书馆内知识相互交流前的显性知识流：显性知识是可以编码和表达的知识，如书籍、期刊中的文字信息。在高校图书馆内，这些知识资源经

过整理、分类和编目等流程，形成有序的知识体系，便于用户检索和使用。

高校图书馆内已有知识相互交流：在高校图书馆内部，馆员之间、馆员与用户之间以及用户与用户之间都会进行知识的交流和共享。这种交流可以是面对面的咨询、讨论，也可以是通过高校图书馆的信息系统进行的在线交流。通过这些交流，显性知识和隐性知识（即难以编码和表达的知识，如经验、技能等）得以传递和转化。

高校图书馆内知识相互交流后的显性知识流：经过交流后的显性知识，如用户的使用反馈、馆员的工作经验等，会被整合到高校图书馆的知识体系中，丰富和完善高校图书馆的知识资源。

知识创新：在知识的交流和共享过程中，往往会产生新的思想、观点和方法，这就是知识创新。高校图书馆通过提供良好的创新环境和资源支持，可以促进这种创新的产生和发展。

新知识重新流入知识源：创新后的新知识会通过各种渠道（如学术论文、专利、技术报告等）重新流入到原始的知识源中，从而完成知识供应链的循环。

综上所述，高校图书馆一站式服务中的知识供应链是一个动态、开放和协同的系统，它通过将不同来源、不同类型的知识资源进行整合和优化，为用户提供高效、个性化的知识服务。同时，这个供应链也促进了知识的交流、共享和创新，推动了高校图书馆在知识服务领域的持续发展和进步。

二、高校图书馆一站式知识服务的可行性

随着信息技术的不断进步和读者对知识需求的日益增长，高校图书馆一站式知识服务已成为提升高校图书馆服务质量、满足读者多样化知识需求的重要途径。以下将从网络技术与信息技术的支撑、知识需求的迫切性以及高校图书馆知识服务发展的必然趋势三个方面，对高校图书馆一站式知识服务的可行性进行深入分析。

（一）网络技术与信息技术的支撑

网络技术与信息技术的迅猛发展，为高校图书馆一站式知识服务提供了

强大的技术支撑。一方面，互联网技术、大数据分析、云计算等先进技术的应用，使得高校图书馆能够高效地处理海量信息，实现知识的快速检索、整合与传递。另一方面，这些技术也推动了高校图书馆服务模式的创新，使得一站式知识服务成为可能。

具体来说，网络技术使得高校图书馆能够打破时间和空间的限制，为读者提供全天候的在线服务。信息技术则能够帮助高校图书馆对海量信息进行筛选、分类和整合，从而为读者提供更加精准、个性化的知识服务。例如，通过大数据分析技术，高校图书馆可以深入了解读者的阅读习惯和兴趣偏好，进而为其推荐合适的阅读材料，提高读者的阅读体验和满意度。

（二）知识需求的迫切性

在知识经济时代，人们对知识的渴求越来越强烈，对高校图书馆的知识服务也提出了更高的要求。高校师生作为高校图书馆的主要用户群体，他们面临着教学、科研等多重任务，迫切需要高校图书馆提供全面、高效、系统的知识服务。一站式知识服务正好能够满足这一需求，它能够将高校图书馆的各种资源进行有机整合，为读者提供从知识检索、获取到应用的全方位服务。

此外，随着社会的快速发展和信息技术的不断进步，读者的知识需求也呈现出多元化、个性化的趋势。一站式知识服务能够根据不同读者的需求，提供定制化的服务方案，从而更好地满足读者的实际需求。

（三）高校图书馆知识服务发展的必然趋势

随着高校图书馆服务的不断升级和创新，一站式知识服务已成为高校图书馆知识服务发展的必然趋势。传统的高校图书馆服务模式已无法满足现代读者的多样化需求，而一站式知识服务则能够提供更加全面、高效的服务体验。

一方面，一站式知识服务符合高校图书馆转型升级的需求。在现代信息技术的推动下，高校图书馆正逐渐从传统的藏书楼向现代化的信息中心转变。一站式知识服务能够帮助高校图书馆实现这一转变，提升高校图书馆的服务水平和竞争力。

另一方面，一站式知识服务也符合读者对高校图书馆服务的期待。现代读者更加注重服务的便捷性、高效性和个性化程度。一站式知识服务能够将这些需求融为一体，为读者提供更加优质的服务体验。

三、高校图书馆一站式知识服务框架构建

通过对高校图书馆和公共高校图书馆的需求和服务现状的深入调查分析，本文揭示了高校图书馆在知识服务方面的成效与不足。在此基础上，结合高校图书馆的用户类别和具体需求，以及知识供应链的核心分析，参照一站式知识服务模式的运行机制，本文构建了一个高效、系统的一站式知识服务内容框架。

（一）高校一站式知识服务的内容

高校一站式知识服务致力于满足校内师生在学术研究、教学辅助和自我提升等多方面的需求。服务内容涵盖以下几个层面。

资源整合与导航服务：通过数字化平台，整合校内外各类学术资源，包括电子期刊、电子图书、学位论文、会议论文等，提供统一的检索入口和导航服务，便于用户快速定位所需信息。

个性化知识推荐：基于用户的历史检索和借阅记录，利用大数据分析和人工智能技术，为用户提供个性化的书籍、论文和研究资料推荐。

学术研究与支持服务：设立专门的学术研究支持团队，为师生提供研究咨询、项目申报指导、数据分析等深层次服务。

学术交流与合作平台：构建线上学术交流社区，促进校内外学者之间的合作与交流，推动学术成果的共享与传播。

信息素养培训：定期举办信息素养培训课程，提升师生的信息检索、分析和管理能力，以适应日益复杂的信息环境。

（二）企业一站式知识服务的内容

针对校企合作日益紧密的现状，高校图书馆也为企业提供一站式知识服务，服务内容主要包括以下几个方面。

市场与行业动态分析：利用高校图书馆丰富的信息资源和专业的分析团

队，为企业提供最新的市场动态、行业趋势分析报告。

技术创新支持：整合高校科研资源，为企业提供技术咨询、项目开发、成果转化等支持，促进企业技术创新和产业升级。

知识产权服务：提供知识产权查询、申请、保护等全方位服务，帮助企业规避知识产权风险，提升竞争力。

人才培训与招聘：根据企业需求，定制专业化的人才培训课程，同时利用高校人才资源，为企业提供招聘服务。

（三）政府一站式知识服务的内容

高校图书馆作为公共信息服务机构，同样有为政府提供知识服务的责任和能力，服务内容包括以下几个方面。

政策研究与决策支持：针对政府关注的热点问题，进行深入研究，提供政策建议和决策参考。

公共信息服务：整合社会各类信息资源，为政府提供全面的公共信息服务，包括统计数据、社会舆情等。

文化传承与推广：通过数字化手段，保护和传承地方文化、历史资料，推广优秀文化成果，提升公众文化素养。

国际交流与合作支持：利用高校图书馆的国际交流渠道，为政府提供国际信息动态，促进国际文化交流与合作。

综上所述，高校图书馆一站式知识服务框架的构建，旨在通过整合和优化资源，提升服务质量，满足不同类型用户的需求。这一框架不仅涵盖了高校内部的知识服务，还延伸到了企业和政府领域，充分体现了高校图书馆的社会责任和服务创新能力。

四、高校图书馆一站式知识服务的运行机制

高校图书馆一站式知识服务体系的运行机制是一个综合性的系统，它包括分配机制、经营机制、保障机制、交流机制、管理机制及沟通机制。这些机制并非孤立存在，而是相互关联、相互作用，共同构成了一站式知识服务体系的核心架构。以下是对这些机制的详细阐述。

（一）分配机制

在高校图书馆一站式知识服务体系中，分配机制作为整个体系运行的基础环节，承载着至关重要的角色。这一机制的核心在于资源的合理配置以及利益的公平分配，这两者共同构成了分配机制的基石。具体而言，分配机制在高校图书馆中的体现可以细分为以下几个方面进行深入探讨。

首要的是文献资源的采购与分配。高校图书馆作为知识的宝库，其资源的丰富程度和配置的合理性直接关系到读者的使用体验和学习效果。因此，在采购文献资源时，高校图书馆必须充分考虑各类学科的需求，确保从自然科学到社会科学，从基础理论到应用技术，各类资源都能得到均衡的配置。这不仅仅是为了满足当前读者的需求，更是为了培养全面发展的学生，提供多元化的知识选择。

人力资源的分配同样不容忽视。一个高效的高校图书馆不仅仅需要丰富的物质资源，还需要专业、热情的工作人员来提供服务。根据高校图书馆各部门的工作特性、工作量以及业务需求，合理地配置人力资源，是确保高校图书馆高效运转的关键。例如，在借阅区、阅览室和参考咨询区等关键服务点，应配置足够数量的工作人员，以便及时解答读者疑问，提供优质服务。

此外，经费的分配也是分配机制中的重要一环。高校图书馆的运营、维护以及新资源的采购都离不开经费的支持。合理的经费分配不仅能保障高校图书馆各项日常服务的正常开展，还能为高校图书馆的未来发展提供资金储备。因此，在制定经费预算时，必须充分考虑高校图书馆的长远发展规划和短期运营需求，确保每一分钱都用在刀刃上。

（二）经营机制

经营机制在高校图书馆一站式知识服务体系中，占据着举足轻重的地位。它涉及高校图书馆在运营过程中的一系列管理策略和手段，是高校图书馆实现高效、有序运行的关键。在一站式知识服务的框架下，经营机制的重要性尤为突出，主要体现在以下几个方面。

首先，经营机制推动着服务模式的创新。在信息化、数字化的时代背景下，高校图书馆必须紧跟时代步伐，不断探索和尝试新的服务模式。这包括但不限于数字化服务、个性化推荐、智能检索等。通过引入先进技术，如大数据分析、人工智能等，高校图书馆能够更精准地为用户提供所需的知识和信息，从而提升服务效率和质量。

其次，经营机制强调对用户需求的精准把握。为了满足用户多样化的信息需求，高校图书馆需要深入了解用户的阅读习惯、信息偏好以及学术研究领域，从而为用户提供更加贴心、专业的服务。这要求高校图书馆不仅要关注用户当前的需求，还要预测和引领未来的信息趋势，以便及时调整服务策略，满足用户不断变化的信息需求。

再次，经营机制还体现在服务质量的持续提升上。高校图书馆应建立完善的服务质量评价体系，定期对服务效果进行评估和反馈。通过收集用户意见、分析服务数据等方式，高校图书馆可以及时发现服务中存在的问题和不足，进而制定改进措施，不断优化服务流程，提升用户满意度。

最后，经营机制还涵盖了对高校图书馆资源的有效管理和利用。这包括文献资源的采购、分类、编目、借阅等各个环节。通过科学的管理和合理的资源配置，高校图书馆可以确保资源的最大化利用和价值的最大化发挥。这不仅提高了高校图书馆的运营效率，也为用户提供了更加丰富、优质的信息资源。

（三）保障机制

保障机制是确保整个体系稳定运行的关键所在。具体而言，保障机制主要涉及以下几个方面。

1. 技术保障

技术保障是确保高校图书馆信息系统稳定运行和数据安全可靠的基础。随着信息技术的飞速发展，高校图书馆信息系统的稳定性和安全性显得尤为重要。为了应对可能的技术故障和外部威胁，高校图书馆必须建立一套完善的技术保障体系。这包括定期的系统维护、数据备份、安全更新等措施，以确保高校图书馆的各项服务能够不间断地为用户提供服务。

2. 资源保障

资源保障是高校图书馆一站式知识服务的核心。高校图书馆必须拥有丰富的文献资源和信息资源，以满足用户多样化的需求。这要求高校图书馆不仅要拥有广泛的书籍、期刊等传统文献资源，还要积极拥抱数字化资源，如电子书籍、在线数据库等。通过构建多元化的资源体系，高校图书馆能够为用户提供更加全面、便捷的知识服务。

3. 人才保障

人才是高校图书馆发展的根本。为了确保一站式知识服务的高效运行，高校图书馆必须通过培训和引进高素质人才来提升服务水平和专业能力。这包括定期对馆员进行专业技能培训，鼓励馆员参与学术交流活动，引进具有专业知识和实践经验的人才等。通过不断加强人才队伍建设，高校图书馆能够为用户提供更加专业、高效的服务。

4. 制度保障

制度保障是确保高校图书馆各项工作有序开展的关键。高校图书馆必须建立一套完善的规章制度和管理体系，以规范馆员的工作行为和服务流程。这包括制定详细的工作职责、服务标准、考核机制等，以确保高校图书馆的各项工作能够在有序、高效的状态下进行。同时，制度保障还能够为高校图书馆的发展提供有力的支撑和保障。

（四）交流机制

在高校图书馆一站式知识服务体系中，交流机制是不可或缺的重要组成部分。它不仅是高校图书馆与用户之间沟通的桥梁，也是高校图书馆之间相互学习、共享资源的重要平台。这一机制的有效运作，对于提升高校图书馆服务质量、推动行业进步具有深远意义。

首先，交流机制通过定期的学术交流、研讨会、讲座等活动，为高校图书馆与用户之间搭建了一个互动的平台。在这些活动中，用户可以直接向高校图书馆反馈自己的需求和意见，而高校图书馆则能够及时了解用户的真实需求，从而有针对性地改进和优化服务内容。这种动态的、双向的交流方式，不仅增强了高校图书馆与用户之间的联系，还使得高校图书馆服务更加贴近用户实际需求。

其次，高校图书馆之间的交流合作也是交流机制的重要体现。在知识爆炸式增长的时代，任何一家高校图书馆都无法仅凭自身力量收集齐全所有的信息资源。因此，通过与其他高校图书馆的交流合作，实现资源共享和优势互补，就显得尤为重要。这种合作不仅可以丰富各高校图书馆的馆藏资源，还能够提高整个高校图书馆行业的信息服务能力和影响力。

此外，交流机制还推动着高校图书馆行业的创新与发展。在交流合作的过程中，各高校图书馆可以相互学习借鉴先进的服务理念和管理模式，共同探讨解决行业中面临的共性问题。这种集思广益、共同进步的氛围，有助于激发高校图书馆行业的创新活力，推动整个行业向着更高水平发展。

（五）管理机制

具体而言，管理机制涵盖了对高校图书馆各项工作的全面规划、精细组织、明确指挥、有效协调以及严格控制等关键环节。

1. 规划与组织

在智慧图书馆的建设中，规划环节是管理机制的起点。它要求高校图书馆管理者根据高校图书馆的发展目标、资源状况以及用户需求，制订出科学合理的发展规划和工作计划。随后，通过精细地组织，确保各项资源和人力得到合理分配，从而为高校图书馆的高效运行奠定坚实基础。

2. 指挥与协调

指挥是管理机制的灵魂，它确保高校图书馆各项工作能够按照既定的规划和组织进行。高校图书馆管理者需通过明确的指令和有效的沟通，引导员工共同完成工作任务。同时，协调也是不可或缺的一环，它旨在解决工作中可能出现的冲突和矛盾，确保各部门之间能够协同合作，形成合力。

3. 控制与监督

控制是管理机制中的重要一环，它涉及对高校图书馆工作过程的持续监控和及时调整。通过定期的检查、评估和反馈，高校图书馆管理者可以确保各项工作始终沿着既定的轨道前进。此外，监督机制的建立还能有效防范和纠正工作中的偏差和失误，保障高校图书馆服务的质量和效率。

4. 管理制度与激励机制

为了进一步提升管理机制的有效性，高校图书馆还需建立健全的管理制度，包括员工行为规范、工作流程、服务质量标准等。同时，激励机制的引入也是关键，它通过合理的绩效考核和奖惩措施，激发员工的工作积极性和创新精神。这种机制能够鼓励员工不断提升自身素养，为高校图书馆的发展贡献更多力量。

（六）沟通机制

在高校图书馆一站式知识服务体系中，沟通机制是确保服务质量和效率的关键要素。它不仅仅是信息传递的手段，更是连接高校图书馆与用户、高校图书馆内部员工之间的桥梁和纽带。

1. 高校图书馆与用户之间的沟通

在一站式知识服务中，用户的需求是服务的出发点和归宿。通过建立有效的沟通渠道，如在线咨询、电子邮件、社交媒体互动等，高校图书馆能够实时捕捉用户的反馈和需求。这种即时的信息交流，使得高校图书馆能够迅速响应用户的疑问和需求，进而提供更加精准和个性化的服务。

例如，当用户通过高校图书馆的在线平台提出特定的信息查询或资源需求时，高校图书馆员可以及时回复并提供相关资源链接或建议。这种交互式的沟通，不仅提升了用户满意度，也增强了高校图书馆服务的针对性和实效性。

2. 高校图书馆内部员工之间的沟通

一站式知识服务的高效运作，同样依赖于高校图书馆内部员工之间的顺畅沟通。通过定期的部门会议、工作群聊、内部论坛等方式，员工可以及时分享工作进展、交流遇到的问题并共同探讨解决方案。这种沟通机制有助于提升团队协作效率，确保各部门之间的工作能够无缝衔接。当遇到复杂或突发问题时，高效的内部沟通能够确保问题得到迅速识别和妥善处理，从而减少对用户服务的影响。

总之，知识服务是高校图书馆未来的发展方向，是高校图书馆社会功能和社会价值的重要体现。我国高校图书馆在实现一站式知识服务的目标上，具有许多其他机构所设有的优势特点，但在实践中我们发现，也存在许多需要不断研究解决的问题和障碍。在当今网络环境下，伴随相关技术的发展，树立现代知识服务观念是高校图书馆实现知识服务的关键，建立差异化、合作化、交流化的高校图书馆运作模式，重视高校图书馆员业务素质的培养，提高高校图书馆的服务质量，使用户真正体会到高校图书馆服务的高效与便捷。

第四节　多源数据融合下的高校图书馆知识服务模式

近年来，随着数据挖掘技术的成熟，数据融合技术成为高校图书馆发现读者知识需求、预测读者偏好、引导知识服务方式变革、评估预测用户习惯和提高知识服务能力的重要依据。但是，伴随着数据融合技术在图情界的广泛应用，高校图书馆数据环境呈现出"4V+1C"的特点，分别为数据量巨大（Volume）、数据种类多样（Variety）、价值密度低（Value）、运算速度快（Velocity）和数据结构复杂（Complexity），阻碍高校图书馆在结构复杂、种类繁多的数据环境中有效聚集有价值的数据，增加了多源数据聚合的难度，影响了数据资源利用的科学性与有效性。由此，科学地进行数据采集与有效聚合，实现不同领域、不同层次的多源数据融合，成为高校图书馆提高自身多源数据聚合能力和知识服务效率的重要保障。

一、多源数据融合的内涵与实践意义

（一）多源数据融合内涵

多源数据融合（Multisource data fusion）是指使用不同的技术手段及算法工具在全面搜集、调查、分析相关信息的基础上，将信息资源聚合到一起，对信息数据进行科学的分析与有效评价，最后得到高价值的信息资源。应用该技术的目的是将不同来源、不同类型、不同结构的信息数据进行综合处理，汲取不同数据源的优势特征，从海量数据中提取出比单一数据更具价值、更科学、更有效的信息，以供决策支持需要。

（二）多源数据融合系统

高校图书馆多源数据融合系统分为数据分布式处理系统、识别系统两部分。数据分布式处理系统是对多种来源、多种类型、多种结构信息采集、重构、使用的系统框架，借助算法工具对多信息源、多媒体信息与多种信息格式全面挖掘、分析、融合、重构，生产出科学、全面、准确、及时、有效的综合信息，面向使用者提供有价值的决策参考。识别系统是多源数据融合系统的核心部分，多源信息是数据融合的对象，对数据全面感知与组织结构优化是数据融合的核心层。识别系统可针对读者的行为全面感知、搜集获取读者的行为数据，计算机日志记录、服务器参数等数据。识别系统数据感知与获取的科学性及搜集数据的覆盖面，影响着多源数据融合系统的运行效率及信息数据融合质量，保障高校图书馆多源数据融合系统稳定运行，可使高校图书馆根据多源数据有效融合，提高知识决策的科学性。

二、基于多源数据融合的高校图书馆知识服务模式

在信息化、数字化的时代背景下，高校图书馆正面临着从传统服务模式向现代知识服务模式转型的挑战。基于多源数据融合的知识服务模式，作为这一转型的重要方向，正逐渐受到学术界的广泛关注。本部分将深入探讨这一模式的内涵、特征及其核心构成要素。

基于多源数据融合的高校图书馆知识服务模式，其核心在于数据融合目标的协同性。这一协同性不仅体现在对不同来源、不同类型数据的整合上，更体现在通过数据融合，实现知识服务的综合性与全面性，从而满足用户多样化的信息需求。该模式的构建，旨在通过数据的有效融合，提升图书馆知识服务的效率与质量。

（一）数据融合目标协同

数据融合目标的协同要求图书馆在收集、整理和利用各类数据时，必须确保数据之间的协调一致，以实现知识服务的整体优化。具体而言，数据融合目标的协同包括以下几个方面。

数据来源的多元化协同：高校图书馆应从多个渠道收集数据，包括但不

限于馆藏资源、学术数据库、网络公开资源等。这些数据来源的多元化，有助于图书馆构建更为全面的知识库，从而为用户提供更为丰富的信息选择。

数据类型的多样化协同：除了传统的文本数据外，图书馆还应关注图像、音频、视频等多种类型的数据。通过融合这些多样化的数据类型，图书馆能够为用户提供更加生动、直观的知识服务体验。

数据处理与应用的协同：在数据融合过程中，图书馆需要运用先进的数据处理技术，如数据挖掘、机器学习等，以实现对数据的深度分析和精准应用。同时，图书馆还应根据用户的不同需求，定制化地提供数据服务，确保数据的有效利用。

（二）数据融合系统结构完善

数据融合系统的结构完善，是基于多源数据融合的高校图书馆知识服务模式的重要支撑。一个完善的数据融合系统应具备以下几个关键要素。

数据采集层：该层负责从各种数据源中采集原始数据，并确保数据的准确性和完整性。数据采集层应具备高效的数据抓取、清洗和转换能力，以为后续的数据融合和分析提供高质量的数据基础。

数据融合层：在数据采集的基础上，数据融合层负责对来自不同源的数据进行整合和处理。通过运用先进的数据融合算法和技术，该层能够实现数据的自动匹配、去重和归一化等操作，从而构建一个统一、完整的数据视图。

数据分析层：在数据融合完成后，数据分析层将对整合后的数据进行深入挖掘和分析。通过运用统计学、机器学习等方法，该层能够发现数据中的潜在规律和关联关系，为图书馆提供有价值的决策支持。

数据服务层：作为数据融合系统的最终输出端，数据服务层负责将分析结果以可视化、报表等形式呈现给用户。通过提供直观、易用的数据服务接口，该层能够满足用户多样化的信息查询和知识获取需求。

综上所述，通过实现这两个方面的优化和创新，图书馆能够为用户提供更加高效、精准的知识服务，从而推动自身在信息化时代的持续发展。

三、多源数据融合下高校图书馆知识服务模式创新路径

多源数据融合技术为高校图书馆带来了前所未有的机遇，通过该技术，图书馆能够更有效地整合不同来源的数据，提升知识服务的效率和质量。然而，在实际应用中，仍存在一些挑战，如内外部数据融合进度的统一、传感器数据融合的时效性以及满足用户的个性化需求等。为解决这些问题，本文提出以下创新路径。

（一）实现高校图书馆内外部知识数据的统一融合

高校图书馆在数据融合过程中，应注重内外部知识数据的统一融合。内部数据主要来源于图书馆自身的馆藏资源、用户借阅记录、电子资源使用情况等，而外部数据则可能来自学术数据库、研究机构、在线教育资源等。实现这两类数据的统一融合，有助于图书馆构建更为全面、多维度的知识服务体系。

为实现这一目标，图书馆需建立一个统一的数据融合平台，该平台应具备强大的数据处理和分析能力，能够自动识别和整合不同来源的数据。同时，图书馆还应加强与外部机构的合作，建立数据共享机制，以获取更多高质量的外部数据资源。通过内外部数据的统一融合，图书馆可以为用户提供更为精准、全面的知识服务。

（二）增强传感器数据融合的实时性

随着物联网技术的发展，越来越多的传感器被应用于图书馆环境中，用于监测和记录各种环境参数和用户行为。这些数据对于提升图书馆的服务质量和效率具有重要意义。然而，传感器数据的融合和处理需要高度的实时性，以确保图书馆能够及时响应各种情况。

为提高传感器数据融合的实时性，图书馆应采用先进的数据处理技术和算法，如流数据处理技术、实时分析等。此外，图书馆还应优化数据传输和存储机制，减少数据传输延迟和存储成本。通过增强传感器数据融合的实时性，图书馆可以更加准确地掌握馆内环境和用户行为的变化，从而为用户提供更加个性化和高效的服务。

（三）多源数据融合以用户的个性化知识服务需求为依据

在信息时代，用户的需求日益多样化和个性化。为满足不同用户的知识服务需求，图书馆应充分利用多源数据融合技术，以用户的个性化需求为依据，提供定制化的知识服务。

具体而言，图书馆可以通过分析用户的借阅记录、搜索历史、在线行为等数据，深入了解用户的兴趣和偏好。同时，结合外部数据源，如学术趋势、研究领域热点等，为用户推荐相关领域的最新研究成果和学术资源。此外，图书馆还可以利用机器学习、深度学习等先进技术，预测用户的未来需求，并提前准备相应的知识资源和服务。

在实施过程中，图书馆应注重用户隐私和数据安全的保护，确保合规性和用户信任。同时，图书馆还应定期评估和优化个性化知识服务的效果，以不断提升服务质量。

综上所述，这些创新路径不仅有助于图书馆适应信息时代的发展需求，还能进一步推动图书馆在知识服务领域的转型和升级。

第六章 智慧图书馆建设背景下高校图书馆知识服务延伸

在智慧图书馆的背景下，高校图书馆知识服务的延伸显得尤为重要。本章深入剖析高校智慧图书馆知识服务延伸的机理和关键要素，并通过情境分析，探讨如何实现知识服务的有效延伸，以满足用户更为广泛的需求。

第一节 高校智慧图书馆知识服务延伸的机理

一、高校智慧图书馆知识服务延伸的内涵及特征

（一）高校智慧图书馆知识服务延伸的内涵

知识服务延伸是在传统高校图书馆知识服务（低水平的知识服务）基础上的进一步发展与升级，是个性化、智能化、人性化和交互式服务，它是知识服务的进一步延伸，它区别于传统知识服务（狭义），又没有达到智慧服务这一理想目标的服务水平状态。因此，知识服务延伸是指在当前高校图书馆发展模式从资源驱动型走向服务主导型的新形势下，为了提升高校图书馆在社会经济发展中创意—创新—创造—创业链中的源头作用，激发高校图书馆服务的活力，开启高校图书馆知识服务新篇章，为我国走自主创新之路贡献并积淀力量，充分发挥高校图书馆资源、技术、服务、空间、人才等多方面要素的作用，为用户提供知识服务产品，满足其个性化定制需求的高校图书馆服务。知识服务延伸以实体抽取、本体、语义关联、人工智能、数据挖

掘、移动技术、知识图谱、情境感知技术等为基础。它区别于以流通阅览、参考咨询服务为标志的传统高校图书馆服务，而是以学科服务、情报服务、移动服务、数据服务、出版服务、智库服务等为特征的新型服务，包括决策支持服务、数据服务、空间服务在内的，富含高校图书馆员隐性知识转移的智慧型服务。

智慧图书馆知识服务延伸是为了区别于文献服务和信息服务，是对知识服务、智能服务的综合、深化与延伸。如何实现智慧服务是智慧图书馆知识服务延伸研究的重点也是难点。许多学者在以下几个方面达成比较一致的观点：在资源方面，需要强化数据及数字资源的集群整合；在管理利用方面，进行基于物联网的互联与智能化管理，实现知识资源的共享与共建，同时要推进新型知识产品和服务的协同管理；在技术方法方面，是基于大数据的知识发现，基于人工智能的自动获取和基于数据的深度挖掘；在服务方面，要满足泛在便捷的用户感知与人性化服务的要求。

总之，要围绕着知识开发、知识生产、知识传播、知识利用与知识再创造，通过知识服务平台向用户提供创意、灵感、方法、方案和服务模式等，从而支持用户的知识应用和知识创新，达到知识增值和效益提升的效果。

（二）高校智慧图书馆知识服务延伸的特征

随着信息技术的迅猛发展和用户需求的不断升级，高校智慧图书馆作为知识与信息的集散地，其知识服务正在发生深刻变革。这种变革体现在多个方面，以下是对高校智慧图书馆知识服务延伸特征的详细分析。

1. 资源特征——海量异构型的大数据

在智慧图书馆的建设中，数据资源的丰富性和多样性成为知识服务延伸的重要基础。这些数据不仅数量庞大，而且结构各异，包括结构化数据、半结构化数据以及非结构化数据等多种类型。这种海量异构型的大数据为高校图书馆提供了前所未有的信息资源和知识宝库。通过这些数据，高校图书馆能够更全面地了解用户需求，挖掘潜在的信息价值，为用户提供更加个性化、专业化的知识服务。同时，大数据技术的应用也使得高校图书馆能够对数据进行深度分析和挖掘，发现其中的关联和规律，从而为用户提供更加精准、高效的知识服务。

2. 技术特征——人工智能为核心的知识交叉融合

随着人工智能技术的不断发展，其在智慧图书馆中的应用也越来越广泛。人工智能技术能够模拟人类的思维过程和智能行为，对高校图书馆中的海量数据进行智能处理和分析。通过自然语言处理、机器学习等技术手段，人工智能可以帮助高校图书馆实现知识的自动分类、智能推荐、语义搜索等高级功能，从而提升知识服务的智能化水平。此外，人工智能技术还能够促进不同领域知识的交叉融合，形成新的知识点和创新点，为用户提供更加多元化、创新性的知识服务。

3. 内容特征——突出知识本体底层关联的"元服务"

在智慧图书馆中，"元服务"是指基于知识本体底层关联而提供的一种基础服务。它通过对知识本体的细致描述和分类，建立起知识之间的内在联系和逻辑关系。这种"元服务"能够为用户提供更加深入、系统的知识服务，帮助用户更好地理解和应用知识。同时，"元服务"也是实现知识创新的重要基础，它能够促进不同领域知识的交叉融合，推动新知识的产生和发展。

4. 客体特征——信息颗粒度细化和精准化服务

随着信息技术的不断进步和用户需求的变化，智慧图书馆的知识服务越来越注重信息的颗粒度细化和精准化服务。这意味着高校图书馆需要将海量的信息进行更加精细化的划分和组织，以便为用户提供更加精准、个性化的知识服务。通过细化信息颗粒度，高校图书馆可以更好地满足用户的不同需求，提供更加专业、深入的知识内容。同时，精准化服务也要求高校图书馆能够准确把握用户需求，提供量身定制的知识解决方案，从而提升用户的满意度和忠诚度。

5. 主体特征——跨界融合的智慧型人才

在智慧图书馆的建设中，跨界融合的智慧型人才是推动知识服务延伸的关键因素。这些人才不仅具备深厚的高校图书馆学知识，还熟悉信息技术、数据分析等多个领域的知识和技能。他们能够充分利用智慧图书馆的资源和技术优势，为用户提供创新性的知识服务。同时，他们还能够促进不同领域之间的交流和合作，推动知识的跨界融合和创新发展。这种跨界融合的智慧型人才是智慧图书馆发展的重要推动力，也是提升知识服务水平的关键因素。

二、智慧图书馆知识服务延伸的必要性与可行性

随着信息技术的不断进步和用户需求的变化，高校智慧图书馆正处于知识服务转型与升级的重要时期，探讨其知识服务延伸的必要性与可行性显得尤为重要。

（一）高校智慧图书馆知识服务延伸的必要性

1. 知识服务功能水平化

随着信息技术的迅猛发展和用户信息需求的不断变化，高校智慧图书馆的传统服务模式已经难以满足当今读者的多元化需求。为了提升服务质量，高校图书馆必须对其知识服务功能进行水平化延伸。这意味着，高校图书馆不仅要提供基本的借阅、查询服务，还需要开展更高层次的信息咨询、知识导航、学术研究支持等服务。通过这种水平化的功能延伸，智慧图书馆能够更全面地满足用户在学术研究、知识创新和个人发展等方面的需求，进而提升其在高等教育和科研领域中的支撑作用。

2. 知识服务内容显性化

在信息化时代，知识服务内容的显性化对于提高高校图书馆服务效率和质量至关重要。通过将隐性知识转化为显性知识，高校图书馆能够更好地整理和呈现信息资源，帮助用户更快捷地获取所需知识。此外，显性化的知识服务内容还有助于高校图书馆构建完善的知识体系，促进知识的传播和创新。因此，高校智慧图书馆需要通过知识服务内容的显性化延伸，提升其对用户需求的响应速度和服务满意度。

（二）高校智慧图书馆知识服务延伸的可行性

1. 资源情境的开放、共享与整合

在Web2.0环境下，资源的开放、共享与整合成为智慧图书馆发展的重

要趋势。通过搭建开放式的资源共享平台，高校图书馆可以汇集来自不同渠道的信息资源，为用户提供更为丰富和多样的知识服务。同时，借助先进的整合技术，高校图书馆还能够实现资源的优化配置和高效利用，从而提高知识服务的整体效能。这种资源情境的开放、共享与整合为高校智慧图书馆知识服务的延伸提供了有力的资源保障。

2. 物联网技术的应用

物联网技术的快速发展为智慧图书馆知识服务延伸提供了强大的技术支持。通过RFID标签、传感器等技术手段，高校图书馆可以实现对书籍、设备和用户行为的智能感知与管理。这不仅提高了高校图书馆的管理效率，还为个性化知识服务的提供奠定了基础。例如，通过分析用户的借阅记录和阅读习惯，高校图书馆可以为用户推送更加精准的阅读建议和资源推荐。因此，物联网技术的应用为高校智慧图书馆知识服务延伸提供了空间和可能性。

3. 服务主体的知识共享与协同创造

在智慧图书馆中，服务主体（包括高校图书馆员、学者、学生等）之间的知识共享与协同创造是推动知识服务延伸的重要动力。通过搭建有效的交流平台，高校图书馆可以促进不同服务主体之间的沟通与合作，从而实现知识的共享与创新。这种协同创造的模式不仅有助于提升高校图书馆的知识服务能力，还能够激发用户的参与热情和创造力，进一步推动智慧图书馆知识服务的持续发展与创新。

4. 相关基础理论研究的成熟

随着高校图书馆学、信息管理学以及相关技术领域的研究不断深入，一系列基础理论研究成果为智慧图书馆知识服务延伸提供了坚实的理论支撑。例如，资源整合理论、知识管理理论、用户行为理论等都在不同程度上为高校图书馆的服务创新提供了指导和启示。这些理论研究的成熟使得高校智慧图书馆在知识服务延伸方面更具科学性和前瞻性。

第二节　高校智慧图书馆知识服务延伸的关键要素

知识服务要素一般包括知识服务延伸主体、知识服务延伸本体、知识服务延伸媒体、知识服务延伸空间、知识服务延伸受体五个要素。

一、知识服务延伸主体要素

知识服务主体在知识服务生态系统中扮演着至关重要的角色，他们是推动知识服务延伸的核心力量。这些主体包括专业馆员、用户个体以及管控主体。

（一）专业馆员

专业馆员是智慧图书馆知识服务延伸的引领者。他们不仅具备图书情报分析能力，还熟练掌握数据分析、知识挖掘等专业服务技能。这些专业馆员利用自身的专业技能，为用户提供高质量的知识服务，同时，他们也是推动高校图书馆知识服务不断创新和发展的关键力量。通过持续学习和实践，专业馆员能够不断提升自身的专业素养，以更好地满足用户的知识需求。

（二）用户个体

在智慧图书馆中，用户个体不再仅仅是知识服务的接收者，他们也积极参与到知识服务的创造和共享过程中。用户个体通过协同创造、知识共享等方式，成为知识服务的重要参与者。他们的参与不仅丰富了高校图书馆的知识资源，还促进了知识服务的个性化和多样化发展。同时，用户个体的反馈和评价也是高校图书馆不断改进和优化知识服务的重要依据。

（三）管控主体

管控主体在智慧图书馆知识服务延伸中发挥着重要的管理和协调作用。他们负责制定和执行高校图书馆的知识服务策略，确保知识服务的顺利进行。管控主体还需要密切关注用户需求和市场变化，及时调整和优化知识服务方案。通过与专业馆员和用户个体的紧密合作，管控主体能够推动智慧图书馆知识服务的持续优化和创新。

二、知识服务延伸本体要素

知识服务的核心，也即其本体，是指智慧图书馆在深入洞察用户个性化与层次化需求的基础上，所精准提供的具体知识内容。这些内容构成了智慧图书馆知识服务的基石，其来源可归结为两大方面：一是资源特色库，二是经过深度加工的资源再造产品。

（一）资源特色库

资源特色库是智慧图书馆不可或缺的重要知识源泉。特色库内汇聚了大量经过细致筛选、精心分类与组织的专业资源，涵盖地方珍贵文献、各专业领域的深入研究成果等。这些资源因其独特性与专业性，对用户而言具有极高的参考价值和学术意义，特别是在满足特定领域深入研究的需求方面显得尤为关键。智慧图书馆对特色库的持续优化与更新，不仅丰富了自身的知识储备，更为用户带来了更为广泛且专业的知识服务，进一步提升了图书馆的服务品质与学术价值。

（二）资源再造产品

资源再造产品代表了智慧图书馆在新时代背景下的创新尝试。随着新媒体的蓬勃发展，传统的知识呈现方式已不能满足用户日益多样化的需求。因此，智慧图书馆通过对既有资源的深度挖掘与整合，形成了一系列全新的知识产品。例如，根据用户的个性化阅读需求，图书馆可以将相关的书籍、学术论文、研究报告等有机整合，形成专题性的电子书或综合性研究报告。这种资源再造不仅极大地提升了知识的利用效率与价值，更使用户在获取与利用知识时享受到更为便捷与高效的服务体验。可以说，资源再造产品是智慧图书馆在知识服务领域的一大创新与突破，为用户带来了前所未有的便利与价值。

三、知识服务延伸媒体要素

在智慧图书馆知识服务体系中，媒体要素扮演连接知识服务主体与受体、传递知识内容的重要角色。知识服务媒体不仅是信息的载体和通道，更是推动信息在生产者、传递者、分解者、消费者之间顺畅传播的关键环节。智慧图书馆知识服务延伸的媒体主要包括互联端工具和知识服务技术平台两大类。

（一）互联端工具

互联端工具是指用于连接高校图书馆知识服务与用户之间的各种设备和应用程序。这些工具包括但不限于智能手机、平板电脑、电子阅读器等移动终端，以及与之配套的应用程序，如移动高校图书馆App、电子书阅读器等。这些互联端工具使得用户可以随时随地访问高校图书馆的知识资源，进行阅读、查询、下载等操作，极大地提高了知识服务的便捷性和可达性。

互联端工具的发展和应用，不仅拓宽了高校图书馆知识服务的渠道，也使得用户能够更加灵活地获取和利用知识。例如，通过移动高校图书馆App，用户可以实时查询高校图书馆的藏书情况、借阅记录，甚至可以在线预约座位、参加高校图书馆的活动等。这些功能都极大地提升了用户体验，使得高校图书馆的知识服务更加贴近用户需求。

（二）知识服务技术平台

知识服务技术平台是智慧图书馆提供高效、个性化知识服务的重要支撑。这些平台通常集成了多种先进的技术和功能，如大数据分析、人工智能、机器学习等，以实现对知识资源的深度挖掘和精准推荐。通过这些技术平台，高校图书馆可以根据用户的阅读习惯、兴趣偏好等信息，为用户提供定制化的知识服务。

此外，知识服务技术平台还具备强大的资源整合能力，能够将高校图书馆内外的各种知识资源进行整合和优化，形成一个统一、高效的知识服务体系。这些平台通常还提供了丰富的交互功能，如在线咨询、用户反馈等，使得高校图书馆与用户之间的互动更加便捷和高效。

四、知识服务延伸空间要素

智慧图书馆知识服务延伸的空间要素主要指的是知识服务所依存的场所

和空间。在万物互联和通信技术高度发达的今天，用户在现实世界和虚拟世界之间的切换已经变得越来越无缝。智能终端营造的数字化虚拟环境已经成为现实环境的镜像，形成了独特的信息空间要素。

（一）信息时空

信息时空作为智慧图书馆知识服务的核心空间要素，其重要性日益凸显。伴随着数字技术的持续进步与创新，高校图书馆所提供的知识服务已不再受传统物理空间的束缚，而是向数字化的虚拟空间进行了广泛的拓展。在这一信息时空中，用户能够借助智能终端，在任何时间、任何地点轻松访问高校图书馆的丰富知识资源。无论是在线阅读、远程学习，还是线上交流，都变得触手可及。这种突破时空限制的知识服务方式，不仅显著提升了知识的传播速度与效率，更极大地拓宽了知识的利用范围与受众群体。

（二）信息伦理

在数字化虚拟环境的快速扩张中，信息伦理成为了智慧图书馆知识服务中不可或缺的空间要素。信息的获取、处理、传播及利用，在虚拟世界里都必须遵循严格的伦理规范。高校图书馆作为知识服务的主要提供者和管理者，肩负着重大责任与义务。它们需要确保用户的隐私权不受侵犯，信息安全得到全面保障，严防信息的非法泄露与滥用。除此之外，高校图书馆还应积极引导用户树立正确的信息道德观，共同致力于维护一个健康、有序且充满活力的信息环境。

（三）信息制度

信息制度在智慧图书馆知识服务中扮演着至关重要的保障角色。这些制度涵盖了信息获取、传播、利用等各个环节的规定与准则，其目的在于确保知识服务的公平性、合法性与安全性。例如，高校图书馆需建立健全的版权保护制度，以严防知识产权受到任何形式的侵犯；同时，还需制定合理且行之有效的信息使用规定，从而杜绝信息的滥用与非法传播。这一系列信息制度不仅为高校图书馆知识服务的顺畅运行提供了坚实保障，更为广大用户营造了安全、可靠且高效的数字化学习环境。通过不断完善和优化这些制度，智慧图书馆将能够更好地服务于广大用户，推动知识的广泛传播与深入应用。

五、知识服务延伸受体要素

知识服务受体是知识生态因子共同作用下的知识服务活动的接受对象，一般谓之用户。随着用户至上时代的来临，作为知识服务活动中的一个要素，其价值和地位在市场经济的发展中，日益受到人们的重视，"用户是上帝""以用户为中心"是高校图书馆秉持的服务理念。智慧图书馆知识服务延伸受体一般由在知识服务平台和互联工具端接受各种服务的学生、教师、科研人员和一般大众组成。

智慧图书馆知识服务延伸受体的需求在互联端工具、新媒体内容和工具形式信息、知识服务技术平台、馆员、信息时空、信息伦理、信息制度的共同作用下不断向前发展，同时也具有智慧图书馆的知识服务特点。智慧图书馆知识服务延伸受体由于自身知识结构的影响具有层次性和个性化特征。

用户之间的主体与受体关系是相对的，知识服务延伸的受体与服务主体之间有时是相互转换的，如在利用知识服务平台进行知识服务时，用户与用户之间的知识共享与协同创造过程，主体与受体角色就会不断发生转换。因此，用户个体在接受知识服务时是知识服务延伸的受体，但当他与别人进行共享与协同时也可能成为服务主体。

第三节　高校智慧图书馆知识服务延伸的情境分析

一、高校智慧图书馆知识服务延伸的资源情境

（一）智慧图书馆资源情境的内涵

情境感知是智慧图书馆知识服务延伸的显著特点，突出体现在智能服务上，即依据用户的情境信息提供灵活的、个性化的知识给用户，依靠情境感知技术实现信息推荐的智慧服务。资源情境是整个高校图书馆知识服务的根基，主要包括资源建设情境和资源再造情境的相关内容。在资源情境中，大数据环境使用户的知识创新、技术创新、管理创新都有了新的发展形态，

随着科研第四范式的出现，信息来源更多地依赖知识网络、开放创新与协同创造，这些因素都成为创新2.0模式下知识创新的发展方向，也是智慧图书馆知识服务延伸的情境因素。与创新2.0相比，高校图书馆中的知识服务模式发展进入4.0时代，与此同时，用户的知识创造呈现协同式创新模式，智慧图书馆知识服务延伸的任务是为智慧服务和协同创造提供资源保障与平台支撑。

（二）智慧图书馆资源情境的构成

智慧图书馆知识服务资源情境包括资源建设情境与资源再造情境。

1. 资源建设情境

资源建设情境是智慧图书馆发展的基石，它涉及数据的采集、整理、存储和利用等多个环节。在智慧图书馆的背景下，资源建设不再仅仅是传统纸质书籍或电子文献的简单堆积，而是涵盖了更为广泛的数据资源类型，如虚拟资源、深度学习框架、高性能计算（HPC）资源和集成工具集等。这些资源的引入，极大地丰富了高校图书馆的知识储备，也为知识服务的创新提供了可能。

在资源建设情境中，虚拟化技术发挥着至关重要的作用。通过虚拟化技术，高校图书馆能够将物理资源转化为逻辑资源，实现资源的灵活调配和高效利用。这不仅有助于提升资源管理的灵活性，还能够满足用户公开浏览与个性化获取的双重需求。例如，利用Hadoop分布式框架，高校图书馆可以协同式地组织虚拟资源，构建一个经济、高效的计算平台。这一平台通过负载均衡技术，对多台云服务器进行流量分发，确保了云计算的高并发能力，从而为智慧图书馆新型信息资源的获取、组织和存储提供了强大的技术支持。

此外，深度学习框架的应用也是资源建设情境中的一大亮点。深度学习框架为图像描述、提取和处理等任务提供了有效的技术支持，进一步提升了智慧图书馆知识服务的智能化水平。

2. 资源再造情境

资源再造情境则是在资源建设情境的基础上，对高校图书馆资源进行更深层次的加工和整合。在这一阶段，高校图书馆不仅关注资源的数量和质量，更致力于挖掘资源的潜在价值，实现资源的优化配置和高效利用。

资源再造情境的核心在于对现有资源的深度开发和利用。基于这些数据，高校图书馆可以为用户推送更加精准和个性化的知识服务，提升用户体验和满意度。同时，在资源再造情境中，高校图书馆还注重资源的跨界融合和创新应用。通过与其他行业或领域的合作，高校图书馆可以引入更多元化的资源类型和服务模式，为用户提供更加丰富和多样的知识体验。例如，结合虚拟现实（VR）技术，高校图书馆可以为用户提供沉浸式的阅读体验；通过与教育机构合作，高校图书馆可以开发在线教育课程，满足用户的学习需求。

（三）智慧图书馆资源情境的建构

1. 资源情境建构方法

在智慧图书馆资源情境的建构中，采用先进的推荐技术是至关重要的。以下是三种主要的情境感知推荐技术。

（1）基于协同过滤的情境感知推荐技术。

该技术通过分析用户的历史行为和偏好，寻找相似的用户群体，并根据这些相似用户的喜好来推荐资源。这种方法能够有效地挖掘用户的潜在兴趣，提供个性化的推荐服务。在智慧图书馆中，这种技术可以帮助用户发现与其兴趣相符的书籍、论文或其他学术资源。

（2）基于内容的情境感知推荐技术。

此技术主要是通过分析资源的内容特征，如关键词、主题等，来为用户推荐与其兴趣相匹配的资源。这种方法能够深入理解用户的需求，提供更为精准的推荐。在智慧图书馆中，它可以根据用户正在阅读或搜索的内容，推荐相关的学术资料或研究成果。

（3）混合式情境感知推荐技术。

混合式推荐技术结合了其协同过滤和基于内容的推荐方法的优点。它不仅能够考虑用户的个人喜好和历史行为，还能根据资源的内容特征进行推荐。这种方法在智慧图书馆中尤为实用，因为它能够更全面地满足用户的需求，提供既个性化又精准的推荐服务。

2. 资源内容的情境本体架构

情境本体架构在智慧图书馆资源情境的建构中扮演着举足轻重的角色，可谓是整个系统的"骨架"。这一架构的搭建，需要对高校图书馆内的资源进行深入细致的剖析与组织，从而构建一个逻辑严密、结构完整的知识表示框架。它不仅为高校图书馆提供了一个全面且系统的视角来审视和管理其丰富的资源，更为用户带来了前所未有的智能化知识服务体验。

详细来说，情境本体架构的构建首先涉及对资源的科学分类。这种分类并非简单的归类，而是基于资源的内容、形式、用途等多重维度进行的精细化划分。每一类资源都被赋予了明确的属性，这些属性详尽地描述了资源的特性，如作者、出版日期、主题、关键词等，使得资源之间的差异性和独特性得以凸显。

除了分类和属性，资源之间的关系也是情境本体架构中不可或缺的一部分。这些关系错综复杂，包括但不限于引用关系、作者合作关系、主题关联等，它们将原本孤立的资源紧密地联系在一起，形成了一个庞大的知识网络。用户通过这个网络，可以轻松地探索到与自己兴趣点相关的各类资源。

此外，情境本体架构还明确了这些要素之间的逻辑关系和约束条件。这些规则和条件确保了资源的准确性和完整性，同时也为用户提供了更加精准和高效的搜索与推荐服务。总的来说，情境本体架构是智慧图书馆实现知识服务延伸的关键所在，它让高校图书馆的资源得到了更深层次的挖掘和利用，为用户带来了前所未有的知识探索体验。

3. "用户—情境—资源"模式

"用户—情境—资源"这一模式强调在特定的情境下，将用户需求和资源进行有效的匹配。在智慧图书馆中，这意味着要根据用户的学习、研究背景和当前的信息需求，结合具体的情境因素（如时间、地点、设备等），为用户提供最合适的资源和服务。

通过"用户—情境—资源"的价值增值模式，智慧图书馆能够实现价值的最大化。它不仅能够满足用户的即时需求，还能通过深度挖掘和分析用户数据和资源内容，提供更为精准、个性化的知识服务。这种增值模式有助于提升用户的学习和研究效率，推动知识的创新和应用。

4. 多维情境知识关联的新型资源网络

在智慧图书馆中，资源不再是孤立存在的，而是通过多维情境知识关联，形成了一个庞大的资源网络。这个网络以用户为中心，通过情境感知技术捕捉用户的动态需求和偏好变化，实时调整资源之间的关联和推荐策略。这种新型资源网络不仅能够提供更加智能化和个性化的服务，还能促进知识的跨领域融合和创新应用。

5. 资源情境利用的可视化与可理解性

为了提高用户对资源情境的感知和理解能力，智慧图书馆需要借助可视化技术来呈现复杂的情境信息和资源关联。通过直观的图表、图像和动画等形式，用户可以更轻松地探索和理解资源之间的内在联系和规律。同时，可视化技术还能帮助高校图书馆员更好地管理和优化资源情境建构过程，提升智慧图书馆的整体服务水平和用户满意度。

二、智慧图书馆知识服务延伸互联情境

（一）智慧图书馆互联情境的内涵

1. 智慧图书馆技术情境的内涵

智慧图书馆技术情境是指在智慧图书馆建设和运营过程中，通过应用先进的信息技术和智能化系统，营造出能够高效处理信息、提供个性化服务、实现自动化管理和智能化决策的技术环境。这种技术情境不仅提升了高校图书馆的服务效率和质量，还为用户带来了更加便捷、个性化的阅读体验。在智慧图书馆技术情境的支撑下，高校图书馆能够更好地满足用户的信息需求，推动知识的传播和创新。

2. 智慧图书馆空间情境的内涵

智慧图书馆空间情境则是指高校图书馆提供的物理和数字空间环境，这个环境通过智能化技术的融入，使得用户能够在任何时间、任何地点获取所需的信息和知识。空间情境的设计旨在为用户创造舒适、便捷且充满创新氛围的学习和阅读环境。通过合理的空间布局、人性化的设施配置以及智能化

的服务系统，智慧图书馆空间情境能够满足用户多样化的学习需求，提升用户的学习体验和满意度。

（二）智慧图书馆互联情境的主要构成

1. 智慧图书馆技术情境的主要构成

（1）信息技术情境。

信息技术情境是智慧图书馆技术情境的核心组成部分，它涵盖了高校图书馆在信息采集、处理、存储、检索和传递过程中所采用的各种信息技术。这些技术包括但不限于大数据分析、云计算、物联网等，它们共同构成了智慧图书馆高效运作的技术基础。通过运用这些先进技术，高校图书馆能够实现对海量信息的快速处理和精准推送，从而提升服务效率和质量。

（2）信息基础设施情境。

信息基础设施情境是支撑智慧图书馆信息技术应用的基础平台。它包括高校图书馆的网络系统、服务器集群、存储设备以及各类软硬件设施等。这些基础设施为高校图书馆提供了稳定可靠的数据存储和计算能力，保障了各项信息技术应用的顺畅运行。同时，信息基础设施情境还具备高度的可扩展性和灵活性，能够根据高校图书馆业务发展的需求进行快速调整和优化。

（3）基础设施信息化情境。

基础设施信息化情境是指将高校图书馆的基础设施与信息技术深度融合，实现基础设施的智能化管理和优化。通过运用传感器、物联网等技术手段，高校图书馆可以实时监测和控制基础设施的运行状态，及时发现并解决问题。这种信息化情境不仅提高了基础设施的管理效率，还降低了运维成本，为高校图书馆的持续稳定发展提供了有力保障。

2. 智慧图书馆空间情境的主要构成

（1）智慧图书馆中的空间物质情境。

空间物质情境是智慧图书馆空间情境的实体部分，它包括了高校图书馆的建筑设计、功能布局以及物理设施等。这些物质元素共同构成了高校图书馆的空间形态，为用户提供了舒适、安全且富有文化气息的学习环境。在空间物质情境的营造过程中，高校图书馆需要充分考虑用户的需求和行为习惯，合理规划空间布局，配置人性化的设施和服务，以提升用户的满意度和归属感。

（2）智慧图书馆的空间属性情境。

空间属性情境则是指高校图书馆空间的功能特性和文化氛围。这包括了空间的开放性、灵活性、交互性以及文化氛围的营造等。在智慧图书馆中，空间属性情境的设计旨在创造能够激发用户创新思维和学习热情的环境。通过提供多样化的学习空间和交流平台，高校图书馆可以促进用户之间的知识分享和思想碰撞，推动知识的创新和发展。同时，通过营造浓厚的文化氛围，高校图书馆还能够引导用户形成良好的阅读习惯和学习风气，提升用户的文化素养和综合素质。

（三）智慧图书馆互联情境的建构

在智慧图书馆的建设中，互联情境的建构是实现知识服务延伸的关键一环。通过优化设备服务的跨屏交叉融合情境、关联信息技术服务的应用情境，以及构建空间结构颠覆性再造的创新型服务情境，可以显著提升智慧图书馆的服务能力和用户体验。

1. 优化智慧图书馆互联设备服务的跨屏交叉融合情境

随着移动互联网和智能终端设备的普及，用户对于跨屏交叉融合服务的需求日益增强。为了满足这种需求，智慧图书馆应当优化其互联设备服务，实现不同屏幕之间的无缝衔接和信息共享。

首先，高校图书馆需要构建一个统一的跨屏交互平台，支持各种终端设备如手机、平板、电脑以及高校图书馆内的公共显示屏等之间的互联互通。通过该平台，用户可以在不同设备间同步浏览、检索和借阅图书资源，实现信息的即时更新和共享。

其次，为了提升用户体验，高校图书馆还应开发适用于不同屏幕的界面和交互方式，确保用户在切换设备时能够保持流畅的操作体验。例如，可以利用响应式设计来自动调整界面布局，以适应不同屏幕尺寸和分辨率。

最后，高校图书馆应加强与第三方服务商的合作，将更多优质资源和服务集成到跨屏交叉融合情境中，如提供学术视频、在线课程等多媒体资源，丰富用户的学习体验。

2. 关联智慧图书馆信息技术服务的应用情境

信息技术是智慧图书馆的核心支撑，通过关联信息技术服务的应用情境，可以进一步提升高校图书馆的服务效能。

首先，高校图书馆应建立完善的信息化管理系统，实现馆藏资源的数字化、网络化和智能化管理。通过采用先进的数据库技术和信息检索算法，提高资源检索的准确性和效率。

其次，利用大数据分析和人工智能技术，对用户行为数据进行深度挖掘和分析，以精准地推荐相关资源和个性化服务。例如，根据用户的借阅历史和浏览行为，为其推荐相似的书籍或研究资料。

此外，高校图书馆还可以借助物联网技术实现对馆内环境的智能监控和管理，如自动调节灯光、温度等，为用户提供更加舒适的学习环境。

3. 构建智慧图书馆空间结构颠覆性再造的创新型服务情境

传统高校图书馆的空间布局已无法满足现代用户的需求，因此需要对其空间结构进行颠覆性再造，以构建创新型服务情境。

首先，高校图书馆应打破传统的静态空间划分方式，采用动态、灵活的空间布局理念。通过设置可移动家具、多功能区域等，使高校图书馆空间能够根据用户需求进行灵活调整。

其次，高校图书馆应融入更多的科技元素和创新理念。例如，可以设置虚拟现实（VR）体验区、3D打印区等创新功能区，为用户提供更加丰富多样的学习和探索体验。

同时，高校图书馆还应注重营造社交化、协作化的学习环境。通过设置讨论区、共享工作区等，促进用户之间的交流与合作，激发创新思维和灵感碰撞。

三、智慧图书馆知识服务延伸的服务情境

随着信息技术的迅猛发展，高校智慧图书馆作为知识服务的重要载体，其服务情境的构建与延伸显得尤为重要。本部分将从智慧图书馆服务情境的

内涵和构成两个方面进行深入探讨。

（一）智慧图书馆服务情境的内涵

智慧图书馆服务情境，是指在智慧图书馆环境下，通过运用现代信息技术和智能化手段，为用户提供高效、便捷、个性化的知识服务环境。这种服务情境不仅关注用户的需求和行为，还致力于提升用户的服务体验，实现知识的有效传播和创新应用。

具体而言，智慧图书馆服务情境的内涵包括以下几个方面：首先，它强调以用户为中心，深入了解用户的信息需求和行为习惯，为用户提供精准、个性化的知识服务；其次，它注重服务的智能化和自动化，通过应用大数据、云计算、人工智能等技术，实现知识的智能推荐、自动分类和高效检索；最后，它追求服务的创新和协同，鼓励用户参与知识的创造和分享，推动高校图书馆服务的转型升级。

（二）智慧图书馆服务情境的构成

1. 标准化情境

标准化情境是智慧图书馆服务情境的基础。它主要涉及高校图书馆服务的规范化、标准化和流程化，确保服务的质量和效率。在标准化情境中，高校图书馆需要建立一套完善的服务标准体系，包括服务流程、服务规范、服务质量评价等方面。这些标准不仅能够保障高校图书馆服务的基本质量，还能为高校图书馆服务的持续改进和优化提供有力支撑。

同时，标准化情境还强调服务的统一性和可预测性。通过制定统一的服务标准和流程，高校图书馆能够确保每位用户都能获得一致、高质量的服务体验。此外，标准化情境还有助于高校图书馆实现资源的合理配置和高效利用，提升高校图书馆的整体运营效率。

2. 个性化情境

个性化情境是智慧图书馆服务情境的核心。它强调根据用户的个性化需求和特点，提供量身定制的知识服务。在个性化情境中，高校图书馆需要充分利用大数据、人工智能等技术手段，深入挖掘用户的兴趣爱好、专业背景、行为习惯等信息，为用户提供更加精准、个性化的推荐和服务。

个性化情境的实现需要高校图书馆具备强大的数据处理和分析能力。高校图书馆需要建立完善的用户画像系统，通过对用户数据的深入分析，发现用户的潜在需求和偏好，从而为用户提供更加贴心、周到的服务。同时，个性化情境还要求高校图书馆能够不断创新服务方式和手段，满足用户日益多样化的知识需求。

（三）智慧图书馆知识服务延伸的服务情境建构

在高校智慧图书馆的建设中，服务情境的建构对于提升知识服务的质量和效率至关重要。以下将从三个方面详细阐述高校智慧图书馆知识服务延伸的服务情境建构。

1. 精准追踪用户个性化动态需求的自适应服务情境

随着信息技术的发展，用户对知识服务的需求日益个性化和动态化。为了满足这些需求，高校智慧图书馆需要构建能够精准追踪用户个性化动态需求的自适应服务情境。这一情境的建构基于大数据分析和人工智能技术，通过对用户行为数据的深入挖掘和分析，精准把握用户的个性化需求及其变化趋势。

具体而言，该服务情境应具备以下特点：一是实时性，能够即时捕捉用户需求的变化；二是自适应性，能够根据用户的需求自动调整服务策略和资源推荐；三是个性化，能够针对每个用户的独特需求提供量身定制的知识服务。实现这一情境需要高校图书馆加强信息技术基础设施建设，提升数据处理和分析能力，同时注重用户隐私保护，确保在合法合规的前提下为用户提供优质的服务。

2. 发展核心竞争力的新型智慧服务专业人才

人才是推动高校智慧图书馆发展的关键。在知识服务延伸的服务情境建构中，高校图书馆需要培养和引进具备专业素养和创新精神的新型智慧服务人才。这些人才应具备扎实的高校图书馆学知识，熟练掌握现代信息技术，并具备创新思维和服务意识。

为了提升人才的核心竞争力，高校图书馆应加大人才培养和引进力度。一方面，通过定期培训和学术交流活动，提高现有员工的业务水平和创新能力；另一方面，积极引进外部优秀人才，为高校图书馆注入新鲜血液和创新力量。同时，高校图书馆还应建立完善的人才激励机制，为人才提供良好的工作环境和发展空间。

3．构建激励推进型的开放式创新管理机制

在知识服务延伸的服务情境建构中，管理机制的创新也至关重要。高校智慧图书馆需要构建一个激励推进型的开放式创新管理机制，以激发员工的创新活力和服务意识。

这一管理机制应具备以下特点：一是开放性，鼓励员工积极参与创新活动，提出改进意见和建议；二是激励性，通过建立合理的奖惩机制，激发员工的创新热情和工作积极性；三是推进性，通过明确的目标设定和持续的改进措施，推动高校图书馆知识服务的不断优化和升级。

为了实现这一管理机制，高校图书馆需要加强组织文化建设，营造积极向上的创新氛围。同时，建立完善的创新激励机制，包括设立创新奖励基金、开展创新竞赛等，以鼓励员工积极参与创新实践。此外，高校图书馆还应加强与外部机构的合作与交流，借鉴先进的管理经验和创新理念，不断提升自身的创新能力和服务水平。

第七章 智慧图书馆建设背景下高校图书馆知识服务评价体系

评价体系的建立对于确保高校图书馆知识服务的质量至关重要。本章概述高校图书馆知识服务评价体系的框架，详细介绍评价的方法与实施过程，并探讨基于知识网格的绩效评价方法，以期为图书馆服务的持续优化提供有力保障。

第一节 高校图书馆知识服务评价体系概述

从哲学的意义上讲，所谓评价，就是评价主体根据一定的评价目的和标准，采用适当的方法技术，对评价客体的价值进行认识和评定。而其价值也就是指体现在评价主体与评价客体相互关系中，评价主体对评价客体所具有的效用、意义以及满足主体需要程度的认可度。按这种理解，评价者与被评价者之间必须存在相互关系，评价关系才应该成立。因此，知识服务的评价，必须建立在服务与被服务的关系之上。也就是说，高校图书馆应该以用户为知识服务的评价主体，建立起相应的评价组织系统，并通过这个系统对知识服务进行必要的科学评价，以此促进知识服务在贴近用户、满足用户需求方面提供必要的准备。

一、高校图书馆知识服务评价的意义

高校图书馆作为知识服务的重要机构，其服务质量的评价不仅关乎图书馆自身的发展，更与高校教学科研活动紧密相连。以下将从规范知识服务过程、提高服务质量以及增强知识服务机构竞争力三个方面，详细阐述高校图书馆知识服务评价的意义。

（一）规范知识服务过程，明确发展目标

高校图书馆知识服务评价的首要意义在于规范知识服务过程。通过对服务流程、服务内容、服务态度等多个维度进行评价，图书馆能够清晰地了解哪些环节存在问题，哪些服务内容受到用户的欢迎，从而有针对性地优化服务流程，提升服务质量。这种评价不仅有助于图书馆发现自身存在的问题，更能促使其明确未来的发展目标。

具体而言，通过对知识服务过程的全面评价，图书馆可以制订出更为科学合理的服务规范，明确各项服务标准，确保每一位用户都能享受到高质量的服务。同时，评价结果的反馈也能帮助图书馆及时调整服务策略，更好地满足用户的需求，实现服务与用户需求的精准对接。

（二）提高服务质量，满足用户需求

提高服务质量是高校图书馆知识服务评价的核心意义之一。服务质量的高低直接影响用户的满意度和忠诚度，因此，通过评价来不断提升服务质量是图书馆持续发展的关键。

评价过程中，图书馆可以收集到大量来自用户的真实反馈，这些反馈不仅指出了服务的不足之处，也为图书馆提供了改进的方向。针对用户反馈中的问题，图书馆可以及时调整服务内容、提升服务水平，从而更好地满足用户的需求。同时，通过定期的评价与改进，图书馆可以形成一套完善的服务质量管理体系，确保服务质量的持续提升。

（三）增强知识服务机构的竞争力

在信息时代，知识服务机构之间的竞争日益激烈。其作为知识服务的重要提供者，高校图书馆服务质量的高低直接影响其在行业中的竞争力。因

此，通过知识服务评价来不断提升自身服务质量，是图书馆增强竞争力的重要途径。

　　具体而言，通过全面的服务评价，图书馆可以及时发现并改正自身存在的问题，提升服务效率和服务质量。这不仅能够吸引更多的用户选择使用图书馆的服务，还能在行业中树立良好的口碑。同时，优质的服务也能为图书馆带来更多的合作机会和资源支持，从而进一步提升其竞争力。

二、高校图书馆知识服务评价的对象

　　在高校图书馆知识服务评价中，体现服务资源和服务能力的主要方面包括：服务资源配置、服务质量与水平、服务方式与手段、服务设施与支撑环境、服务效益。

（一）服务资源配置的评价

　　从高校图书馆知识服务的过程出发，衡量服务资源配置的主要指标包括资源分布的时空性、层次性、动态性和合理性。时空性是指在时间上资源配置要体现其强时效性，在空间上要满足不同部门和不同地区的多种要求；层次性是指资源配置时要考虑内容与载体的层次性以及用户需求的层次性；动态性是指要不断研究资源供给能力、需求能力以及价格等因素变化的影响；合理性是指资源开发的数量既要充分满足用户需求，又要防止造成经济上的浪费。所以，服务资源配置的评价主要是评估服务工作所需的各项资源要素建设与配置能否满足目标任务需要，并达到评价指标的程度。

（二）服务质量与水平的评价

　　服务质量与水平是一个主观范畴，同用户的感受有很大关系。由于每个用户的个人经历、职业环境和信息需求不同，对服务质量的要求及感知也不同。根据克里斯蒂·格鲁诺斯（Christian Gronroos）的服务向导理论，用户可感知的服务质量一方面取决于服务交易时用户（顾客）获得实际支出（收获）的技术（或产出）层面，另一方面是用户对如何得到这种服务关心的职能（或过程）层面。技术层面的评价比较客观，用户容易感知，而过程方面的评价比较主观，难以进行客观评价。如果实际质量达到了用户所期望的水平，则用户得到的服务是满意的；如果用户的期望未能实现，即使实际质量以客观标准来衡量是达标的，但用户对所接受的服务仍然无法感到满意。因此，服务质量与水平评价的主要方面是用户满意度。

（三）服务方式与手段的评价

服务方式与手段，从本质上讲，映射了服务的整体组织流程。在高校图书馆知识服务的演变中，我们观察到一种明显的转变：从传统的被动服务模式逐渐向主动服务模式迁移，同时，服务范围也从广泛的规模化服务转向更为精细的个性化服务。这种转变不仅体现了图书馆对知识服务深入理解的进程，也反映了图书馆在努力满足用户多元化、个性化需求方面的持续探索。

在此背景下，对服务手段的评价显得尤为重要。评价内容应涵盖多个层面，包括但不限于一般性的基础服务、特殊或定制化的服务（如个性化信息服务、远程信息传递等）、宣传教育的有效性，以及知识服务的深度和广度（例如解答参考咨询的质量、提供定题情报的准确性、开发情报产品的创新性等）。此外，服务的多样化、人性化和便利化程度也应纳入评价体系，这些方面共同构成了评价服务手段优劣的多维度标准。

（四）服务设施与支撑环境的评价

当谈到服务设施与支撑环境时，实际上是在探讨服务的技术基础和运行平台。这里，计算机技术（含硬件与软件资源）和网络设施构成了服务设施的核心。特别是在当前文献信息广泛数字化的趋势下，网上运行的数据信息量不断激增，为信息与知识服务提供了强有力的支持环境。

在评价这一环节时，需要综合考虑多个方面。高校图书馆的软件应用程度反映了其信息化建设的水平，网络设备的先进程度则直接关系到服务效率和稳定性。同时，数据库建设的完善性和网络资源的应用程度也是评价的重要指标，它们不仅影响着图书馆的内部管理效率，也直接关系到用户获取信息的便捷性和准确性。另外，资源共享程度体现了图书馆在开放合作方面的姿态，这也是现代图书馆发展中不可或缺的一环。通过这些细致入微的评估，我们可以更全面地了解图书馆服务设施与支撑环境的现状，并为其未来的优化升级提供有力的数据支持。

（五）服务效益的评价

信息与知识服务效益是指高校图书馆在投入一定成本后，通过其服务所产生的直接或间接的效果与收益。这种效益不仅体现在经济层面，更涵盖了社会价值的实现。具体而言，经济效益主要是通过信息与知识服务所提供的产品及其成果所带来的经济回报，减去在产出这些产品和成果过程中所消耗的人力、物力和财力成本后的净收益。而社会效益则站在一个更为宏观和全局的视角，审视知识服务在国家教育和科学研究发展中所展现的重要价值，以及其对推动社会进步所起到的积极作用。在评估这一效益时，我们应当综合考虑多个维度，包括但不限于图书馆的投入成本、服务产出的实际效益，以及用户对服务的满意度等。这样的评估体系有助于我们更全面、客观地衡量图书馆信息与知识服务的综合效益。

三、高校图书馆知识服务质量评价的内容

高校图书馆知识服务质量评价的内容确定为以下五个方面。

（一）知识服务人员的评价

1. 对知识服务人员个体的评价

知识服务人员是知识服务活动中的第一要素，是知识服务质量的决定性因素，也是知识服务评价中最重要的对象和内容。知识服务较之传统的文献信息服务，无论是对服务人员的知识结构、专业技术能力，还是综合素质都提出了更高的要求。知识服务与传统的文献信息服务最大的区别就在于，它不是简单地向用户提供现成的文献或信息，而是需要在对用户需求充分了解的情况下，广泛收集信息，并对其进行分析、筛选、加工，重组成新的知识产品或方案，以求解决用户的实际问题。在这个过程中，服务人员对用户需求的解读能力、对信息检索收集能力、对信息加工处理的能力和形成新知识的组织能力都直接影响着知识服务的质量。也就是说，知识服务比传统的文献信息服务融入了服务人员更多的知识和智慧，它的知识含量更高，对服务人员的要求也更高。可以说高质量的知识服务来源于高水平的知识服务人员。特别是在网络信息技术飞速发展的今天，作为直接面向用户、直接融入

用户的知识活动，为用户解决实际问题的知识服务人员被赋予了多重身份，他们既是用户知识活动的参与者，也是信息资源的组织者、知识产品的制作者、知识信息的提供者，还是信息利用的导航员和信息认知的教育者。在知识服务活动中人们对他们期望之大，要求之高是可想而知的。对知识服务人员的评价实际就是对他们服务能力的评价，应该从他们的知识结构、专业技术能力以及个人综合素质等多方面进行。

（1）知识结构。

这是构成知识服务人员各方面能力和启迪智慧的知识基础，它是指一个人的学历和所掌握的主要学科知识框架。一个人的知识越丰富，知识结构与从事的工作越贴近越趋于合理，在各种工作中就越是得心应手。作为知识服务的第一要素，高校图书馆知识服务人员一般应该具备完善的图书情报专业知识和较强的计算机操作知识，还要具备较高的外语水平和精深的系统的某一学科专业知识，这些都是知识服务工作必备的能力。图书情报专业知识和计算机操作知识是开展文献信息和网络信息收集、加工和处理的专业技术基础；外语知识是广泛收集整理资料的语言基础；精深的学科专业知识是提供专业知识服务和个性化知识服务的学科基础。除此之外，高校图书馆知识服务人员还应具有对社会政治、经济、法律、文化等多方面知识的了解，因为每一个服务人员都会面对各种类型的用户，会面对庞大的文学资源和广阔的数字资源。学科信息的无限性与专业知识的有限性的矛盾是构成知识服务人员挑战自我的永恒主题。知识服务人员能否胜任其岗位工作任务，能否妥当地解答用户咨询，基本满足各类用户的知识需求，能否得心应手地不断提升知识服务的水准，都与其是否拥有广阔的知识面和合理的知识结构是分不开的。所以对知识服务人员的评价必须对其知识结构有明确的考查标准。

（2）专业技术能力。

在开展知识服务过程中，需要对广袤的文献资源和网络信息资源进行收集、整理和重组，需要服务人员对文献信息进行搜集、分类、标引，并按用户的需求将大量零散的文学信息组织到一起，或者是按一定的专题或规律建立数据库，并将用户所需的知识迅速传递到用户手中。服务人员能否迅速准确全面地检索搜集与用户所需知识相关的信息，能否采用多种或选择最恰当的组织方式和知识挖掘技术对信息资源进行整合重组，能否采用先进的知识推送技术将知识迅速传递到用户手中，并主动为用户提供类型多样、使用方便、标准实用的实时动态参考信息等，都反映出服务人员的专业技术能力，也都直接影响着知识服务的工作效率。所以，对高校图书馆知识服务人员的专业技术能力的考查和评价是知识服务评价中对人员评价的一个非常重要的方面，应该制定相应的考查评价标准。

（3）个人综合素质。

这是知识服务人员综合服务能力的重要基础。每一个知识服务人员在具备较高的专业技术能力和较全面的知识结构的同时，还应该具有良好的个人综合素质。综合素质是个人的思想素质、业务素质和各方面能力的综合体现。也就是说，作为高校图书馆知识服务人员，除了要有较高的业务素质以外，在思想素质上也应表现出强烈的工作责任心、良好的职业道德品质和敬业精神。具体说就是要真正把用户的需求和利益放在首位，在任何情况下都要急用户之所急，想用户之所想，这是做好服务工作的前提。此外，高校图书馆知识服务人员开朗大方的性格、热情的服务态度、积极主动的交往能力、与用户的沟通理解能力和与同事之间的团结协作能力等，都是营造良好服务氛围和环境的有利因素。他们往往通过这种与用户的沟通和交往，和用户建立起具有亲和力的人文关怀，拉近与用户的距离，便于更好地理解和启发用户的知识需求，弥补因工作中的某种缺陷而引起的用户不满，使知识服务工作收到意想不到的效果。与同事之间的团结协作能力也是知识服务人员扩大个人能力、提高知识服务整体水平所应具备的重要素质。

2. 对知识服务人员队伍的评价

对高校图书馆知识服务人员个体水平的评价主要就是上述三个方面的内容。如果是对某一高校图书馆知识服务人员的整体水平的评价，则应该在对服务人员个体评价考查的基础上，还要对以下方面进行考查。

（1）服务人员整体配备情况。

各高校图书馆应根据本馆的性质和服务范围、规模以及服务对象等具体情况，配备和建立一支人员数量充足、整体知识结构和专业结构合理的知识服务队伍。由于知识服务相对于一般文献信息服务具有更强的知识性、复杂性和特殊性，各高校图书馆在人员配备上，一是要充分考虑数量比例，复杂劳动不能简单地按常规服务中用户与服务人员的比例来配备，应根据实际情况，尤其是根据需要深层次知识服务的固定用户数量的情况，采用大于常规服务人员的比例来配备，还要根据高校图书馆整体人员数量的一定比例来考虑。二是要充分考虑整体的知识结构，是否与服务对象的主要知识结构相匹配，是否能突出重点地覆盖各个主要学科。任何服务人员个体都不可能具备所有用户所需要的知识面，但如果知识服务的整体队伍中每个人的知识都能优势互补、相互协调，知识服务的整体水平就会有很大提高。此外，高校图书馆知识服务人员的配备应该是一个不断增长的变量，应基本达到与不断变化、增长的知识服务需求相一致。

（2）服务队伍的团结协作能力。

这是指从事高校图书馆知识服务的每一个人在整体队伍中，是否有与他人团结协作的团队精神，整个队伍中是否有知识交流、知识共享的机制。现代的知识服务项目往往涉及的面较大，完成一个项目的服务往往也需要多种人员和多种知识的相互配合。知识服务队伍整体的团结协作精神是整体服务水平的保证，也是知识服务评价的重要内容。

（3）知识更新的能力。

知识服务是知识含量较高的研究性服务，随着社会知识、信息技术和用户知识的不断更新，高校图书馆知识服务人员的知识也需要不断更新。尤其是日新月异发展的现代信息技术，是知识服务的基本技能基础，每一个服务人员都应该不断学习新的知识，掌握新的操作技术，否则知识的老化会直接影响知识服务的质量。所以，高校图书馆是否具备经常性的知识更新的措施及能力，是否能通过经常性的外派学习和内部培训等方式建立起整体知识更新机制，是否能使服务人员的知识和技能始终处于前沿状态，能否经常了解各学科专业研究的最新动态和前沿水平，这些都是直接影响高校图书馆知识服务水平的重要因素，也是衡量一个知识服务队伍整体水平的重要方面。

（二）知识服务的信息资源评价

信息资源是知识服务的物质基础，信息资源的广度与深度及其组织管理形式对知识服务质量起着十分重要的作用。网络环境下高校图书馆知识服务的信息资源由两部分组成：一是实物型文献信息资源，二是非实物型数字化信息资源。网络环境下的高校图书馆知识服务，正是通过这两方面的资源得以实现。所以对高校图书馆知识服务的信息资源的评价也是以这两个方面为主要内容。

1. 实物型文献信息资源的评价

实物型文献信息资源包括纸质文献和磁盘、光盘、录音录像带等各种载体的文献。由于传统的纸质文献占绝大多数，所以对实物型文献信息资源的评价实际上就是对传统文献资源的评价。这在传统的高校图书馆评估和文献资源建设的研究中都有较为完善的评价标准和体系。一般来说主要是从文献资源量、文献资源结构和文献资源利用三个方面来进行评价。文献资源量是对文献资源的量的评价标准。它主要包括拥有文献的总量多少，文献的保障率（即总量与用户人数之比）是多少，年人均新文献入藏量和文献覆盖率等方面的内容。文献资源结构是对文献资源的质的衡量标准。它主要包括文献的学科覆盖面或主题范围大小、研究级文献的比率、不同语种文献的比率、不同载体形式的比率和文献新颖度系数等指标。文献资源利用的评价主要是从用户利用的角度对文献资源的质的考察。它主要是通过对文献的利用率、流通率、满足率来检验文献资源的配置是否能满足用户的利用。这些传统的评价内容虽然仍是高校图书馆知识服务评价中对信息资源评价的内容之一，但在整个评价中不占主要地位。同时由于高校图书馆知识服务对信息资源要求的特殊性，所以对实物型文献信息资源的评价也还不能完全按传统的评价进行，从对知识服务的支持角度来看，评价重点应该有所改变。

现代知识服务对文献信息资源的要求除了文献的量的保证和文献的质的合理性，更强调文献资源建设中的学科系统性和特色。知识服务是为特定的用户群体提供的深层次服务，它要求所利用的文献资源在具有与用户知识结构的高匹配性的同时，还应具有相应学科专业的系统性，以便从中寻求更全面更权威的知识。而且在网络信息环境中，资源获取渠道的增多和共享程度的提高，对文献资源的特色要求更高。必须建立与特定服务对象相适应的特色资源体系，才能对高校图书馆知识服务有更大的支持。文献资源的特色是高校图书馆知识服务评价中对文献资源评价的重点内容。除了文献资源建设中的特色要求，高校图书馆知识服务对文献资源的标准化组织也有较高要求。一方面在组织方式上，传统文献服务中对文献资源的组织大多只按分类法进行分类编目。分类法是以学科聚类为基础的文献组织方法，标引的深度和揭示文献的知识内容都是粗略的、有限的；而知识服务则要求对文献资源的组织方法能更深地揭示文献的知识内容，一般要求在分类法的基础上采用主题标引进一步揭示文献的主题内容，以方便知识服务中对文献的知识内容的查找和利用。另一方面在编目的方式上，知识服务更加强调规范化和标准化，在标准的机读目录（MARC）格式著录的基础上，尽可能以规范的方式对文献进行更深更多的标引，以便于文献资源的数字化查询和多途径检索。有鉴于此，知识服务评价中对文献资源的评价也应将文献组织方式，尤其是标引深度和标准化水平作为评价的重要内容。

2. 非实物型数字化信息资源的评价

非实物型数字化信息资源是高校图书馆知识服务更主要的资源。它既包括高校图书馆自建或购买而拥有所有权的各种数据库和镜像站的数字化信息资源（以下对此称作"数字化资源"），也包括加盟或注册而拥有使用权的其他机构的数字资源和各开放式网站的网络信息资源（以下对此称作"虚拟资源"）。

（1）对数字化资源的评价。

这实际上就是对所拥有的各种数据库和镜像站资源的评价。由于都属于高校图书馆，所以其评价内容与实物型文献信息资源的评价有很多共同之处。一是数据库和镜像站数量的多少，数据库中收录的数据量有多大，这反映数字化信息的量。二是所拥有的数字化信息资源的学科专业覆盖面有多大，是否与服务对象的知识需求吻合，是否与传统的文献资源在内容上相互补充，这反映数字化资源结构的合理性。三是数据库收录信息的年限跨度和数据更新的周期，这反映数字化信息资源的时效性。四是数字化资源的检索途径多少和方便与否，标引深度是否能充分揭示信息内容，这反映资源的可用性。五是数据库的类型中全文、文摘、书目、题录、知识元、数据库、多媒体各种类型所占比例是多少，这主要反映资源的实用性。上述评价内容中除了第一条是对数字化资源的量的评价以外，其余的结构合理性、信息的时效性、可用性、实用性四个方面都是对数字化信息资源的质的评价。

（2）对网络虚拟资源的评价。

这是既不以实物形式出现，也不以数据形式长期固定存储在服务器中的虚拟的动态的资源。由于其虚拟性和动态性，使得用户自己最难查询和获取。由于难得而更显得需要，因此它也是高校图书馆知识服务最需要的资源。对其评价也与其他数字化资源的评价有所不同。对网络虚拟资源的评价，无论是共享的其他机构的资源，还是互联网上开放式网站的可用资源，一方面要考查其是否能与其他资源在内容上互为补充；另一方面，要看其能否方便地获取，并且能否有效地存储。这种可获取性和可存储性实际也就是对其可用性的考查和评价，这都是由其虚拟性和动态性所决定的。实际上对可获取性和可存储性的考查都与对网络设施和网络技术的评价联系十分紧密。但从信息资源利用的角度看，它又确实是高校图书馆知识服务信息资源评价的重要内容。

（三）知识服务网络及信息系统评价

高校图书馆现代知识服务是在网络技术和通信技术高度发展的基础上发展起来的，它是基于网络的知识集成、系统集成的集成服务，是基于分布式多样化动态资源和智能系统的服务。先进的网络和信息系统是知识服务的必要条件和必备硬件环境。没有良好的硬件环境，仅靠传统的馆藏文献和手工操作，高校图书馆知识服务就不会有生命力。对网络和信息系统的评价，实际上就是要考查这些硬件对知识服务的支持力度。

1. 对网络的考查

高校图书馆知识服务过程中，无论是对国内外各服务机构信息资源的链接和对各分布式开放式网站多样化动态资源的搜集，还是将知识服务及成果主动推送和发布给用户，都需要有畅通安全的网络通道，网络的畅通是知识服务的基本保障，对其考查应主要从畅通之开放程度和安全程度着手。具体内容主要包括：网络的带宽及速率是否能迅速链接互联网或其他外部资源；网络接口的多少是否能满足用户使用的需要；分布是否合理；网络的安全性能是否能有效防止各种病毒和黑客的侵袭等。

2. 对信息系统的评价

信息系统是高校图书馆知识服务的工具。绝大多数服务项目和服务技术是直接通过信息系统来完成的。而且知识服务要求深入有效地融入用户解决问题的全过程，实行随时跟踪服务，这种融入并不是服务人员跟随用户方一起研究活动，而是通过建立一定的系统模块，直接嵌入用户信息系统，围绕用户的信息活动来有效支持其处理信息、提炼知识和交流协作，提供相应的服务。高校图书馆知识服务对信息系统的依赖性是很强的，要求是很高的，对信息系统的评价和测度标准也相应更高。一般来说，对信息系统的评价，主要是从它性能的稳定性、兼容性、易用性、可扩展性和安全性等方面来测度，同时也对系统的各项执行标准，即各项系统指标是否为国际通用标准、有无合作组织问题的交换标准、系统记录形式是否符合元数据标准等进行考查。但就知识服务的信息系统评价来说，除了上述一般性考查，它更关注的是系统的交互性和智能性。

高校图书馆知识服务是服务人员与用户的互动过程，从用户需求的提出到服务人员的准备和回应，这之间相互不断的交流和磋商都是通过系统来进行的。而且知识服务模式的发展就是越来越趋向于摆脱将信息系统与用户信息利用过程相对隔离的局限，形成以用户信息活动为基础的数字高校图书馆机制。这种机制围绕用户信息活动和用户信息系统来组织、集成、嵌入数字信息资源和信息服务，从而更直接、更深入、更有效地支持用户检索、处理、利用信息来解决问题。这种基于用户信息系统的服务模式必须有较高的交互性。同时，高校图书馆知识服务还是基于分布式的异构平台信息资源的服务，在与其他系统的相互操作中也需要系统有较高的交互性。系统的交互性是直接影响高校图书馆知识服务能否顺利开展的重要因素。

高校图书馆知识服务对系统的智能性要求也很高。知识服务倡导的是为用户提供个性化定制服务，这需要依据用户个人的知识需要和信息习惯，利用智能化的手段，自动解析用户需求，动态搜集信息资源，自动匹配获取知识并主动推送传递知识。这一系列活动不仅需要信息系统有强大的网络信息资源及搜索能力和友好的用户界面作保障，需要具备信息过滤、自动学习和用户监视系统及能力，还需要有类似人脑智能活动的专家模拟系统，需要系统的高智能性来实现。所以智能性也是评价高校图书馆现代知识服务信息系统的重要内容。

高校图书馆知识服务对信息系统的要求还包括其功能的完备性。现代化的知识服务系统应该能够支持多语言技术，能够通过机器翻译、多语言浏览等功能为用户提供跨语言的支持；系统的检索功能要能提供多种检索途径（包括简单检索、复杂检索、自然语言检索、图像检索、视频检索等），能提供布尔逻辑、组配、截词、位置、词根、嵌套、近义词、引文等多种检索方式。信息系统功能的完备性也是知识服务评价中对其信息系统评价的内容之一。

（四）知识服务方式及技术评价

这里所说的方式，是指知识服务的方法与模式。高校图书馆知识服务的方式及技术手段是影响服务质量的重要因素，它们从很大程度上决定着高校图书馆知识服务的水平。灵活多样的方法和先进技术的应用在提高知识服务水平的同时，也同步提高了用户的预期值和满意度。高校图书馆知识服务从传统到现代，其方式多种多样，特别是在网络化服务已成为高校图书馆现代知识服务主要形式的今天，技术手段越来越先进。它早已不再局限于手工翻阅资料，编写二次、三次文献，而是借助于网络平台和数字化资源，采用数据库技术、信息推送技术、智能代理技术和网格等现代信息服务技术，开展用户调查，进行知识组织、知识开发和挖掘，实施知识配送，进行知识评价和知识导航，提供网上参考咨询服务等。当然，这只是从一个侧面简单地列举，高校图书馆知识服务的具体方法和技术远不止这些。知识服务的方式方法因人而异，因时而异，因环境而异。所以，对高校图书馆知识服务方法技术的评价也不便于对每一个具体方法和每一种技术进行一一评判，而是应对高校图书馆在服务过程中经常采用的方式方法进行整体的评价。

1. 对服务方式的评价

一般来说，服务的方式方法并不是摆在那里看得见摸得着的物品，而是在解决某一问题时服务人员和用户相互活动的一种行为过程。对服务方式的评价，实际上就是对服务的某些过程的评价。在高校图书馆知识服务过程中，对不同的需求有不同的服务方式，对不同的用户也可能采用不同的方法。所以，对方式方法的评价应以用户的感受作为衡量的标准。用户对方式方法的认可一般反映在：①是否具有便捷性，即用户可以提出需求问题的方式、获得答案的方式，双方交流沟通的方法是否都简单方便快捷；②是否具有恰当性，即服务人员选择给予用户答复的方法是否能切中用户对服务需求的心理，是否能直接准确地给予用户满意的答复；③是否具有多样性，即用户提问和获得答案是否有多种不同的、可供选择的方法，除了参考咨询以外，还有利用知识培训、信息导航等多种方式。总之，在高校图书馆知识服务过程中，用户需要的就是不用花太多的时间，不用受过多的技术或环境条件限制，就能得到最直接的答复或所需要的知识方案。举例来说，数字化参考咨询服务就有电子邮件咨询、BBS 留言板、Web 咨询表单、FAQ 问题库、实时解答咨询等多种形式，高校图书馆能同时提供这些方式供用户选择，就体现出服务方式的多样性。用户也可以根据自己的具体情况选择最恰当最便捷的咨询方式，如果环境允许而且问题不是太复杂，选择实时解答咨询比其他方式更简便直接和迅速。服务人员需要向用户推送有关知识，也可以根据用户的不同情况分别选用频道式推送、网页式推送、邮件式推送等方式。知识服务的方式方法会对服务的结果和用户的满意程度产生直接影响，所以知识服务评价也应将这作为评价的重要内容之一。

2. 对服务技术的评价

知识服务的技术实际上是蕴含在其他要素之中的。如信息系统的性能、功能评价中实际上包含了信息服务技术的成分，服务人员的专业技能评价中也包含了信息服务技术的操作能力，知识服务的方式方法评价中其实也含有技术的成分。服务的各种方式和方法都是以技术作支撑的。服务技术虽然也是知识服务评价的内容，但它可以在其他评价内容中综合体现。

（五）知识服务成果评价

高校图书馆知识服务因用户需求的不同或采用的服务方式不同，提供给用户的服务成果形式也不同。这种成果可能是有形的文献形式，也可能是数字化的文件或数据库形式以及随机的对话和留言，还可能就是口头的几句答复或建议方案。无论哪一种形式最终都要满足用户的知识需要，而且都是一个知识服务项目的最终结果。其成果满足用户需求的程度如何，最后收到的效果如何，都是知识服务评价的重要内容。

1. 对服务成果质量的评价

无论何种成果形式，都有一个质量问题。评判质量的高低，主要就是看这个成果是否符合用户问题的需要，或者说能从多大程度上帮助用户解决问题。知识服务项目大小和服务方式的不同，对不同的成果形式的评价内容也不完全一样。

（1）参考咨询的回答质量测度。

参考咨询的回答主要有网络形式和口头形式两种，现代信息技术条件下的知识服务以网络形式咨询和答复居多。一般咨询答复的内容比较简短，对其质量的测度主要从答案准确性、启发性、及时性、规范性几个方面来进行。

准确性主要是考查答案是否紧扣住用户问题的中心所在，而不是顾左右而言他；是否为用户提供了解决问题的正确方法或途径，即答案是否切题并客观正确。

启发性主要是指在某些问题不能直接给出明确答案的情况下，是否能从某种角度去启发用户的思维，帮助用户变换角度去寻求解决问题的答案，即答案是否具有指导意义。

及时性就是考查对用户的问题是否做到不拖延而尽快给予答复。

规范性主要是看回答的语言、文字以及层次是否清楚明白规范，并符合用户语种的要求。数字化参考咨询是知识服务的重要形式，但其回答往往因时间紧问题杂，没有太多的思考余地而随意性较强。要把好答复的质量关，一方面要配备高水平的参考人员，另一方面要加强对回答质量的测度和评价，以利于不断改进工作，提高服务水平。

（2）专题知识库导航库质量测评。

对一些大的科研项目的知识服务往往需要为用户提供某一专题知识信息，并建立专门的知识库或知识导航库。所谓专题知识库是指采用各种链接方式，将各种载体上各种类型的某一专题的知识信息集成到一起，用统一的标准和规范将它们分门别类地组织为一个有序的便于利用的整体。所谓知识导航库是指把互联网上与某一个或某些主题相关的节点进行集中，按照方便用户的原则组织成一个数据库，向用户提供这些资源的分布情况，指引用户到特定的地址获取需要的知识信息。对各种专题知识库和知识导航库进行全面的质量评价是非常复杂的工作，在此，仅就作为知识服务评价中的一方面内容来说，鉴于其用途和组织方式，对其评价可主要从全面性、可用性、指导性、时效性等方面进行。

全面性是就收录数据范围而言，指知识库或导航库所链接、收录集成的某一专题知识信息（各种类型、各种载体）或网站（开放式、封闭式）是否全面，其信息内容涵盖程度有多大。

可用性是就数据库建立的方式而言，指知识库或导航库的建立是否采用国际通用的元数据、标识语言、分类法和词表对信息数据进行描述和加工，标准化程度如何；是否能方便联机检索存取利用，检索途径有多少，检索方法是否与用户的操作习惯和能力相适应；提供的知识信息的类型（是题录还是全文，是文摘还是内容提要）是否符合用户的要求，链接方式是否便捷。

指导性主要是就知识信息内容深度而言，指知识库和导航库对数据标引深度和提供相关信息的详细程度如何，能否起到有效指导用户利用和查找知识的作用。如果是对各种数据简单的收集和排序，其指导性就差；如果在全面收集和排序的基础上对专题知识信息的来源及可信度、利用率等内容进行正确的评价，或者对相关网站及其资源和服务情况进行介绍，其指导性就会大大提高。

时效性主要是指收录的知识信息的年限跨度有多大，最新信息所占分量有多大，是否能及时反映该专题的最新知识，一些跟踪信息数据的更新周期是多长时间等。由于各种类型数据库的用途和建库方式不尽一致，所以对数据库形式的知识服务成果的评价内容和标准也不尽相同。

（3）三次文献质量的评价。

知识服务从传统到现代，二次文献、三次文献都是其重要的成果类型之一。只是在传统服务中是以纸质文献形式出现，而现代知识服务中二次文献则多以数字化形式出现（如书目数据库、篇目索引数据库、文摘数据库等），但三次文献（如专题综述、述评、专题调研报告等）还是多以纸质形式传播。专题知识数据库评价已包括部分二次文献的评价（文摘型出版物在外），而且知识服务中三次文献更有深度，其编纂和要求都与二次文献有一定的不同，所以在此就三次文献的评价内容和标准作简单的分析。三次文献的评价主要应考查的内容有：资料收集的全面性，包括收集引用资料数据的多少，资料内容的新旧程度如何，资料数据的重要性、权威性如何等；素材加工的合理性，主要是指对所收集的资料汇总、分析、筛选、综合是否恰当，特别是对原材料内容的分析是否遵循了各文献或信息中的知识因子的逻辑联系，分析是否有理有据，是否尊重了原材料的客观性；结论的创新性，主要是在对素材分析的基础上是否提出了独到见解或合理化建议等；语言表达的明确性，在原材料的基础上形成的新的文献，无论是对原材料的陈述分析还是对自我见解的阐述，都应该简洁、清楚、明白，篇章结构也应层次分明，以便于读者用户的理解和利用。

（4）科技查新结论的评价。

科技查新也是知识服务的重要内容之一，查新的结论也是提供给用户的服务成果。对科技查新结论的评价主要是对其客观性的测度，看查找的资料数据类型、数量是否全面，以免造成片面性结论；还要看查得的资料数据是否具有新颖性和可靠性，以免造成结论的偏差。

2. 对服务成果效益的评价

对服务成果质量的评价不能仅仅是对成果本身的优劣的测评，因为要能收到应有效益的成果才是有效成果。对知识服务成果效益的评价包括社会效益和经济效益，实际上也就是看服务成果能否被用户有效利用从而实现其社会价值和经济价值。

鉴于知识的特殊性，实现知识服务成果的社会价值一般要经过三个阶段：一是服务成果的传递阶段，即将服务成果传递给用户，满足用户的某种知识需要；二是用户创造价值阶段，即用户将知识服务的成果转化为生产力；三是服务成果的社会价值的回归，即用户对知识服务价值的认同，对服务成果的贡献的肯定。对知识服务成果的社会效益评价，首先要对其使用价值及重复利用的次数进行预测，然后再测评成果投入运用或公开发表后所产生的真实社会效应和反响，对社会经济发展的理论影响力和生产推动力，对知识服务机构以及知识服务市场可持续发展的贡献力等。社会效果及各种影响力的测评不是靠几个数据或几张调查表就能完成的，而是应以用户的利用次数和范围及其创造价值的大小来衡量。

知识服务成果的经济价值是决定整个服务机构经济效益的重要因素，但成果本身经济价值的构成一方面要由生产创造成果的活劳动（创造性的脑力劳动和依附于脑力劳动上的体力劳动）新创造的价值来决定，另一方面是由所使用的物质资源（计算机、网络等设备）、知识资源（知识、技术、信息等）转移过来的价值构成的。显然，物质资源和知识资源作为资本，其自身是不能创造价值的，它们的价值是通过活劳动转移而实现的。活劳动是决定知识成果价值的主要因素。在一般的知识服务成果中，活劳动的价值与生产资料的价值在构成知识产品的价值的量上成反比关系，活劳动占据的价值大，生产资料占据的价值就小，反之亦然。但是，这种活劳动的价值与生产资料所占的价值一般是很难确定的。知识服务产品的价值在构成上的复杂性、价值含量的不确定性和价值的可伸缩性，使得服务成果的经济效益（即成果给用户创造的经济价值）评价也是比较难进行的。

但是，由于知识服务直接面对用户的问题（解决方案和决策），服务成果与其效益的匹配日渐明显，而且随着知识服务的逐渐市场化，其成果的经济价值也会日趋明朗。这种趋势使我们将经济效益评价主要集中在知识产品的价值这一依据上来。

第二节　高校图书馆知识服务评价的方法与实施

一、高校图书馆知识服务评价的方法体系

（一）高校图书馆知识服务的评价方式

在高校图书馆知识服务的评价体系中，评价方式的选择至关重要，它不仅关系到服务质量的准确衡量，还直接影响图书馆服务改进的方向和策略。

1. 定量评价与定性评价方式

定量评价和定性评价是高校图书馆知识服务评价的两种基本方法，它们各有特点且相互补充，共同构成了全面的评价体系。

定量评价，顾名思义，是通过具体的数据和量化指标来评估知识服务的效能。在高校图书馆的语境下，这通常涉及馆藏资源的利用率、用户借阅量、电子资源的下载量、用户满意度调查的数值化结果等。这些数据可以客观地反映图书馆知识服务的受欢迎程度和使用情况，有助于图书馆管理者了解服务的实际效果，以及用户对服务的具体需求。定量评价的优点在于其客观性和可比较性，能够直观地展现服务的使用情况和用户偏好。然而，它也有其局限性，即可能忽略了用户的主观感受和服务过程中的细节问题。

与定量评价相对应的是定性评价。这种评价方式侧重于通过深入的用户反馈、专家意见、访谈记录等来探究用户对知识服务的感受和评价。定性评价能够捕捉到定量数据无法反映的方面，如服务的便捷性、资源的准确性、工作人员的服务态度等。通过用户的故事、意见和建议，图书馆可以更深入地了解用户对知识服务的期望和需求，从而进行有针对性的改进。定性评价的优势在于其深入性和全面性，能够揭示服务过程中的问题和改进空间。但

其缺点在于主观性较强，且结果不易进行量化比较。

综上所述，定量评价和定性评价在高校图书馆知识服务评价中各有优劣。为了获得更全面的评价效果，图书馆应当综合运用这两种方式，既关注客观数据的变化，又重视用户的主观感受和需求。通过定量数据来把握服务的大致方向和趋势，通过定性分析来深入挖掘服务的细节问题和改进点。如此，高校图书馆才能更准确地评估其知识服务的实际效果，进而制订出更为合理和有效的服务策略。

2. 定期评价与实时评价方式

定期评价与实时评价是高校图书馆知识服务评价中的两种重要方式，它们在不同的时间节点上对知识服务进行考量，为图书馆提供了全面的运营反馈。

定期评价是一种周期性的评估方法，通常在每个学期、学年或特定的时间段结束后进行。这种评价方式通过对过去一段时间内图书馆知识服务的整体表现进行总结和分析，来评估服务的成效和用户的满意度。定期评价的内容包括但不限于馆藏资源的更新情况、服务流程的效率、用户反馈的收集与处理等方面。通过这种方式，图书馆可以系统地审视自身的运营状态，发现服务中存在的问题和不足，进而制订改进措施。定期评价的优势在于其全面性和系统性，能够帮助图书馆从宏观角度把握服务状况，但其缺点在于时效性相对较差，可能无法及时反映服务中的最新变化和用户需求。

与定期评价相比，实时评价更加注重对知识服务过程的即时反馈。通过实时监控、用户调查、在线评论等手段，图书馆可以迅速了解用户对当前服务的评价和建议。实时评价的优势在于其时效性和针对性，能够让图书馆及时发现问题并进行调整，从而提升用户体验和服务质量。例如，当图书馆发现某一类资源的借阅量突然增加时，可以迅速增加该类资源的采购和更新，以满足用户需求。然而，实时评价也可能受到用户情绪波动、个体差异等因素的影响，因此需要结合其他评价方式进行综合分析。

在高校图书馆知识服务评价中，定期评价和实时评价各有侧重且相辅相成。通过综合运用这两种方式，图书馆可以更加全面地了解自身的服务状况和用户需求，进而实现持续改进和优化。同时，这也要求图书馆在评价过程中保持开放和灵活的态度，不断调整和完善评价体系以适应不断变化的服务环境和用户需求。

（二）高校图书馆知识服务的评价方法

高校图书馆知识服务评价一般是高校图书馆内部加强管理以便改进工作的措施。评价工作也主要是高校图书馆自行定期组织的。评价方法的选择应根据每一次评价目的和重点来确定，而且各高校图书馆内部的评价往往是宜粗不宜细。

1. 等级划分评价法

此种方法是将指标体系中的各个指标划分等级，并对各等级应该达到的水平或程度作出具体规定，然后由评价小组对评价对象的各指标评定等级，在综合评价小组专家意见并对专家给出的数据进行处理的基础上，得出综合评价结论。此种方法基本上属于定性评价方法，但也可以对专家意见作定量处理。具体做法是：第一，制定评价标准，即设计评价指标，建立评价指标体系，划分各指标的等级，规定各等级应达到的水平，应注意同一指标体系中各个指标的等级数应一致，对不同指标的各个等级规定相应的水平标准；第二，专家评价，即聘请有关专家，根据评价标准对评价对象的各个指标评定等级；第三，综合专家意见，得出评价结论。综合专家意见也可选用指标达标法、总分评判法、加权总分评判法等。

2. 模糊综合评判法

模糊综合评判法是用模糊评价集来表示每个因素的不同等级，分别给各因素不同的权重，运用模糊关系合成原理，从多个因素对评价对象的隶属等级状况进行综合性评价的一种方法。知识服务评价与传统的书目情报服务评价有很多相似之处。要注意的是，其中的很多方面尤其是网络信息系统的一些指标不能单纯用一个简单的分数来加以判断，如评价网络信息系统的可靠性、兼容性、安全性等，这些指标并没有客观的指标值，这就需要用"很好""一般""较好""较差"等模糊概念来进行评价。同时，模糊综合评判法考虑了多个因素，采用了加权方法，是一种较好的综合评价方法，具有综合评价的各项优点，是知识服务评价的一种行之有效的方法。实际上模糊综合评价法与等级划分评价法基本上是一致的，只是在等级设置中用"优、良、中、差"和"很好、好、较好、较差"等模糊性概念来替代了具体的等级标准。

这种办法对定性评价和定性定量相结合的评价指标便于操作，但是确定权重向量和对各指标的模糊关系作加权处理仍然是一项不可缺少的工作。

3. 层次分析法

即将复杂的评价对象分解为各个组成因素，并按其支配关系分组形成有序的递进层次关系，通过两两比较来确定层次中各因素的相对重要性，然后综合排出相对重要性的总顺序。由于层次分析法对评价指标的层次关系分析要求较清楚，而对定量数据要求不多，所以比较适用于较复杂的定性评价指标的评价。知识服务评价对象较多，各评价指标间相互关联和相互制约的多层次关系比较适宜采用层次分析法。

此外还有常规综合评价法，即对定量评价指标采取常规方法处理，不区分评价指标的层次，不对评价指标作模糊处理，也不考虑如何在评价变换中消除指标间相关的重复信息，而只采用一般的数学方法来作无量纲化和合成处理的评价方法。由于常规综合评价法的指标必须是定量指标，即指标应有确定的指标数值，这对于高校图书馆知识服务各方面指标的综合评价不是很适用。其实，在高校图书馆知识服务评价中无论是采用等级划分评价法还是模糊综合评判法或是层次分析法，其基本评价方法是一致的，都必须建立不同层次的评价指标体系或评价模型，都需要根据各指标的重要程度进行加权处理，然后综合计算排序。鉴于知识服务质量评价中对用户满意度的重视，可以在这些评价方法的运用过程中，将一些评价指标分解成用户感兴趣的问题，通过问卷的形式获得用户对各指标的划分等次、模糊评判等评价数据，再将它们与专家意见综合，所得出的评价结论将会更加客观、更加准确。

总之，随着高校图书馆各种知识服务评价工作的不断深入、改进和发展，现代知识服务将得到越来越科学合理的管理和评价，从而促进高校图书馆知识服务水平不断提高。

（三）用户满意度的评价方法

用户满意是建立在用户对信息与知识服务的期望和认知基础上的，属于主观范畴。用户的期望是指用户在准备或接受信息与知识服务时希望出现的结果，包括信息与知识利用结果、服务范围、所花费时间、服务态度等。用户的认知包括用户对服务范围、层次和态度的了解程度。用户的认知值和期望值之间可能是相等的，也可能有一定差距，两者之间的比较结果即为用户满意度。服务质量差距理论（SERVQUAL）提出从有形性、可靠性、响应效率、保证性与移情性五个层面来反映用户的感受。要科学评价用户对信息服务的满意度，首先要确定影响用户满意度的要素；其次划分此用户满意度的级别，构建用户满意度指数，确定各类影响因素的权重；最后处理测评数据。

（四）评价人员

内部人员：主要指从事高校图书馆知识服务的工作人员及领导。他们运用定量和定性方式，定期或实时对知识服务的五大内容进行客观、公正的评价，完善服务方针和目标，规范服务行为，提高服务质量。

信息用户：信息用户是信息需求的发出者和接收者，对整个知识服务感知感受最为真切，由其作为评价方对知识服务质量作出评价，重点听取他们的意见，是现代知识服务评价的核心原则。

第三方评价：这一方式正日益引起广泛关注，它指的既非信息资源创建者（高校图书馆），又非信息资源最终使用者（用户）的中间机构。这些机构非当事人，会更加客观、公正。而且，由于这些机构专门从事评价工作，有一套成熟的评价体系，也能保证评价结果的有效性。

（五）计算机辅助的评价工具软件

随着计算机技术的发展，计算机辅助评价成为可能。Super Decisions 软件就是基于AHP理论的一个决策分析软件，由 Creative Decisions Foundation的AHP小组创作，用于辅助层次分析指标的计算与检验。该软件可以将一个复杂问题分解成各个元素组和元素，按支配关系将各个元素组和元素聚类形成网状结构，确定元素组之间和元素之间的关系，并可以构造超矩阵、加权超矩阵、极限超矩阵，计算出相应的权重，最终可得综合优势度和一致性检验的 CR值。

（六）高校图书馆开展知识服务评价的具体方法

1. SERVQUAL 评价方法

SERVQUAL理论是20世纪80年代末由美国市场营销学家帕拉休拉曼（A.Parasuraman）、来特汉毛尔（Zeithaml）和白瑞（Berry）依据全面质量管理（Total Quality Management，TQM）理论在服务行业中提出的一种新的服务质量评价体系，其理论核心是"服务质量差距模型"，即：服务质量取决于用户所感知的服务水平与用户所期望的服务水平之间的差别程度（因此又称为"期望—感知"模型），用户的期望是开展优质服务的先决条件，提供优质服务的关键就是要超过用户的期望值。其模型为：Servqual 分数＝实际感受分数−期望分数。SERVQUAL将服务质量分为五个层面：有形设施、可靠性、响应性、保障性、情感投入。每一层面又被细分为若干个问题，通过调查问卷的方式，让用户对每个问题的期望值、实际感受值及最低可接受值进行评分，并由其确立相关的22 个具体因素来说明它，然后通过问卷调查、顾客打分和综合计算得出服务质量的分数。

2. LibQUAL+评价方法

1999年12月，美国研究型高校图书馆联合会（ARL）根据 SERVQUAL 的研究和实践经验，共同发起了"LibQUAL+"研究计划，认为在应用到高校图书馆信息服务评价时，必须增加体现高校图书馆服务专业特色的评价指标。他们根据用户调查的情况把体现高校图书馆的内涵的层面和 SE-RVQUAL的5个指标进行了融合和重新设计，在2003年正式提出LibQUAL+TM 评价方法，这是一种新的用于衡量高校图书馆质量和服务效果的方法。其理论基础是：服务质量取决于用户的感知与用户对服务的期望之间的差值。

LibQUAL+TM 是从用户角度出发来确定问题、持续改进，更好地满足用户需求的评价方法，采用 Web 问卷调查的方式调查用户的主观感受。评价方法是将服务质量归结为若干属性，再在每个属性下划分若干指标。

3. ISO/11620评价方法

1998年国际标准化组织颁布了《信息和文献工作——高校图书馆绩效指标》（ISO/11620 Information and Documentation Library Performance Indicators，1998）。该标准对高校图书馆的绩效评估指标、结构体系、测评方法均作了明确规定，共列5大类29项指标，就高校图书馆的服务满意度、读者服务、技术服务、推广服务、人力资源利用、文献提供、参考咨询、馆际互借等方面对高校图书馆进行绩效评估。

上述这3种评价方法都能够体现高校图书馆的服务特色，也非常适合于高校图书馆知识服务质量的评价。

二、高校图书馆知识服务质量评价实施

高校图书馆知识服务质量的评价不仅是衡量高校图书馆服务质量的重要指标，也是推动高校图书馆持续改进和创新的关键环节。

（一）评价指标体系的构建

在智慧图书馆的背景下，高校图书馆知识服务的评价指标体系需要全面反映高校图书馆在资源、服务、技术和管理等方面的综合表现。具体来说，该体系应包括以下关键指标。

资源丰富度与更新速度：考察高校图书馆提供的电子资源、纸质资源以及特色资源的数量和种类，以及这些资源的更新频率和时效性。这是衡量高校图书馆能否满足读者多元化需求的基础指标。

服务质量与效率：评估高校图书馆的检索服务、发现服务、获取服务等核心服务的准确性和响应速度。例如，检索服务的查准率和查全率，以及获取服务的便捷性和时效性，都是重要的评价指标。

技术支持与创新能力：分析高校图书馆在技术应用和创新方面的表现，包括数字化技术、大数据分析、人工智能等先进技术的应用情况，以及高校图书馆在推动技术创新和服务模式创新方面的努力。

用户满意度与互动性：通过用户调查、反馈收集等方式，了解用户对高校图书馆知识服务的整体满意度，以及高校图书馆在回应用户需求和反馈方

面的效率和效果。

（二）评价方法的选择与应用

在评价方法上，应结合定性和定量分析，确保评价结果的客观性和准确性。具体方法包括以下几个方面。

问卷调查与访谈：通过设计科学的问卷和访谈提纲，收集用户对高校图书馆知识服务的直接反馈和意见，从而获取第一手资料，为评价提供实证支持。

数据分析与挖掘：利用高校图书馆管理系统和用户行为数据，进行深入的数据分析和挖掘，揭示服务使用的模式、趋势和问题，为改进服务提供数据支撑。

专家评估与同行评审：邀请高校图书馆学专家或业内同行进行定期或不定期的评估与评审，从专业角度对高校图书馆的服务质量和技术应用进行评价。

（三）评价结果的反馈与改进

评价结果的反馈和改进是评价过程中不可或缺的一环。具体而言，包括以下几个方面。

结果反馈机制：建立有效的结果反馈机制，确保评价结果能够及时、准确地反馈给高校图书馆管理层和相关工作人员，为他们提供改进的依据和方向。

持续改进计划：根据评价结果，制订具体的持续改进计划，明确改进目标、措施和时间表，确保高校图书馆知识服务能够持续优化和提升。

动态调整策略：随着技术环境和用户需求的不断变化，高校图书馆应灵活调整服务策略和评价重点，以适应新的形势和挑战。

（四）智慧图书馆知识服务评价的挑战与对策

在智慧图书馆知识服务评价的实施过程中，我们不可避免地会遇到一些挑战。这些挑战主要体现在数据收集的复杂性、评价指标的动态性以及用户反馈的主观性。为了确保评价的准确性和有效性，我们必须采取相应的对策来应对这些难题。

首先，数据收集的复杂性是一个不容忽视的问题。高校图书馆每天产生的数据量庞大且多样，如何从海量的信息中筛选出有价值的数据，是一项极具挑战性的任务。为了应对这一问题，我们可以优化数据收集与分析方法。利用先进的数据分析工具和技术，比如数据挖掘和大数据分析等手段，我们能够更加高效地筛选出关键信息，并提高数据收集的效率和准确性。同时，结合多种数据源进行综合评估，可以让我们从多个角度全面了解高校图书馆的服务质量。

其次，评价指标的动态性也是一个需要关注的问题。随着高校图书馆的不断发展和用户需求的变化，评价指标也需要与时俱进。因此，我们需要定期或不定期地更新评价指标，以确保其始终能够真实反映高校图书馆的服务水平和用户需求。这样，我们的评价才能更加贴近实际，为高校图书馆的持续改进提供有力的支持。

最后，用户反馈的主观性也是一个不可忽视的因素。用户的反馈往往受到个人喜好、情绪等因素的影响，因此，我们需要通过多种方式增强与用户的互动和沟通。例如，可以举办用户座谈会，面对面地了解用户的真实想法和需求；同时，也可以开展线上调查，广泛收集用户的意见和建议。通过这些方式，我们可以更好地理解用户需求，并收集到更为真实的反馈信息。

综上所述，智慧图书馆建设背景下高校图书馆知识服务评价的实施是一个系统而复杂的过程，需要构建科学的评价指标体系、选择合适的评价方法、建立有效的反馈与改进机制，并不断应对挑战、优化评价策略。通过这些努力，可以推动高校图书馆在智慧化进程中不断提升知识服务的质量和效率。

第三节　基于知识网格的高校图书馆知识服务绩效评价

一、知识网格基本特征

知识网格是一种基于现代信息技术的高级知识组织和管理方式。它通过整合互联网上的海量信息资源，并利用网格技术和语义网进行深度加工、重构和精细化处理，形成有序、结构化的知识资源体系。

知识网格作为现代信息技术的重要成果，通过其独特的知识组织和处理方式，为知识的整合、共享和创新提供了强大的支持，成为推动知识社会发展的重要力量。

（一）作为一种创新性的知识组织模式

知识网格的核心功能在于其能够将互联网上庞杂的信息资源汇总，并构建一个虚拟的集合体，通过运用网格技术和语义网，对这些海量的信息进行深度的加工、重构与精细化处理，最终转化为用户所需的知识资源。这种先进的知识组织方式，旨在将原本无序且繁杂的信息资源，转化为有序、可用的知识资源。此外，知识网格还能进一步提炼和组合现有知识，从而优化用户对知识资源的共享体验，促进知识的广泛传播，并显著提高知识资源的使用效率。

（二）基于网格与语义网的构建基础

在知识共享的背景下，语义网发挥着处理资源语义的关键作用。然而，语义网并不能独立地整合和共享多样化的语义资源。这时，网格技术作为一种强大的资源集成工具，为知识网格和语义网提供了必要的技术支撑。这三者之间相互依赖，共同构成了一个完整、高效的知识处理体系。

（三）构建智能化的知识服务互联平台

通过知识网格技术，用户可以访问一个虚拟的资源系统平台，进而进行知识资源的处理。该平台不仅提供了发布和浏览功能，便于用户传播和获取知识，还能根据用户的个性化需求提供其他专门的知识服务。这意味着，用户可以利用这个平台解决特定问题，甚至辅助决策。更为重要的是，这个平台还能整合已有的知识资源，推动创新，从而生成更多有价值的知识资源。这一智能化的知识服务平台，无疑为用户提供了一个全面、高效的知识解决方案。

二、基于知识网格的高校图书馆知识服务绩效评价体系构建

知识网格更好地凸显了知识资源之间的联系，根据用户需求，能够快速找出一系列相关知识资源，从而使得用户更容易发现知识资源，更快地利用知识资源。所以说知识网格在技术层面上为高校图书馆知识服务提供了帮助，使得高校图书馆知识服务绩效的影响因子由围绕传统人工服务转变为侧重依托计算机的虚拟知识资源服务。研究基于知识网格的高校图书馆知识服务绩效，构建其评价体系时，评价指标发生了改变。

（一）研究方法

研究从投入、产出两个角度对高校图书馆知识服务绩效进行分析，投入产出分别对应多个指标，即多投入、多产出。而 DEA 是根据多个输入、输出的观察值来计算有效性，DEA 不仅能够分析评价决策单元 DMU 的相对效率，还能具体表明决策单元 DMU 投入产出的实际数据偏差，从而更好地分析优化改进率。研究者选取了 DEA 经典模型中的 CCR 模型。CCR 模型是研究"规模有效"与"技术有效"卓有成效的方法。"规模效益""纯技术有效"分别是指决策单元 DMU 资金和人员投入规模处于生产最佳的状态、指决策单元 DMU 的软硬件环境、科研管理等技术因素，能够保证已经投入的资金和人员充分发挥其作用。

研究者选取的具体指标有以下几点：设有 n 个被评价的高校图书馆知识服务（决策单元 DMU），有 r 个投入指标 x_j，有 s 个产出指标 y_j，则指标集为：

$$x_j = \left(x_{1j}, x_{2j}, \cdots, x_{ij}\right)^T \left(r = 1, 2, \cdots, m; x_{ij} > 0\right)$$

$$y_j = \left(y_{1j}, y_{2j}, \cdots, y_{ij}\right)^T \left(s = 1, 2, \cdots, n; y_{ij} > 0\right)$$

λ_j 为单位组合系数，s^+ 是剩余变量，s^- 是松弛变量，其中 CCR 模型的数学表达式如下：

$$\min \theta = V_0$$

$$\sum_{j=1}^{n} \lambda_j x_j + s^- = \theta x_0$$

$$\sum_{j=1}^{n} \lambda_j x_j - s^- = y_0$$

$$\lambda_j \geqslant 0, j = 1, 2, 3 \cdots, n$$

$$s^- > 0, s^+ \geqslant 0$$

模型利用 θ、s^- 与 s^+ 3个变量来评价基于知识网格高校图书馆知识服务效率，只有 $\theta = 1$，且 $s^- = s^+ = 0$ 时，基于知识网格高校图书馆知识服务效率DEA 有效；而当 $\theta < 1$，且 $s^- \neq 0$ 或 $s^+ \neq 0$ 时，则基于知识网格高校图书馆知识服务效率DEA无效。

（二）数据来源及处理

研究者选取以北京大学、清华大学、复旦大学、浙江大学、武汉大学、上海交通大学、湖南大学、中山大学、同济大学、厦门大学10所高校图书馆为例，实际测算数据来自高校图书馆年鉴、中国科学技术司发布的高等学校科技统计资料汇编以及调查问卷多方来源。在选取数据年份时，结合高校图书馆知识服务投入和产出之间存在时间滞后性的特点，选择了不同年份的投入和产出数据。主要通过DEA分析专业软件（EAP2.1版本）来进行分析。

（三）评价指标的确定

由于影响知识服务绩效的指标众多，研究者选取了几个影响知识服务绩效的重要指标，主要集中在投入和产出两点。结合知识网格下知识服务的特征，知识服务投入指标包括高校图书馆科研经费当年内部支出（元）、科技人才数量（人）、电子资源购置费（元）。知识网格技术依托于计算机设备，用户对基于知识网格的知识服务的利用主要依托于高校图书馆知识服务平台。高校图书馆科研经费当年内部支出包含计算机设备购置费用、维护费用以及平台研发费、维护检修费用。这些指标是维持知识服务的基本要素。电子资源的购置费是电子书籍的购置费用以及电子数据库的使用费用的总和。另外，对知识网格技术的利用需要相关的科技人才，科技人才的数量影响了知识服务的绩效。知识服务产出指标包括总流通人次数（万人）、学术论文数量（篇）、国内外学术刊物发表量（篇）。总流通人次数是最直接的知识服务产出结果。知识服务的产出为学术论文数量、国外学术刊物发表量，其直接反映了高校知识服务的质量，是通过科研成果产出率检验知识服务的质量。具体如表7-1所示[①]。

表7-1　高校图书馆知识服务绩效评价指标

评价目标	一级指标	二级指标
基于知识网格的高校图书馆知识服务绩效评价	投入	科技人才数量（人）
		高校图书馆科研经费当年内部支出（元）
		电子资源购置费（元）
	产出	总流通人次数（万人）
		学术论文数量（篇）
		国内外学术刊物发表量（篇）

（四）数值测算

研究者选取北京大学、清华大学、复旦大学、浙江大学、武汉大学、上海交通大学、湖南大学、中山大学、同济大学、厦门大学10所高校图书馆为研究样本，根据选取的具体指标，通过调查总流通人次数、查阅中国科学技术司发布的高等学校科技统计资料汇编和高校图书馆年鉴，得出高校图书馆科研经费当年内部支出和电子资源购置费、学术论文数量、国内外学术刊物发表量的原始数据后，再对原始数据进行归纳、分析处理后，带入DEA分析专业软件（EAP2.1版本）来进行分析，得到以下结果（表7-2）[②]。

表7-2　高校图书馆知识服务效率

高校图书馆名称	综合效率CCR	纯技术效率BBC	规模效率SE	规模报酬
北京大学	1.000	1.000	1.000	—
清华大学	1.000	1.000	1.000	—
复旦大学	1.000	1.000	1.000	—

① 唐毅，高燕.基于知识网格的高校图书馆知识服务绩效评价 [J]. 图书馆学刊，2019，41(11):40-45.

② 同上

续表

高校图书馆名称	综合效率CCR	纯技术效率BBC	规模效率SE	规模报酬
浙江大学	1.000	1.000	1.000	—
武汉大学	0.681	1.000	0.681	规模报酬递减
上海交通大学	1.000	1.000	1.000	—
湖南大学	0.596	1.000	0.596	规模报酬递增
中山大学	0.744	0.845	0.880	规模报酬递增
同济大学	1.000	1.000	1.000	—
厦门大学	0.683	0.837	0.815	规模报酬递增
平均值	0.870	0.968	0.897	

注："—"表示"规模报酬不变"

根据 CCR-DEA 模型，分析结果表明，10所高校图书馆中，北京大学、清华大学、复旦大学、浙江大学、上海交通大学、同济大学6所高校图书馆知识服务效率规模报酬不变即综合效率值为1，DEA有效，说明这6所高校图书馆知识服务投入要素处于最佳组合，没有投入要素存在投入冗余和产出不足的问题，这6所高校图书馆基于知识网格下的知识服务已经达到最佳状态。而武汉大学、湖南大学、中山大学、厦门大学4所高校图书馆知识服务非 DEA 有效，说明这4所高校图书馆知识服务投入产出的效率未达到最佳状态。其中，武汉大学高校图书馆知识服务效率处于规模报酬递减阶段，说明该高校图书馆需要对知识服务投入产出要素进行优化，提高其知识服务质量。湖南大学、中山大学、厦门大学3所高校图书馆知识服务效率处于规模报酬递增阶段，由于规模效率较低，高校图书馆整体综合效率未实现最佳状态，只要适当优化知识服务投入，将会使高校图书馆知识服务综合效率有较明显的提高。

结合知识服务纯技术效率评价，如果高校图书馆知识服务的纯技术效率等于1，其规模效率小于1，这个结果表明高校图书馆知识服务的技术效率不需要降低，产出需要提高。然而，由于高校图书馆知识服务的规模、投入和产出之间不相匹配，高校图书馆知识服务的综合效率不高（即1），所以有必要增加或缩小高校图书馆知识服务规模。结合具体数据，武汉大学高校图书馆及湖南大学高校图书馆知识服务应该适当缩小其投入规模。

根据 CCR模型，进一步分析其结果数据，可以发现高校图书馆知识服务投入要素的冗余和产出不足，进而应有针对性地优化知识网格下高校图书馆知识服务投入要素，具体解决高校图书馆知识服务发展中存在的一些问题。现以中山大学高校图书馆知识服务效率为例加以说明。

表7-3　非效率中山大学高校图书馆知识服务分析结果

Results for firm：8

Technical efficiency=0.845

Scale efficiency=0.880（irs）

variable	Original value	radial movement	Slack movement	Projected value
output1	233.000	0.000	109.087	342.087
output2	12463.000	0.000	1923.661	14386.661
output3	7795.000	0.000	0.000	7795.000
input1	257.000	−39.730	−37.156	180.114
input2	5168305.000	−798981.144	0.000	4369323.856
input3	22629227.000	−3498308.571	0.000	19130918.429

由表7-3可知，中山大学高校图书馆知识服务存在产出不足的问题，第一个产出（总流通人次数）应该比现在产出量增加109.087，第二个产出（学术论文）应该增加1923.661。由于投入因素可以由决策单位确定，而产出因素不能确定，因此，产出是决策单位的一个不可控因素，所以无论产出量是否可以增加，我们都主要考虑投入要素是否可以减少。为了得出更加具体的建议，还需要进一步分析，具体的优化改进率根据以上的CCR数据模型不足以得到，因此，通过运用 DEA 分析所得的数据，再利用分析软件进一步得到如表7-4所示的结果。

表7-4 投入向非效率中山大学图书馆知识服务优化路径

输入值	实际值	目标值	冗余值	改进率
科技人才数量	257.000	180.114	76.886	-29.96%
图书馆科研经费当年内部支出	5168305.000	4369323.856	798981.144	-15.46%
电子资源购置费	22629227.000	19130918.429	3498308.571	-15.46%

根据表7-4可知，3个指标都存在冗余值，第一个投入要素（科技人才数量）有投入冗余76.886（即39.730+37.156）；第二个投入要素（图书馆科研经费当年内部支出）有投入冗余798981.144；第三个投入要素投入（电子资源购置费）冗余3498308.571。3个投入冗余说明该图书馆知识服务投入方面一些关键资源利用效率不高，为了实现投入要素的最优化配置，科技人才数量、高校图书馆科研经费当年内部支出、电子资源购置费相应要素优化效率分别为-29.96%、-15.46%、-15.46%，其中科技人才数量需要改进的问题最多。

三、结论及建议

通过对北京大学、清华大学、复旦大学、浙江大学、武汉大学、上海交通大学、湖南大学、中山大学、同济大学、厦门大学10所具有代表性的图书馆知识服务绩效进行评价分析，选取了影响知识服务绩效投入产出的几个重要指标。

根据研究结果表明，科技人才数量、图书馆科研经费当年内部支出、电子资源购置费对高校图书的知识服务整体效率都极具影响力，其中科技人才数量的影响略高于其他要素。为了提升基于知识网格的高校图书馆知识服务，研究者提出以下几点建议。

第一，引进科技人才以提升图书馆员工的知识素养。高校图书馆的数字化与智能化是发展的必然趋势，而知识网格技术的采纳能显著推进这一进程。为了更有效地运用知识网格技术，高校图书馆需积极引进相关科技专才，以促进技术的迅速融合与应用。这些专业人才将能利用其深厚的专业知识，构建基于知识网格技术的知识服务体系，进而推动知识服务的快速发展，并提升知识服务绩效。此外，在引进科技人才的同时，也需增强对高校图书馆员的培训与教育。图书馆员是高校图书馆发展的核心要素，所有知识服务都需通过他们来提供。唯有馆员的知识素养与图书馆的发展保持同步，高校图书馆的知识服务质量才能得到显著提升。

第二，增加科研经费投入并实现资源的合理配置，这是推动高校图书馆知识服务发展的重要基石。科研经费的投入直接影响资源的优化配置。为了提升高校图书馆的知识服务水平，必须对现有资源进行高效整合。通过增加科技经费，我们可以升级信息设备、优化科技人才队伍结构，并构建全新的高校图书馆知识服务平台。资源的合理配置是高校图书馆持续发展的核心，而建立标准化制度则是实现资源合理配置的重要保障。通过构建标准化的高校图书馆知识服务管理体系，我们能够科学地制定知识服务发展规划，避免无效投入，确保投入与产出的最优化。此外，标准化制度还能有效提升高校图书馆知识服务的质量，通过高效监管知识服务流程，确保在知识网格环境下，高校图书馆能够迅速、有效地满足用户需求。同时，基于知识网格的高校图书馆知识服务在诸多方面仍需完善相关标准，而这些标准的完善也是知识网格能否成功应用的关键。因此，在构建知识网格时，我们需要明确定义标准协议和服务规范。

第三，科学调整电子资源的采购预算，并着力构建知识服务平台。基于知识网格的知识服务与高校图书馆的传统服务模式存在显著差异，用户现在可利用多样化的信息设备进行图书阅读。因此，合理分配图书采购经费，尤其是对电子资源采购经费的优化配置，已成为高校图书馆发展的当务之急。鉴于电子资源服务的重要性日益凸显，我们需要增加电子资源的采购预算。同时，高校图书馆知识服务平台是基于信息设备和知识网格技术构建的虚拟资源社区，该平台能够自主实现对资源的有效整合、加工和创新。借助知识网格技术，资源互联平台能够对用户需求作出迅速响应，从而更高效地满足用户需求。通过高校知识服务平台，我们可以建立高校间的知识资源数据库，实现知识共享，打破"知识孤岛"，使各高校的知识资源量得到显著提升。这不仅能够大幅节省电子资源的采购成本，降低经费支出，避免低水平重复建设的浪费，还能有效提高知识资源的利用率。

第四，构建迅捷的反馈体系以提升服务品质。知识服务乃高校图书馆为协助用户更高效利用知识资源而提供的一种专项服务。为确保知识服务的优质性，直接调研用户满意度并征集其反馈意见显得至关重要。建立流畅且迅速的反馈机制能够从源头上改善知识服务的品质。借助此反馈机制，我们能够迅速从用户的提问中识别并解决问题，同时通过类推思维，发掘更深层次的潜在问题，进而从用户视角实质性地提升知识服务质量。此外，反馈机制还承载着重要的监督功能，通过用户的实时监督，使得知识服务流程愈发高效，服务品质得到更为坚实的保障。

参考文献

[1]陈萍.区块链视域下高校图书馆智慧型知识服务路径研究[J].科技视界, 2022(11):46–49.

[2]陈如好, 刘颂莉.基于用户需求的高校图书馆知识服务研究[J].高校图书馆工作, 2011, 31(05):69–71.

[3]杜波.医院会计成本核算中存在的问题及对策探究[J].财会学习, 2023(17):116–118.

[4]高俊芳.云计算下的高校图书馆学科知识服务平台研究[J].图书馆学研究, 2015(02):83–88+76.

[5]高俊芳.云计算下的高校图书馆学科知识服务研究[J].现代情报, 2013, 33(09):54–58.

[6]高文.高校图书馆"一站式"服务模式探讨[J].新西部(理论版), 2016(02):94+100.

[7]郭光威.区块链技术下高校图书馆知识服务创新探析[J].河南图书馆学刊, 2020, 40(12):55–56+59.

[8]黄惠平.智慧图书馆知识服务延伸的价值及实现策略分析[J].江苏科技信息, 2021, 38(07):1–3+10.

[9]黄珊珊.大数据技术在高校图书馆知识服务中的应用[J].电子技术, 2021, 50(12):40–42.

[10]纪长海.高校图书馆一站式知识服务模式的构建探究[J].当代旅游(高尔夫旅行), 2017(10):139.

[11]蒋丽瑶.智慧图书馆知识服务延伸情境建构研究[J].科技资讯, 2022,

20(24):220-223.

[12]金秋萍, 农燕.基于用户需求的高校图书馆知识服务模式创新研究[J].情报探索, 2019(09):33-37.

[13]晋照丽.大数据技术在高校图书馆服务中的应用[J].农业图书情报学刊, 2014, 26(11):149-151.

[14]李剑, 李劼.区块链技术与实践[M].北京:机械工业出版社, 2021:7.

[15]李敏.大数据环境下高校图书馆知识服务模式研究[M].北京:机械工业出版社, 2021.

[16]梁瑞华.高校图书馆知识服务体系研究[M].开封:河南大学出版社, 2010.

[17]刘军, 阎芳, 杨玺.物联网技术[M].北京:机械工业出版社, 2017.

[18]卢小宾, 宋姬芳, 蒋玲, 等.智慧图书馆建设标准探析[J].中国图书馆学报, 2021, 47(01):15-33.

[19]卢艳兰, 刘静春, 黄力.基于物联网技术的图书馆知识服务创新[J].河池学院学报, 2012, 32(02):117-123.

[20]马红玉, 杨振冰.高校图书馆知识服务模式与机制探析[J].科技情报开发与经济, 2012, 22(02):12-14.

[21]梅成安.浅谈基于物联网技术的图书馆知识服务创新[J].文化创新比较研究, 2018, 2(04):162-163.

[22]苏瑞竹, 张云开.智慧图书馆的产生背景、发展趋势及建设策略研究[J].图书馆界, 2017(04):32-36.

[23]唐毅, 高燕.基于知识网格的高校图书馆知识服务绩效评价[J].图书馆学刊, 2019, 41(11):40-45.

[24]韦冬.基于多源数据融合的高校图书馆知识服务模式[J].图书馆学刊, 2019, 41(02):83-86.

[25]闫绍荣.知识经济时代高校图书馆功能的拓展[J].枣庄学院学报, 2014, 31(04):130-132.

[26]姚晓丹.高校图书馆个性化知识服务研究初探[J].现代营销(学苑版),

2013(01):132–134.

[27]张东靖.基于知识服务视角下智慧图书馆服务的情境建构策略[J].遵义师范学院学报, 2022, 24(06):171–174.

[28]张海涛, 宋拓, 刘健.高校图书馆一站式知识服务模式研究[J].情报科学, 2014, 32(06):104–108+113.

[29]张玲, 岳厚光.以用户需求为导向的高校图书馆知识服务[J].农业网络信息, 2013(09):63–65.

[30]张映梅.智慧图书馆知识服务延伸的价值分析与实现策略[J].图书馆学刊, 2019, 41(06):98–101+129.

[31]章瑞, 李琪.云计算[M].重庆:重庆大学出版社, 2020.

[32]赵霞.智慧图书馆建设模式及路径研究[J].造纸装备及材料, 2024, 53(04):158–160+224.

[33]郑如冰.智慧时代高校图书馆知识服务模式创新探究[J].宁德师范学院学报(哲学社会科学版), 2024(01):194–198.

[34]周娜, 戴萍.高校智慧图书馆知识服务研究[M].北京:中国国际广播出版社, 2020.